Anonyma

Plötzlich ein Sorgenkind

Anonyma

Plötzlich ein Sorgenkind

Aus dem Leben einer aufmerksamkeitsgestörten Familie

Deutsche Verlags-Anstalt

MIX
Papier aus verantwortungsvollen Quellen
FSC® C014496
FSC
www.fsc.org

Verlagsgruppe Random House FSC® N001967
Das für dieses Buch verwendete FSC®-zertifizierte Papier *Munken Premium Cream* liefert Arctic Paper Munkedals AB, Schweden.

1. Auflage

Lektorat: Regina Carstensen, München
Typografie und Satz: DVA/Brigitte Müller
Gesetzt aus der Meridien
Druck und Bindung: GGP Media GmbH, Pößneck
Printed in Germany
ISBN 978-3-421-04574-4

www.dva.de

Für meine beiden Kinder, die mein Leben so wunderschön machen. Auch wenn es sich im Folgenden nicht immer so anhört …
Für meinen Mann, der mich gerettet hat und für den noch so viel Liebe übrig ist. Auch wenn es sich im Folgenden nicht immer so anhört …

Inhalt

1

Eltern, die aus Wolken fallen

Deine Kinder sind nicht Deine Kinder…
Du kannst ihrem Körper ein Heim geben,
aber nicht ihrer Seele, denn ihre Seele
wohnt im Haus von morgen, das Du
nicht besuchen kannst, nicht einmal
in Deinen Träumen.

Khalil Gibran, *Der Prophet*

Ohnmacht, die erste

Es gibt schlimme und schreckliche Momente im Leben. Die schrecklichen Momente erkennt man daran, dass sie trotzdem für eine Anekdote gut sind – eine Situation, die außer Kontrolle gerät, implodiert und sich dann nach kurzer Zeit wieder beruhigt. Ich habe ein Bild vor Augen, wie sich der Fahrradanhänger mit meiner Tochter bei voller Fahrt überschlägt. Zunächst regt sich nichts, für ein paar Sekunden bin ich überzeugt, dass sie sich das Genick gebrochen haben muss, und mein Herz bleibt stehen. Im nächsten Augenblick krabbelt sie lachend aus dem zerbeulten Gefährt mit der Klingel in der Hand. Lenja war damals vielleicht zwei Jahre alt, ein abenteuerlustiges Kind. Seinerzeit dachte ich noch, es sei das Schwerste, meine Tochter unversehrt durch die Kleinkindjahre zu manövrieren, ab der Grundschule läuft dann alles geradeaus. Das war zumindest meine Vorstellung, an der ich unbedingt festhalten wollte.

Vielleicht habe ich deshalb so lange gebraucht, um Lenjas wirkliche Not zu begreifen. Das war an einem Frühsommertag, in einem der schlimmsten Momente meines Lebens. In einem schlimmen Moment gerät ebenfalls etwas aus den Fugen und implodiert, aber im Gegensatz zu den schrecklichen Augenblicken pendelt sich die Situation nie wieder ganz ein, die Schrecksekunde dehnt sich aus zu einer hartnäckigen Angst, die bleibt.

An diesem Tag kommt meine Tochter spät von der Schule nach Hause, für einen Weg von zehn Minuten benötigt sie mehr als eine halbe Stunde. Kein gutes Zeichen. Sie trödelt selten, wählt immer den schnellsten Weg, weil sie in der Schule oft nichts isst und einen Bärenhunger mitbringt. Aber vielleicht hat sie sich, so mein Gedanke, vor den Jungen aus ihrer Klasse versteckt, die manchmal vor den Schultoren auf sie warten, um mit ihrer Tasche Fußball zu spielen. So wie es schon häufiger passiert sein musste, ohne dass Lenja darüber sprechen wollte, aber der Zustand ihrer Tasche ließ keinen anderen Schluss zu. Sie konnte uns auch nicht erklären, warum ihre Klassenkameraden ausgerechnet ihre Schultasche im Visier haben. In den vergangenen Monaten war es immer schwerer geworden, an sie heranzukommen, wenn sie zur Tür hereinschlappte, still und blass.

Ich habe mir den Nachmittag freigehalten, um mit ihr etwas zu unternehmen. Endlich klingelt es an der Tür, und ich begrüße sie an der Schwelle mit einer Umarmung. Das heißt, ich versuche sie zu umarmen, während sie in ihrem Schlurfschritt kurz innehält, mit leerem Blick, die Schultern hochgezogen. Wortlos geht sie an mir vorbei, die Schultasche gleitet von der Schulter und knallt aufs Parkett. Ich schaue ihr nach, wie sie ihr Zimmer ansteuert und sich dort aufs Bett fallen lässt.

»Möchtest du dich erst mal ausruhen, bevor wir starten?« Es ist eher eine Feststellung als eine Frage, denn sie liegt auf der Matratze wie ein angeschossenes Tier, die Augen auf die gegenüberliegende Wand gerichtet.

Sie antwortet auf keine meiner hilflosen Fragen, schaut mich auch nicht an. Nach einer kleinen Ewigkeit, in der ich tatenlos und gedrückt neben ihr sitze, flüstert sie: »Mein Leben ist scheiße. Ich will nicht mehr leben.«

Wie viel Zeit vergeht, bis diese zwei Sätze meinen Verstand erreichen, weiß ich nicht mehr. Nur noch, dass ich lange mit geöffnetem Mund den Kopf schüttele und mich vergebens anstrenge, einen Gedanken zu formulieren. Aber das Einzige, was mir einfällt, ist, dass diese zwei Sätze nicht zu einem sechsjährigen Kind passen. Ich bekomme beides nicht zusammen, die Worte und das Mädchen im blau-roten Kleid, Größe 128, das sich vor neun Monaten eine Schultasche mit aufgedruckten Meerjungfrauen ausgesucht hat, voller Vorfreude auf die Einschulung. Mir wird übel, eine körperliche Ahnung von Unglück. Ich muss mich verhört haben.

»Was hast du gesagt?«

Sie wiederholt beide Sätze, tonlos, dreht sich um und weint fast geräuschlos. Ihr kleiner Körper bebt, ihre Hände hat sie an die Schläfen gepresst, als wollte sie den Kopf gleichzeitig ruhig halten. Vor mir liegt meine Tochter, der ich alles Glück der Erde wünsche. Sie ist so verzweifelt und einsam, wie kein Kind es jemals sein sollte, und mir fällt nichts Besseres ein, als hohle Formeln zu stottern, ohne einen Satz zu beenden. »Es scheint nur so … Das Leben ist manchmal … Schule ist doch auch nur …« Vielleicht hätte ich mich einfach danebenlegen, sie umarmen sollen. Hätte, wäre, wenn …

Seit diesem Tag verfolgen mich unzählige Grübeleien und Sätze in der Möglichkeitsform wie ein Fluch. Im Laufe der Zeit habe ich Hunderte Szenen aus dem Gedächtnis hochgezerrt, auf der Suche nach *der* einen Schlüsselszene oder

Fehlentscheidung, die zu diesem Moment im Frühsommer führte und den vielen durchheulten und aussichtslosen Tagen danach. Aber eine solch entscheidende Szene, einen solchen Wendepunkt gibt es nur in Drehbüchern, und die Suche danach dient eher der Selbstbestrafung als irgendeiner Erkenntnis.

Wie auch immer – damals habe ich mich also nicht neben Lenja gelegt, wie es richtig gewesen wäre. Ich habe sogar den Raum verlassen, aus Angst, dass sie sich umdrehen und meine hilflose Miene sehen könnte. Aber vor allem, weil ich mich schäbig und ohnmächtig fühlte. Bis heute schäme ich mich für meinen Impuls, in diesem Augenblick die Flucht ergriffen zu haben. Und dafür, dass ich wer weiß wie lange im Flur stand, den Rücken an die Wand gepresst, und panisch gelauscht habe, während meine Tochter weinte, weinte, weinte … und irgendwann einschlief. Ich hatte Lenja noch nie mit Kummer oder Tränen allein gelassen und war schockiert über meine eigene Hilflosigkeit. In derselben Nacht habe ich kein Auge zugetan. Heute kann ich mir meine Reaktion nur als eine Art Totstellen erklären. Wie in einer lebensbedrohlichen Situation, nur dass es hier die Seele betraf.

Ich habe nie herausgefunden, was genau an diesem Tag passiert war. Aber ich weiß, dass es einer zu viel war von den endlosen, jämmerlichen Tagen, an denen meine Tochter die Welt nicht mehr verstand und dafür auch noch einstecken musste. Manchmal nicht nur psychisch.

Am Abend saß ich – als Nichtraucherin – rauchend auf dem Balkon, mein Mann war auf Dienstreise. Am Telefon versuchte ich ihm zu erklären, dass etwas Schlimmes passiert war. Etwas Einschneidendes, obwohl es keinen Unfall gab, niemand gestorben war und beide Kinder schliefen, Lenja und Mia, ihre jüngere Schwester. Dass wir unser Leben irgendwie ändern, zumindest ein paar grundlegende Dinge infrage stellen müssten. Eine Einschätzung, die Michael nicht teilen wollte – bloß nicht gleich überreagieren, versuchte er mich zu beruhigen. Es würde »von selbst« besser werden. Wurde es aber nicht.

Bildungskatastrophe ganz privat

Lenja ist ein sehr intelligentes, schöpferisches und lustiges Mädchen, das mit fünf Jahren eingeschult wurde, weil sie sich in der Kita langweilte. Beim Vorstellungstest war die Schulleitung begeistert gewesen – von ihrem Scharfsinn und ihrer Wortgewandtheit. Danach dauerte es nur ein paar Monate, bis sie das erste Mal mit ihrem neuen Leitspruch nach Hause kam: »Ich hasse die Schule.« Einige Zeit später erzählte eine ihrer Lehrerinnen meinem Mann und mir mit einem bedauernden Lächeln, dass Lenja sich oft freiwillig zum Aufräumen melden würde, um auch mal ein Lob zu bekommen. Die Lehrerin betonte, dass man in der ersten Klasse bewusst auf jede Benotung verzichte, sagte aber: »Trotzdem sollten Sie wissen, dass Lenjas Leistungen im Schnitt bei einer Fünf, bei den Schreibübungen oder bei der Mitarbeit manchmal sogar darunter liegen.«

Lenjas Selbstachtung hatte zu diesem Zeitpunkt schon längst einen Tiefpunkt erreicht. Sodass sie, wie wir später erfuhren, die Mobbingattacken eines Klassenkameraden als angemessene Reaktion auf ihre »Blödheit« verbuchte. Jede falsche Antwort von ihr kommentierte er mit dem Zuruf »Lenja – heute ganz ohne Hirn!«, und nach einer Weile stimmten ein paar Mitschüler regelmäßig mit ein. Zu Hause weinte sie immer öfter, häufig beim geringsten Anlass, oder steigerte sich in Wutanfälle, die nur durch Erschöpfung gestoppt wurden. Nachts machte sie ins Bett, wachte von Albträumen auf.

Bestimmt lag es Lenjas Lehrerinnen fern, ihr zu schaden, dennoch waren die ersten Schuljahre für unsere Tochter offenbar eine einzige Beschämung. Ihre erste Erfahrung in der Welt, in der sie allein bestehen sollte, war die des Scheiterns. Daraus zog sie schon nach einem halben Jahr ihre eigenen Schlüsse: »Das Leben ist scheiße.«

Die kläglichen Versuche von Michael und mir, mit dieser Situation umzugehen, kann ich rückblickend nur in Stichworten erklären: Schockstarre, Verdrängung und Aktionismus. Mit all unserer Rat- und Hilflosigkeit haben wir Lenja wohl weiter verunsichert. Gleichzeitig spürte ich bei jedem Gespräch mit anderen, bei jedem Versuch, diese Abwärtsspirale irgendwie aufzuhalten, eine gewisse Ungeduld bis hin zu Unverständnis beim Gegenüber. Immer stand die Frage im Raum: Wenn Michael und ich es nicht schaffen, unser Kind auf den Weg zu bringen, wer dann? Als bildungsnahe Eltern aus der Mittelschicht sollten wir doch wohl mit unseren diversen Kompetenzen, unserem Einkommen und unseren Kontakten dafür sorgen können, dass unsere Tochter eine Chance bekommt, die ihren Potenzialen entspricht.

Falls sie welche hat – und das war der schlimmste aller versteckten oder unausgesprochenen Vorwürfe, die uns im Laufe der Jahre zugetragen wurden: dass es möglicherweise nichts als gekränkte Eitelkeit sei, die uns glauben lässt, unser Kind könne irgendwann Abitur machen – nur weil es für uns kein Problem war. Dass wir sie mit unserem Ehrgeiz quälen. Statt verdammt noch mal zu akzeptieren, dass sich die vielversprechenden Gene in diesem Fall eben nicht weitervererbt haben. Pech gehabt. Das passiert in den besten Familien. So unverblümt sagt das niemand, aber durch die Blume klingt es kaum besser: »Wenn eines von euren beiden Kindern später studiert, dann ist das doch schon ein Erfolg.« Oder: »Ein guter Realschulabschluss ist auch was wert.« Oder wir bekamen hinter vorgehaltener

Hand einen Tipp für dieses und jenes Internat, gern im Ausland, das dafür bekannt ist, die »schweren Fälle irgendwie durchs Abi zu schleifen«. Kostet natürlich 'ne Kleinigkeit, aber daran soll es ja nicht scheitern ...

Gerade unter Akademikerfamilien ist die Häme besonders groß, wenn das Kind der *anderen* versagt. So groß wie die heimliche Angst vor dem eigenen Versagen. Oder wie die Angst davor, den errungenen Platz in der Gesellschaft zu verlieren – weil das eigene Kind es nicht schafft. Das Einzige, was gegen diese diffuse Unsicherheit hilft, ist der ständige Abgleich mit anderen Familien. Auch wenn vordergründig Mitgefühl waltet – so manche einfühlsame Frage anderer Eltern oder aus dem Bekanntenkreis hat vor allem den Zweck, dem Fragenden zu bestätigen, dass er oder sie, im Gegensatz zu uns, alles richtig gemacht hat.

Wer als privilegiert angesehen wird, muss mindestens eine schwere Krankheit oder eine Privatinsolvenz vorweisen, damit ihm ein echtes Problem zugestanden wird. Allein schon aus Anstand gegenüber den Verhältnissen in sozial schwachen Familien hat man angesichts der eigenen kleinen Verzweiflung Haltung zu bewahren. In gut situierten Familien gilt Schulversagen als eine vorübergehende Herausforderung, die man bei der Hochzeitsfeier der Tochter in einer Anekdote über die störrischen Anfänge verpackt. Eltern wie wir – von uns wird erwartet, dass wir so ein Problem en passant und ohne viel Aufhebens regeln. Wie bei einem Burnout oder wenn ein Elternteil zum Pflegefall wird. Schließlich können wir auch unsere Haushaltshilfe, die Kinderbetreuung oder das (polnische) Pflegepersonal selbst organisieren und zahlen.

Aber gerade deshalb funktioniert dieses Modell nur auf Kosten der eigenen Familie, nur um den Preis, dass gemeinsame Zeit und die schönen Momente viel zu kurz kommen. Und es ist extrem störanfällig. Fällt ein Steinchen um – die

Kinderfrau wird krank, die Beziehung bröckelt, ein Einkommen bricht weg –, reißt es alles andere mit.

Um ein paar weitere Eckpunkte zu nennen: Wir sind ein Akademiker-Doppelverdienerhaushalt mit vielen Bücherregalen und einem Klavier. Für die neue Familienpolitik könnten wir als »role model« herhalten: Nach der Elternzeit haben mein Mann Michael und ich wieder gearbeitet, beide Kinder werden seit ihrem ersten Lebensjahr »fremd betreut« und sind darüber hinaus Mitglied in Sport- und Musikvereinen. Wir haben zwei Karrieren, zwei Kinder und eine langwierige Altbausanierung gewuppt, engagieren uns in Ehrenämtern und haben den Anspruch, ab und zu Sport zu treiben. Das heißt: Jahrelang haben wir am äußersten Rand balanciert. Das gilt heute als normal. Eigentlich ist es irre …

Unseren Turbo-Lebensstil haben wir nie grundsätzlich bezweifelt, weil unsere eigene Erziehung und Ausbildung bis zur Familiengründung genau auf dieses – fragwürdige – Ziel hinauslief. Inzwischen stellen wir alles infrage: den täglichen Schweinsgalopp, das »double income«, das Leben im Takt des Outlook-Kalenders und das Geld, das vor allem dafür draufgeht, Lücken zu füllen, die durch fehlende Zeit entstehen. Zeit, die uns unter anderem zur Beobachtung fehlte: dasitzen und dem Kind zuschauen, zuhören, ohne ein Angebot, einen »sinnvollen« Vorschlag zu machen oder zu irgendeinem Kurs zu rennen – vielleicht hätten wir etwas bemerken, irgendwelche Signale, irgendeinen Hinweis darauf richtig deuten müssen, dass unsere Tochter in der Schule versagen könnte. Oder dass die Schule an ihr versagt? Aber das gehört schon zu den ketzerischen Gedanken, die uns reflexhaft zurückgespielt werden: »Wenn das behütete Kind abschmiert, wird gleich das ganze System infrage gestellt, damit man sich nicht der eigenen Verantwortung stellen muss.«

Als ich heulend vor einem Professor saß, der unserer Tochter alle möglichen Handicaps bescheinigte (ohne sie ein einziges Mal gesehen zu haben), wurde mir erklärt, dass es nicht folgenlos bleibt, wenn man die eigenen Ambitionen auf Kosten des Kindes verwirklicht: »Ist es denn wirklich nötig, dass das Kind nachmittags in einen Hort geht? Sie könnten doch auch weniger arbeiten …« Als hätte es darüber nicht schon lange Gefechte mit meinem Mann gegeben, bis zu dem Gedanken an Trennung. Dann würde wenigstens an dieser einen Front Ruhe einkehren.

Lenja ist keine statistische Größe in der jährlichen PISA-Studie, denn da werden Kinder, die schlau sind, aber trotzdem scheitern, nicht erfasst. Lenja hat qua Geschlecht auch keinen Anteil an der »Jungenkatastrophe«, wonach männliche Schüler durch die Übermacht weiblicher Grundschullehrerinnen benachteiligt werden. Und sie gehört nicht zu dem »Sockel der Abgehängten«, die es nicht schaffen, weil ihre bildungsfernen Eltern keine Bücher besitzen.

Unsere Tochter fällt durch jedes Raster. Insgeheim warten wir immer noch auf den Anruf einer Person, die uns versichert, dass alles wieder gut wird, dass wir ab jetzt jeden Rat und Beistand bekommen, den wir brauchen. Jemanden, der uns erklärt, wie es so weit kommen kann. Dass ein Kind in der Schule so unglücklich ist und lieber ganz aufs Leben verzichtet, als weiter dort hinzugehen. Aber dieser Anruf wird nie kommen. Wer sollte dafür auch zuständig sein? Niemand außer uns wird alles daransetzen, damit unsere Tochter irgendwann ihren Weg an die Universität findet. Wenn sie will. Aber wie weit wird sie kommen, wenn ihr schon in der Grundschule vermittelt wird, dass sie weder die »Kompetenz« noch das »Potenzial« hat, um mitzuhalten? Anders ausgedrückt: wenn sie am Ende von vier Jahren selbst glaubt, sie sei zu blöd für die Schule?

Die Reaktionen von Pädagogen, Psychiatern oder anderen Eltern erschöpfen sich meist in einem verlegenen Schulterzucken. Dabei halte ich das Scheitern von Lenja für einen Skandal und für ein Versagen der Schule. Lenja funktioniert nicht im Sinne des Lehrplans. Ihr Wesen verlangt Zeit, Geduld und viel Aufmerksamkeit. Sehr viel weniger als ein impulsiver Rabauke, der auf Schultische springt, aber sicherlich mehr als eine der lernfreudigen Einserkandidatinnen, die stets alle Zusatzaufgaben schaffen. Nach einem absurden Testmarathon und vielen falschen Beurteilungen bleibt nur eine Diagnose, die alles erklären würde: Lenja könnte an einem Aufmerksamkeitsdefizit-Syndrom leiden, kurz ADS. Vielleicht. Vielleicht aber auch nicht.

Bis dahin hatte ich immer von ADHS gelesen, also mit einem zusätzlichen H im Kürzel für »hyperaktiv«. ADHS-Kinder kannte ich vor allem als rastlose Jungen, die permanent auf Hochtouren laufen, sich an keine Regel halten und jede Gruppe sprengen. Und denen alle Eltern schon im Bekanntenkreis, in der Kita oder in der Schulklasse des eigenen Kindes begegnet waren. Dass es ebenso die umgekehrte Variante derselben Störung gab, war für mich neu. Während die Hyperaktiven mit ihrem Temperament alles über den Haufen rennen, schalten die geistesabwesenden ADSler eher auf Rückzug, wenn es zu laut wird – das klang tatsächlich nach Lenja. Beide leiden jedoch an einer »neurobiologischen Besonderheit in den Informations-Verarbeitungsprozessen ihres Gehirns«, wie es in dem Klassiker zum Thema, dem *A. D. S.-Buch*, heißt.

Hinzu kommen bei Lenja eine Rechtschreibschwäche und ein unterdurchschnittliches Arbeitstempo, wofür aber auch ihre fehlende Konzentration verantwortlich sein könnte. Über all diesen Testergebnissen schwebt ein Intelligenzquotient von 138, das einzige unverrückbare Ergebnis aus allen Untersuchungen. Aber der hohe IQ birgt ebenso ein Problem, wie uns eine Beraterin der Schulbehörde irgendwann erklärte, denn durch die Diskrepanz von Intellekt und schlechten Noten entwickelt Lenja ein negatives Selbstbild, das auf die Leistungen drückt. Noch Fragen? Wir haben sie, Hunderte. Aber bis heute haben wir keine eindeutigen Antworten bekommen.

Für Experten wäre unsere Tochter sicher ein Streitfall, vorausgesetzt, jemand würde sich ihrem Fall widmen. Fest steht nur, dass die ersten Grundschuljahre das Problem erheblich verstärkt haben. Genau genommen hat Lenja nie an etwas gelitten, sie leidet erst seit ihrer Einschulung. Bis zu ihrem fünften Lebensjahr war sie ein unbekümmertes und mutiges Mädchen, eine kreative Bummlerin mit einem sonnigen Gemüt. Was auch immer sich hinter einer Aufmerksamkeitsstörung verbirgt, für uns ist sie bisher die einzige schlüssige Erklärung für ein Leiden, das sie traurig macht – und manchmal verzweifeln lässt. Für uns Eltern ist diese Diagnose ein Strohhalm zum Festhalten. Eine Aufmerksamkeitsstörung ist zumindest ein Begriff, mit dem die meisten irgendetwas assoziieren. Wir müssen keine langen Erklärungen abgeben, wenn jemand wissen will, was mit Lenja los ist, warum sie in der Schule nicht mitkommt. Trotzdem sind wir bis heute nicht sicher, ob uns die Diagnose ADS wirklich entlastet oder weiter verunsichert, denn in Deutschland gibt es für Kinder mit Lenjas Handicap weder Notenschutz noch eine spezielle Förderung innerhalb der Schule. Obwohl die Zahl der betroffenen Kinder auf eine Million geschätzt wird.

Im Grunde haben wir Lenja aus Ratlosigkeit testen lassen. Aus heutiger Sicht war das ein großer Fehler, denn am Ende stellte sie sich selbst die Diagnose, dass sie wohl krank im Kopf sei.

Ich glaube nicht, dass wir die einzigen Eltern sind, die nah dran waren, den Glauben an das eigene Kind zu verlieren. Auf diese Weise hätte Lenja dann ihre einzigen Anwälte verloren. Auch deswegen habe ich dieses Buch geschrieben – damit es nicht wieder so weit kommt. Um wieder meine wunderbare Lenja zu sehen. Und nicht nur das Sorgenkind. Aber noch stecken wir mittendrin in dieser Odyssee. Bis jetzt kann ich nur sagen, dass stimmt, was Psychologen behaupten: Die Liebe wächst mit der Gefahr.

Aber der Reihe nach. Erst einmal Lenjas Geschichte. Und nebenbei die einer aufmerksamkeitsgestörten Familie …

2

Kleine Schulschwänzer, faule Hirnforscher und die Frage: Was ist los mit ihr?

Als ich 1949 aufs Gymnasium kommen sollte, sagte meine Volksschullehrerin zu meinen Eltern, sie hätten einen sehr sympathischen Jungen, nur leider sei er ein wenig dumm.

Bernhard Bueb in einem Interview

Unser Wake-up-Call

Hinterher sind vor allem die anderen schlauer: »Ihr müsst doch etwas bemerkt haben! Es muss doch schon vor der Schule Probleme gegeben haben!« Sie haben ja recht mit ihren Fragen, es gab aber nichts, was Lenja davon abgehalten hatte, ein glückliches und fröhliches Kleinkind zu sein. Dass sie sich innerhalb eines Jahres in ein unglückliches Schulkind verwandeln würde, war nicht abzusehen. Im Gegenteil. Lenja hatte uns so oft mit ihrer Klugheit überrascht, warum sollte es den Lehrern nicht genauso gehen? Unsere Erwartungshaltung war, dass Lenja problemlos durch die Grundschule rutscht, so wie einst ihre Eltern. Über ein mögliches Versagen haben wir nicht einmal nachgedacht. Entsprechend lange hat es gedauert, bis der Weckruf bei uns ankam.

Wenn es ein Sinnbild gibt für alle Versäumnisse der ersten Jahre mit unserer Tochter, dann ist es Lenjas Einschulungsfoto. Sie steht an einer Kreuzung, den Körper nur halb zur Kamera gedreht, weil sie lieber weiterlaufen möchte, statt für ein eiliges Foto zu posieren. Passend dazu zeigt sie ein ebenso halbes und eiliges Lächeln; die Haare sind gekämmt, aber das Haarband sitzt schief. Die Szenerie mit Asphalt und Straßenlampe gehört sicherlich zu den hässlichsten, die je auf einem Einschulungsbild zu sehen waren. Der Symbolgehalt dieser Momentaufnahme kommt mir erst heute in den Sinn. Nicht umsonst ist immer ein Foto des ersten Schultags zu sehen, wenn eine Lebensgeschichte dokumentiert wird, denn es steht für den Aufbruch aus dem elterlichen Kokon, für starke Wurzeln, für Wärme und ein wenig unsichere Vorfreude. Oder auch nicht.

Wie so oft waren wir an diesem Tag spät dran, das kleine Geschwisterchen musste kurz vorher noch gewickelt werden. Auf dem halben Weg zur Schule fiel uns auf, dass wir es verpasst hatten, Lenja zu Hause zu fotografieren, in ihrem neuen Kleid und mit der selbst gebastelten Tüte. Der Hintergrund wäre ein ganz anderer gewesen: alles, was ihr vertraut ist, der Fixpunkt, von dem aus sie zum ersten Mal in eine größere Welt startet. Das wäre das Einschulungsbild eines Kindes, das vorbereitet wurde auf das, was es erwartet. Es gibt ebenso kein Familienbild mit Lenja zwischen ihren stolzen Eltern. Auch das erscheint mir heute wie eine Art Vorahnung, denn tatsächlich haben wir unsere Tochter kaum beschützen können vor dem, was bald auf sie einprasseln sollte. Wie sich rückblickend aus den Tagebüchern schließen lässt (die ich irgendwann aufgegeben habe zu schreiben, als Lenja in die zweite Klasse ging), hätte sie selbst am besten gewusst, was gut für sie war. Nur dass sie die Zusammenhänge noch nicht herstellen konnte. Wir schon. Wenn wir besser zugehört hätten.

Bevor sie bei uns war, lebte Lenja in einem Paradies namens Wonneland, wo alle Kinder Ruhe haben und in

Häusern aus Schokolade und Gummibärchen leben, bevor sie sich dem anstrengenden Dasein ihrer Eltern anschließen. Manchmal reiste sie für eine Nacht oder für einen Moment dorthin zurück, wenn es ihr in unserer Welt zu viel wurde. Das war Lenjas Erklärung, warum sie sich manchmal ausklinkte und vieles nicht mitbekam. In Wonneland war es so, »dass jedes Kind ein schlafendes Tier in sich wohnen hat, das langsam mitwächst. Erst wenn das Kind sechs Jahre alt wird, kommt das Tier raus, und dann kann das Kind zur Schule«.

Diese Geschichte habe ich vor einiger Zeit in einem alten Tagebuch aus dem Sommer vor Lenjas Einschulung gefunden. Damals war sie fünf Jahre alt. Zu jung für die erste Klasse – was uns erst bewusst wurde, als es zu spät war. Ob ihr Alter damals der Auslöser oder der Hintergrund für alle weiteren Probleme war? Ganz genau wissen wir es bis heute nicht, klar ist nur, dass die frühe Einschulung eine Fehlentscheidung war. Offensichtlich hatte sie selbst geahnt, dass sie noch nicht so weit war. Auch wenn sie sich wie verrückt auf ihren ersten Schultag gefreut hatte. Ich war damals eher amüsiert als irritiert über ihre kleine Betrachtung. Heute wünsche ich mir, ich hätte diese versteckte Botschaft ernst genommen und zwischen den Zeilen gelesen, statt mich auf die Leiterin ihrer Kita und die Direktorin ihrer zukünftigen Schule zu verlassen, die beide zugeraten haben. »Die redet ja wie eine Elfjährige«, hieß es nach dem Vorstellungstermin in der Schule. Wir haben auf alle anderen gehört, auch auf Verwandte und Freunde, nur nicht auf Lenja und auf uns selbst.

In den ersten Wochen konnte Lenja noch von der Begeisterung für ihre neue Schule zehren, aber irgendwann sprang sie frühmorgens nicht mehr aus dem Bett. Nachts fand sie nicht in den Schlaf, und morgens blieb sie mit offenen Augen liegen, bis ich sie aus dem Bett holen musste. Im

Unterricht schien Lenja zwischen zwei Welten zu pendeln – in der einen war sie unter- und in der anderen überfordert. Sie träumte sich ganze Schulstunden weg, immer häufiger fanden sich am Heftrand Bemerkungen wie: »Versuche zügig zu arbeiten und lass dich nicht so leicht ablenken.« Die Buchstaben der ersten Schreibversuche tanzten wild übers Blatt, die Übungen im Arbeitsheft waren immer nur zu Hälfte ausgefüllt, und mit jedem Satz schlugen die Zeilen ungelenker zu allen Seiten aus und verebbten dann ganz. An vielen Stellen war der Bleistift durch ihre verkrampfte Haltung abgebrochen, und die grau gerandeten Stechlöcher durchzogen drei Seiten. Fast jeden Tag mussten die Stifte in ihrer Federmappe neu angespitzt werden – sofern sie überhaupt darin zu finden waren.

Auf der anderen Seite konnte sie alle Gedichte schon nach dem ersten Hören auswendig und machte aus ihnen einen Rap mit Tanzeinlage, leider nur für eine Privatvorstellung zu Hause. In der Schule schaute sie lieber zu, wenn andere vor die Tafel traten, und sprach leise mit – bis sie auch dafür einen Eintrag bekam. Nur einmal nahm sie allen Mut zusammen und meldete sich für die Hauptrolle beim Krippenspiel, das auf der Weihnachtsfeier in Englisch aufgeführt werden sollte: Maria. Den Zuschlag bekam ein Mädchen, das bilingual aufgewachsen war, eine nachvollziehbare Entscheidung. Was ich nicht verstanden habe, war, dass die Klassenlehrerin ihr gar keine sprechende Rolle überließ, mit dem Argument, sie wolle Lenja »eine Blamage ersparen«. Nach meinem verärgerten Veto durfte sie immerhin den Hirten spielen, der Maria und Josef den Weg erklärte. Am Abend nach der Aufführung habe ich meine Tochter gefragt, ob sie immer noch gern die Maria spielen würde, jetzt, nachdem sie zum ersten Mal auf der Bühne gestanden hatte. Statt zu antworten, hat sie mich müde angeschaut und das ganze Stück rezitiert, jeden Satz jeder einzelnen Rolle, ohne jede Betonung, aber alles in fehlerfreiem Englisch. Ich war sehr beeindruckt, fast sprachlos und gleichzeitig traurig über die Mutlosigkeit in ihrer Stimme. Mein überschwängliches Lob hat sie mit einem freudlosen Schulterzucken quittiert.

Ich weiß bis heute nicht, wie die Lehrerin Lenjas Bemühungen und ihr Können einfach übersehen konnte. Wenig später war die junge Frau aus unserem Leben verschwunden, weil sie zur Schulbehörde wechselte. Offensichtlich hatte sie ihre Nachfolgerin aber zu den einzelnen Schülern gebrieft, wie wir später zu spüren bekamen …

Im ersten halben Jahr an der Grundschule verbuchten wir alle Probleme mehr oder weniger als Startschwierigkeiten. Weil nicht sein konnte, was nicht sein durfte. Lenja war außergewöhnlich intelligent, sie war aufgeweckt und kontaktfreudig. Woran hätte sie scheitern sollen?

Es dauerte Wochen, bis wir überhaupt einen näheren Blick in die Schulhefte warfen, denn schließlich war sie jeden Tag im Hort, vor allem, um ihre Hausaufgaben zu erledigen, bevor sie nach Hause kam. Den Hortplatz hatten Michael und ich, wie üblich, mit links »organisiert«, Mia, ihre kleine Schwester, war bis nachmittags bei einer Tagesmutter untergebracht. Unsere Jobs ließen es nicht zu, dass einer von uns jeden Mittag am Schultor stehen sollte. Dabei blieb es. Auch als sich die Mahnungen in den Schulheften und die Wutanfälle häuften. Wir glaubten, dass es allen Eltern so erging, nur dass sie nicht drüber sprachen. Wir nahmen ebenso hin, dass unsere älteste Tochter immer öfter ohne Hausaufgaben aus dem Hort zurückkehrte und wir bis zum Abendessen alles nachholen mussten. Erst als die Schulsekretärin zweimal in einer Woche anrief, weil Lenja mit Bauchschmerzen im Schulbüro stand und abgeholt werden musste, machte ich mir Sorgen. Von der neuen

Klassenlehrerin hatten wir bis dahin noch nichts gehört, Anrufe blieben erfolglos. Aus dem Schulbüro hieß es, die Eltern seien gebeten, sich zu gedulden, denn die Kollegin habe mitten im Schuljahr nicht nur die Schule, sondern auch die Stadt gewechselt und müsse nebenher die eigenen Kinder in eine neue Schule eingewöhnen. Ich wusste also nicht einmal genau, wie sie aussah, bis sie schließlich Michael und mich auf einer Klassenfeier beiseitenahm, eine hektische kleine Person Ende dreißig mit dünnen, blonden Haaren. Sie redete ein wenig abgehackt und erzählte uns ohne jeden Vorlauf von einem weiteren Problem, von dem wir bis zu diesem Zeitpunkt nichts geahnt hatten.

Lenja müsse oft aufs Klo, berichtete sie. Nie in den Pausen, aber während des Unterrichts bis zu dreimal in einer Stunde. Manchmal komme sie erst nach zehn Minuten zurück. Das eröffnete sie uns, ganz nebenbei am Buffet. Ich weiß nicht mehr, wie ich im ersten Moment reagierte. Ich glaube, ich war damit beschäftigt, den Kuchenbissen herunterzukriegen, den ich gerade im Mund hatte, ohne mich zu verschlucken. Und gleichzeitig ein aufsteigendes Übelkeitsgefühl zu bekämpfen. Die nächsten Sätze waren wohl an mir vorbeigerauscht, denn den Einstieg fand ich erst wieder, als sie mich fragte, ob es bei Lenja vielleicht ein körperliches Problem gebe. Was ich mit einem hastigen Kopfschütteln verneinte, weil ich immer noch zu begreifen versuchte, um was es überhaupt ging. Hatte ich das richtig verstanden? Vor mir stand eine erfahrene Lehrerin, die meine Tochter mehrmals am Tag ziehen ließ, wissend, dass Lenja kaum so oft auf Toilette musste und durch ihre Träumereien sowieso schon einen großen Teil des Unterrichts verpasste? Und die weder auf die Idee gekommen war, jemanden hinterherzuschicken, noch den Eltern oder meinetwegen der Schulleitung Bescheid zu geben?

Bis zu dieser Klassenfeier waren bereits einige Monate verstrichen, in denen Lenja regelmäßig vor der Tür des Klassenzimmers unterwegs war, während sich ihre Mitschüler in Stillarbeit über irgendwelche Arbeitszettel beugten. Genau genommen weiß bis heute niemand, womit sie ihre Zeit verbrachte: Ging sie nach draußen in den Schulhof, vielleicht auf die Schaukel? Hockte sie auf dem Klo und versuchte, die Sprüche an der Innentür zu entziffern? Oder betrachtete sie ihr Gesicht im Spiegel und fragte sich selbst, was mit ihr los sei? Was fühlte sie in den vielen Minuten, die sie ohne Ziel zwischen Kleiderhaken und geschlossenen Türen vertan hatte? Und die sich im Laufe der Wochen auf etliche Stunden summiert haben mussten.

Ich würde so gern sagen können: »Ach, das kenne ich aus meiner eigenen Schulzeit, das gibt sich.« Vielleicht habe ich vieles ausgeblendet, aber egal woran ich mich erinnere – die Bilder aus meinen Grundschuljahren sind überwiegend unbelastet und heiter (bis auf ein paar Hänseleien wegen meiner Brille), voller Stolz auf die ersten Leistungen. Für Lenja werden diese Jahre womöglich die schlimmsten ihrer Kindheit sein.

Irgendwie scheint alles nach vorne verschoben. Vieles von dem, was sie in der ersten Klasse durchlebt, fällt in meiner eigenen Biografie in die Pubertätsjahre. Die Erinnerungen daran sind schärfer als die Bilder aus den Grundschuljahren, aber vor allem düsterer: das unschlüssige Stehen vor der Klassentür, die längst geschlossen war. Das Lauschen auf den geschäftigen Lärm dahinter. Es ist ein wenig unheimlich auf dem einsamen Flur, wo gerade noch Jacken über die Haken geworfen und Schuhe abgestreift wurden. Manchmal habe ich kurz vor der Tür kehrtgemacht, weil ich den spöttischen Fragen des Lehrers entkommen wollte. Aber auch der Stille des Flurs. Ich erinnere mich gut an dieses Gefühl des Ausgeschlossenseins. Ich gehörte nicht weiter zu den Pünktlichen, den Strebsamen. Der Klassenraum bot keine Sicherheit mehr, nur noch Langeweile und das Gefühl, abgehängt zu werden. Ich war in der neunten Klasse, als ich mich ans Schwänzen gewöhnte. Ich fühlte mich frei, stark, und gleichzeitig völlig verloren – schnell raus aus der Schule und rein ins nächste Café. Zu den anderen Schwänzern, wo ich mich geborgen fühlte, in meiner kleinen Gemeinschaft der Mitversager. Damals muss ich vierzehn oder fünfzehn gewesen sein. Alt genug, um eigene Wege einzuschlagen. Auch wenn sie bald dazu führten, dass ich eine Ehrenrunde drehen musste.

Aber nie und nimmer hätte ich als eifrige Erstklässlerin freiwillig die Nestwärme des Klassenzimmers für die dröhnende Stille des Flurs aufgegeben. Nicht einmal für drei Minuten. Wenn ich es gar nicht mehr halten konnte, bin ich schon während des Unterrichts aufs Klo gegangen, aber immer im Schweinsgalopp, ohne Händewaschen. Ich wollte so schnell wie möglich zurück sein.

Warum nur flüchtete Lenja so häufig aus dem Klassenraum? Wovor nahm sie Reißaus? Wieso erzählte sie uns nichts von ihren Alleingängen? Was stimmte nicht mit ihr, dass sie sich lieber auf eine einsame Wanderschaft über die leeren Flure begab, statt um Hilfe zu fragen?

Und was ging in einer Lehrerin vor, die wochenlang wartete, bis sie die Eltern damit konfrontierte? Was sollte die Frage nach einem körperlichen Problem? Als hätten wir unser Kind wochenlang mit einer schweren Blasenentzündung oder Ähnlichem zur Schule geschickt. Wieso hatte sie – geradezu fahrlässig – so viel Zeit verstreichen lassen? Zumal sie davon ausgehen musste, dass wir völlig ahnungslos waren. So ahnungslos wie die Eltern eines Teenagers, den die Polizei mitten in der Nacht nach Hause bringt, während Vater und Mutter ihr Kind im Bett wähnen. Sie wollte Lenja etwas länger beobachten, um keine falschen Schlüsse zu ziehen, lautete die Antwort. Meine

Frage, wer Lenja denn beobachtet habe, während sie die Flure erkundete, wollte sie nicht verstehen.

»Also wenn es kein körperliches Problem ist, dann muss man wohl von einem Vermeidungsverhalten ausgehen«, schickte die Lehrerin schnell hinterher, während ich wortlos weiter vor ihr stand. Es brauste in meinen Ohren. »Fehlende Anstrengungsbereitschaft« schnappte ich auf, und »eine geringe Frustrationsgrenze«.

Sie hatte sich diesen kleinen Vortrag schon vorher zurechtgelegt, das hörte man an der Wortwahl. Es gab darin keine Entschuldigung für ihre späte Reaktion oder leise Selbstzweifel an ihrem Umgang mit dem Problem. Sie trug selbstsicher einen vorformulierten Text vor: kein vorsichtiger Gesprächseinstieg, wie man es erwarten könnte bei einer Klassenfeier, sondern eher eine Art Diagnose. Später habe ich begriffen, warum Lenjas Lehrerin uns so entspannt und souverän gegenübertrat. Nicht dass es ihr an Empathie fehlte, sie war sogar voller Mitleid, legte den Kopf schief, während sie mit einer Kondolenzstimme zu uns sprach, eine tröstende Hand auf meinem Unterarm. Aber sie hatte ihr Urteil gefällt. Ihre Rolle erschöpfte sich darin, uns die Hiobsbotschaft zu überbringen. In pädagogisch wohlgesetzten Worte, die, wenn man sie übersetzte, nichts anderes bedeuteten, als dass unsere Tochter zu blöd und zu faul sei. Auch wenn ihr diese Begriffe niemals über die Lippen gekommen wären – ihre Haltung war eindeutig. Sie hatte keine andere Erklärung für Lenjas sonderbares Verhalten und betrachtete es nicht als ihre Aufgabe, nach einer zu suchen. Oder uns bei der Suche nach einer Erklärung zu helfen.

Der Ball lag eindeutig bei uns. Und um im Bild zu bleiben: Wir haben ihn verschossen.

Wie hätte eine passende Reaktion aussehen können, wenn einem die Klassenlehrerin mitteilt, dass die Tochter überfordert und im Unterricht faktisch kaum anwesend ist? Dass sie stattdessen mehrmals in der Stunde zur Toilette geht und nicht wiederkommt? Es hätte in jedem Fall eine radikale Wende sein müssen, ein schneller Schulwechsel oder nochmal die Vorschule. Nur leider war das Sitzenbleiben inzwischen abgeschafft worden. Auf jeden Fall irgendetwas, das der Tragweite der Situation – unser Kind versagt in der Schule! – gerecht würde. Vielleicht eine Taskforce aus Kinderärztin, Schulleitung, Psychologen, was weiß ich.

Nach dem ersten Schuljahr hätte man das Steuer vielleicht noch herumreißen können. Bis heute habe ich keine Erklärung dafür, warum wir so planlos und wie in Zeitlupe reagiert haben – außer dass wir nicht recht glauben wollten, was uns da eröffnet wurde.

Wir waren mit unserem Double-income-two-kids-Modell und den vielen großen und kleinen Katastrophen der Jahre davor zu sehr darauf angewiesen, dass eine Sache einfach mal geradeaus läuft. Insgeheim müssen Michael und ich gewusst haben, dass eine angemessene Reaktion über unsere Kräfte gegangen wäre. Dabei hätte ein radikaler Schnitt wahrscheinlich viel weniger Energie gekostet als das ständige Verschlimmbessern der folgenden Jahre. Das Gefühl, das mich in dieser Zeit begleitet hat, war das eines Börsenhändlers, der Milliarden versenkt hat, aber nicht aufhören kann zu spekulieren und eigentlich darauf wartet, dass ihm alles um die Ohren fliegt.

Das Verschlimmbessern begann damit: Nach dem niederschmetternden Gespräch mit Lenjas Lehrerin wollten wir uns zunächst eine Expertenmeinung holen. Die Frage war: zu wem und mit welchem Anfangsverdacht? Unser erster Weg führte uns zu unserer langjährigen Kinderärztin, die uns bestätigte, woran wir uns jetzt klammerten: dass Lenja ein ausgesprochen kluges Kind sei, dass sie nach wie vor zu ihrer damaligen Empfehlung stehe, Lenja mit fünf Jahren einschulen zu lassen (wir hatten sie ebenfalls um ihre Meinung gebeten). Nach einer längeren Sprechpause räumte sie ein, dass auch sie für diese massiven Probleme keine Erklärung habe, außer vielleicht eine besonders hohe Intelligenz. Die fehlende Aufmerksamkeit, Lenjas emotionale Instabilität – das könne doch auf eine Unterforderung deuten? Bis dahin hatten wir ihren IQ noch nicht testen lassen, aber es gab schon genug narzisstische Eltern, die als einzige Begründung für die Schulprobleme ihres Kindes eine mögliche Hochbegabung zuließen. Ich wollte auf keinen Fall zu diesen Eltern zählen – und sagte das auch so. Also verwies die Kinderärztin uns an einen hochkarätigen Kollegen, einen Professor, der die Kinderneurologie eines Krankenhauses leitete und Lenja vielleicht besser einschätzen könnte.

Trotz Privatversicherung bekommen wir erst über drei Monate später einen Termin. Den Professor sehen wir nur von Weitem über den langen Flur eilen. Das erste Gespräch haben wir stattdessen bei einer sehr nervösen und sehr jungen Frau im weißen Kittel, die Lenja die ganze Stunde hindurch als »Lene« anredet, bis ich es aufgebe, sie zu korrigieren. Die meiste Zeit kommuniziert sie über Lenjas Kopf hinweg mit mir, stellt Fragen nach ihren Problemen, die unserer Tochter sichtlich peinlich sind. Als ich mich über den Verlauf der Unterredung und die Unsicherheit der Ärztin irritiert zeige, stellt sich heraus, dass Lenja ihre erste Patientin ist, die sie allein betreut. Also erkläre ich der genervten Sprechstundenhilfe, dass wir nur aus einem Grund um einen Termin bei dem Professor gebeten haben: weil wir gehofft hatten, jemand mit ausgewiesener Expertise und langjähriger Erfahrung würde unsere Tochter in Augenschein nehmen. Sonst hätten wir uns auch in der kinderpsychologischen Praxis um die Ecke vorstellen können. Daraufhin gibt es einen weiteren Ersttermin – mit einer anderen Kollegin, ebenso jung, die noch in der Promotion steckt, aber angeblich schon viel Erfahrung an der Seite des Professors gesammelt hat …

Diese zweite Ärztin sieht aus wie »eine arabische Prinzessin«, wie Lenja im Nachhinein sagen wird. Sie ist sehr viel selbstbewusster, aber auch distanzierter als ihre Kollegin. Sie begrüßt Lenja mit einem schiefen Lächeln und bittet mich, in der Ecke Platz zu nehmen. Nach einem kurzen Gespräch über den Schulalltag konzentriert sie sich ganz auf ein Problem, das im Fragebogen angeschnitten worden war: Lenja macht sich ab und zu in die Hose, meistens dann, wenn sie in ein Spiel vertieft oder intensiv mit etwas beschäftigt ist. Oder sie nässt über Nacht ein. Nichts Schlimmes, wie mir unsere Kinderärztin versichert hatte. Manchmal hinkt die Blase bei der körperlichen Entwicklung hinterher, meinte sie, es sei gut möglich, dass sich das Problem einfach auswächst. Ich hätte es dabei belassen und die Angelegenheit nicht weiter erwähnen sollen, schließlich gibt es keine Offenbarungspflicht für Eltern. Aber damals war ich noch der Meinung, dass eine Expertin vielleicht unerwartete Zusammenhänge erkennen könnte, die ich als Mutter übersehe. (Eine dämlich-naive Einstellung, die ich im Lauf unseres Testmarathons irgendwann hinter mir lassen konnte.)

Leider habe ich dabei Lenjas Schamgrenze überschritten. Denn wie sie mir zwei Jahre später (!) erzählte, fühlte sie sich vor der jungen Frau bloßgestellt und hat mich dafür gehasst, dass ich »dieser Fremden« von ihrer Schwierigkeit erzählt habe. Im Nachhinein erklärt sich so auch ihre Reaktion.

Die Fragen der Neurologin nach ihrem Nasse-Hose-Problem blockt Lenja mit einer spontan erfundenen Geschichte ab: Sie müsse eigentlich ganz selten auf die Toilette, weil sie die Fähigkeit entwickelt habe, ihr Pipi auszuschwitzen. »Wenn die Sonne scheint, setze ich mich zum Beispiel in unser schwarzes Auto, weil das die Sonnenstrahlen auf sich zieht; da drin kann ich besonders gut schwitzen und muss danach lange Zeit gar nicht mehr aufs Klo.« Lenja lacht. Allein auf ihrem großen Stuhl. Keine Reaktion seitens der Expertin. Lenja dreht sich mit einem fragenden Blick zu mir, ein verunglücktes Grinsen auf dem Gesicht. Ich lächle zurück und zucke verhalten mit den Schultern. Pause. Die Neurologin schweigt, legt den Kopf schief, betrachtet meine Tochter stirnrunzelnd, gefühlte fünf Minuten. Dabei stützt sie sich mit dem Kinn ab wie Sherlock Holmes und legt den Kopf anschließend auf die andere Seite; die Stirn bleibt gefurcht. Ich muss ein Lachen unterdrücken und täusche einen Hustenanfall vor. Jetzt bekomme ich von ihr ebenfalls einen langen, prüfenden Blick.

»Und was machst du, wenn du nicht gerade im Auto sitzen kannst?«

Statt zu antworten, sieht mich Lenja an und gibt mir mit großen Augen zu verstehen, dass sie die junge Frau für völlig unterbelichtet hält.

»Das überlege ich mir dann.«

Ich könnte sie küssen.

Der Rest des Termins verläuft quälend langsam, ohne Zweck und Ziel, immer wieder versucht Lenja einen Gag zu landen. Die junge Ärztin wird später vermerken, dass sie ein »ausweichendes Verhalten« zeigt – in meinen Augen die einzig vernünftige Reaktion auf ihr »Interview«, das ein Gespräch sein sollte. Stattdessen wurde Lenja ausgefragt. Von einer ehrgeizigen jungen Ärztin, die sich nach jedem Satz meiner Tochter so augenfällig ihre eigenen Gedanken machte, dass peinliche Pausen entstanden, in denen sich meine Tochter hilflos nach mir umschaute. Warum habe ich das Ganze nicht abgebrochen? Warum habe ich mich von dem dummen weißen Kittel beeindrucken lassen und bin gegen meinen Impuls sitzen geblieben? Ich habe ihre Bedrängnis gespürt, den Gedanken aber gleich wieder weggewischt. Ich habe sie im Stich gelassen, weil ich zu feige war, die Autorität einer Doktorandin infrage zu stellen. Oder zu feige, dem eigenen Gefühl zu vertrauen.

Im Gesprächsprotokoll wird sie notieren, dass das Verhältnis zur Mutter wohl belastet sei, weil meine Tochter sich nicht traue, frei zu sprechen. Ich stelle mir heute vor, dass ich auf diesem Stuhl gesessen hätte, vor mir diese distanzierte und humorfreie Person, die mich nach jeder Antwort anstarrt wie ein Insekt. Im Gegensatz zu Lenja hätte ich mit sechs Jahren kein Wort herausbekommen. Ich bin deshalb sogar stolz auf sie. Aber in einer Hinsicht sollte diese Quasiexpertin recht behalten. Denn die Tatsache, dass ich meine Älteste nicht gerettet habe aus dieser absurden Situation, hat unsere Beziehung tatsächlich belastet.

Und es sollte nicht mein letzter Fehler sein: Die Neurologin verweist uns nebenbei an eine Urologin im selben Krankenhaus, um Lenjas Blase untersuchen zu lassen, erst nach den Ergebnissen dieser Untersuchung wolle sie weitere psychologische Tests veranlassen. Beim Termin selbst erwartet uns aber ein Mann, von dem sich meine Tochter nicht anschauen lassen möchte. Auf meinen Einwand hin erklärt mir der Arzt, dass die Kollegin im OP sei und ein anderer Termin erst Wochen später stattfinden könne. Dann, unter vier Augen und sichtlich genervt, gibt er mir zu verstehen, dass das Schamgefühl bei Kindern im Alter von sechs Jahren noch keine große Rolle spiele und dass ich Lenjas Verlegenheit nicht überschätzen solle. Ich will nicht ein weiteres Mal die Klinik aufsuchen, lasse mich zu der Untersuchung durch ihn überreden und baue noch einmal darauf, dass der Experte es besser weiß. Auch diese

Situation wird sich Lenja in allen Details einprägen, wie ich mit Schrecken zwei Jahre später begreife – als ihr Problem wieder auftaucht. Sie wird mir sagen, dass ich mich über ihre Gefühle hinweggesetzt und dem Arzt mehr vertraut habe als ihr.

Mit ihren acht Jahren kann sie alles in Worte fassen, und vielleicht ist das ein kleines Glück im Unglück: dass sie sich genug Selbstvertrauen und Urteilskraft bewahrt hat, um mir Vorwürfe zu machen. So klar artikuliert, dass ich nichts anderes tun kann, als ihr in allem recht zu geben. Und um Verzeihung zu bitten, weil ich es nicht besser wusste. Ich weiß nicht, was sich heute schlimmer anfühlt – die Wut über die Ignoranz der Experten, der Kummer darüber, dass Lenja sich von mir vorgeführt fühlte. Oder die Tatsache, dass beides erst Jahre später hochkommt, als sie mir ihre Erinnerungen um die Ohren haut. Damals habe ich nur irritiert wahrgenommen, dass sich ihr Blasenproblem nach der Untersuchung kurzzeitig verschlimmerte.

Danach folgt eine Reihe von psychologischen Terminen, die, wie sich schnell herausstellt, für mehrere Wochen unseren Alltag auf den Kopf stellt. Bei jedem Termin wird etwas anderes überprüft – Zahlen- und Schreibtests oder Konzentrations- und Spielübungen. Jede einzelne Prüfung nimmt ein oder zwei Stunden in Anspruch, plus eineinhalb Stunden Fahrtzeit pro Tag. Jedes Mal empfängt uns eine andere junge Ärztin beziehungsweise Ärztin im Praktikum, manchmal auch eine Psychologiestudentin, wie ich auf Nachfrage erfahre, weil ich mich über das durchweg junge Alter der Spezialistinnen wundere. Mehrfach muss ich Lenja deswegen früher aus der Schule abholen oder ihren Förderunterricht ausfallen lassen. Irgendwann fängt mich die Klassenlehrerin vor der Tür ab und mahnt an, bei meiner Tochter würden sich zu viele Fehlzeiten summieren, und das sei in ihrer Situation doch »eher kontraproduktiv«. Was mich fast bewegt, die ganze Testreihe zu stoppen. Zumal Lenja die Untersuchungen hasst, alles daran hasst: die langen Fahrten, auf denen sie ein Brot statt ein Mittagessen bekommt, das riesige Krankenhaus, die endlosen Flure, die vielen verschiedenen, seltsam desinteressierten und gestressten Frauen, die am Fließband Kinder testen. Wir sind offensichtlich in einen hocheffizienten Laborbetrieb geraten, der an jedem Tag Dutzende Kinder durch einen Testmarathon schleust und wieder ausspuckt. Die Expertinnen legen meiner Tochter bei jedem Termin einen anderen Arbeitsbogen vor die Nase, mit dem Hinweis, dass sie ihr dazu aber nichts erklären dürfen ...

Ich muss sie jedes Mal an der Tür abgeben und einer Frau überlassen, die es nicht für nötig hält oder keine Zeit hat, sich mir vorzustellen. Anschließend wird Lenja wieder auf den Flur geschickt. Szenen wie beim Zahnarzt, aber eigentlich sogar schlimmer, denn da kann ich wenigstens mit reinkommen und Händchen halten.

Lenja kann immer nur bruchstückhaft von den Aufgaben berichten, die ihr gestellt wurden, ist eingeschüchtert, verunsichert, müde, traurig. Auf meine Nachfragen reagiert sie genervt und fragt mich nach jedem Test, wie oft wir noch in dieses »blöde Krankenhaus« müssen.

Am Ende haben wir dann endlich eine Sprechstunde bei dem hochkarätigen Professor, der sich Lenjas Diagnoseakte aus dem Sekretariat holt und uns auf dem Flur warten lässt. In dem Moment, in dem er mit einem hektischen Kopfnicken an uns vorbeieilt und gleichzeitig durch die Papiere blättert, wird mir klar, dass er keine Ahnung hat, wer unsere Tochter ist oder wie sie aussieht. Er beschäftigt sich zum ersten Mal mit ihr, anhand der Testergebnisse in einem Schnellhefter. Aber die Deutungshoheit und seinen Auftritt als Oberexperte lässt er sich nicht nehmen. Mit einem entschuldigenden Lächeln und einer Geste, die fünf

Minuten anzeigen soll, gibt er uns zu verstehen, dass wir uns noch ein wenig gedulden sollen. Dann verschwindet er mit den Papieren für genau zwanzig Minuten in seinem Büro, bevor er uns hineinruft.

Als wir endlich vor ihm sitzen, erklärt der Professor uns langatmig, dass er eigentlich gar kein Kind mehr selbst betreue, weil er sich verstärkt um seine Forschungsprojekte kümmern müsse. Dass er eine Ausnahme mache, weil wir ja gern die Einschätzung eines Spezialisten haben wollen. Und dann folgt eine Litanei von Einzeldiagnosen: Dyskalkulie, Dyslexie, ADS, Dys dies und Dys das. Nach ungefähr zehn Minuten steige ich gedanklich aus, schaue aus dem Fenster und konzentriere mich auf die Abwehr aufsteigender Tränen. Am Ende seines – mir fällt kein passenderer Ausdruck ein – lockeren kleinen Referats klappt der Professor geräuschvoll die Mappe zu. »Damit« – er legt eine rhetorische Pause ein und schwenkt den Hefter über seinem Kopf – »haben Sie auf jeden Fall Notenschutz, die Rechtschreibung wird dann beispielsweise nicht bewertet. Als erste Maßnahme empfehle ich eine medikamentöse Therapie mit Methylphenidat.« Er wählt bewusst die chemische Umschreibung, statt das Wort zu benutzen, das eher jeder kennt: Ritalin.

Ende der Durchsage. Mir kommt es fast so vor, als würde er einen kleinen Applaus erwarten oder auf eine Art stolz darauf sein, dass er bei Lenja alle und nicht nur einen Fehler gefunden hat. Fasst man die Ergebnisse zusammen, würde man dem Resultat einer geistigen Behinderung nahe sein. Das sagt der Professor so nicht, aber faktisch hat er von Lenja kaum etwas übrig gelassen, das auf ein lernfähiges Schulkind schließen lässt. Eine gewisse sprachliche Begabung, die er einräumt, mal ausgenommen: »Aber das erleben wir hier öfter«, erzählt er im Plauderton, »dass eine Minderbegabung zunächst nicht auffällt, weil gerade Eltern aus der besseren Mittelschicht ihren Kindern viel vorlesen und viele Anregungen geben.« Aha, eigentlich ist sie also noch viel blöder, und wir haben sogar dazu beigetragen, das Problem zu vertuschen – in bester Absicht natürlich. Und jetzt sollen wir ihr ein Medikament geben, das ihr auch noch die Tagträume nimmt, mit denen sie sich aus dem ganzen Schlamassel flüchtet? Was soll das überhaupt? Ritalin für ein Mädchen, das das Gegenteil von hyperaktiv ist?

Ob sie in der Schule eine Förderung erhält, möchte er wissen. Ich nicke. Warum die bisher denn nichts gebracht habe, fragt er weiter. Tatsächlich ist Lenja in einer Fördergruppe, zusammen mit zwei hyperaktiven Jungen, drei Migrantenkindern aus verschiedenen Ländern und vier Kindern mit diversen Lernschwächen. Der einzige Grund, warum ich sie bislang nicht aus dieser Förderschiene abgemeldet habe, ist die Sorge, man könnte mir vorwerfen, ich würde nicht kooperieren. Und aus Mangel an Alternativen.

Aber da hat der Professor einen Einfall: Die Klinik bietet eine – zunächst – einjährige Therapie an. Wir müssten Lenja nur jeden Tag nach der Schule direkt in die neurologische Abteilung bringen, wo sie mit denselben kompetenten jungen Kollegen trainiert, die sie getestet haben. Das kostet eine Kleinigkeit, aber wir seien ja privatversichert.

Wenn ich meine Einwilligung zu dem Testmarathon nicht schon auf halber Strecke bereut hätte, spätestens jetzt bin ich mir absolut sicher, dass ich die Flure dieser Klinik nie wieder betreten werde. Deshalb frage ich nur noch spaßeshalber, ob er eine Idee hätte, wie wir diesen Aufwand organisatorisch bewältigen könnten, denn mein Mann und ich würden gern beide berufstätig bleiben. Jetzt bekomme ich ein mitfühlendes Lächeln und einen knappen Ratschlag: »Da müssen Sie wohl Prioritäten setzen.«

Das tue ich, indem ich dem Professor für das Gespräch danke und sein verlockendes Angebot ablehne. »Ihr Mann und Sie sollten den Vorschlag noch mal in Ruhe zu Hause überdenken«, meint er. Nein, müssen wir nicht. »Es ist Ihre Tochter«, ruft er hinterher. Stimmt. Wie sich bald herausstellt, ist das so ziemlich die einzige Feststellung, mit der er richtigliegt.

Aber der Zweifel war gesät. Obwohl der bekannte Experte mit seinen Testergebnissen offensichtlich total danebenlag. Ich hatte das Bedürfnis, aber nicht den Mut, die Zahlen und Statistiken einfach in den Schredder zu stecken. Stattdessen legte ich sie der Klassenlehrerin vor – in der zwiespältigen Hoffnung, dass sie auf Lenja in Zukunft mehr Rücksicht nehmen und gleichzeitig den Ergebnissen widersprechen würde. Die Rechnung ging nur halb auf. Die Beurteilung war zwar aus ihrer Sicht völlig falsch, denn sie konnte bei Lenja weder eine Zahlenblindheit bestätigen noch eine allgemeine Unfähigkeit, Wörter oder Texte zu verstehen, aber zumindest die ADS-Diagnose, also die Diagnose eines Aufmerksamkeitsdefizit-Syndroms, schien in ihren Augen viele von Lenjas Problemen zu erklären. Doch egal was davon stimmte und was nicht: Ab jetzt stand eine Expertenmeinung im Raum. Leider nahm die Lehrerin diese Expertise in den folgenden Jahren gern zum Anlass, sich selbst aus der Verantwortung zu entlassen.

Unsere Kinderärztin schüttelte ebenfalls den Kopf angesichts der Meinung des berühmten Kollegen, den sie uns empfohlen hatte. »Haben die vielleicht die Unterlagen verwechselt? Da muss ein Fehler drinstecken.« Es steckte sogar ein großer Fehler darin: Die Klinik hatte Lenjas Alter zu hoch angesetzt, wie die Kinderärztin bei der Durchsicht feststellte. Die Resultate des Professors konnten nicht stimmen, und allein die Überforderung durch die Aufgabenstellungen hatte Lanja wohl aus der Bahn geworfen und dazu beigetragen, dass sie die Tests wie in Trance über sich ergehen ließ.

Abgesehen davon, dass ich die ganze Aktion bitter bereute, hinterließ der Diagnosemarathon auch bei mir Spuren. Unbewusst ging ich zu Lenja auf Distanz und erwischte mich dabei, dass ich sie beobachtete wie eine Patientin. Was war falsch an ihr? Warum konnte niemand eine eindeutige Ursache herausfinden? Warum gab sie uns keinen Hinweis, was nicht mit ihr stimmte? Und wer konnte uns nun weiterhelfen? Wieso konnte sie nicht einfach funktionieren? Was sollte ich tun?

Gar nichts. Ich war jetzt diejenige mit einem Problem. Ich war überfordert und konnte mir nicht eingestehen, dass ich uns in eine Sackgasse gesteuert hatte. Es war Zeit, ein paar Schritte zurückzugehen und mein Kind wieder zu entdecken.

»Du bist die Anwältin deiner Tochter. Du darfst niemals den Glauben an sie verlieren!« Das war der einzige sinnvolle Ratschlag, er kam von einer Freundin, die Lenja seit ihrer Geburt kennt. Und die mich mit großer Mühe davon abbrachte, weitere Tests in Erwägung zu ziehen. Stattdessen machte ich mich selbst an die Ursachenforschung.

Im Reich der Synapsen

Es gibt Wahrheiten, die man nicht relativieren kann. Ich habe Krebs oder ich habe keinen Krebs, ich bin schwanger oder ich bin nicht schwanger. Schwarz oder weiß. Bei psychischen Diagnosen wird es aber schon schwieriger, und bei Kindern und Psychologie wird es endgültig schwammig und dehnbar. Ob ein Kind tatsächlich eine Störung hat, ob die behauptete Störung den Status einer Krankheit verdient oder ob man eher von einer Unstimmigkeit, einem Übergangsphänomen, einem akuten Belastungssymptom oder einer besonders ausgeprägten Eigenart sprechen muss – auf diese Fragen gibt es nie eine eindeutige Antwort. Es sei denn, sie kommt von einem Hirnforscher.

Die Zeitungen diskutieren jede diagnostizierte oder vermeintliche kindliche Andersartigkeit bis ins Feuilleton, denn bei diesen Themen ist immer eine gesamte Gesellschaft angepikst, und es wird zwangsläufig hochemotional. Davon zeugt allein die Zahl der Leserbriefe nach derartigen Beiträgen oder Interviews, ganz zu schweigen von ihren pathetischen bis polemischen Inhalten. Befeuert wird die Debatte durch ständig nachrückende Meldungen über Forschungsergebnisse aus dem Elektroenzephalogramm, einem Hirnstrommessgerät, bei dem immer mal wieder neue Defekte bei Kindern entdeckt werden: Die Hirnforschung liefert zuverlässig und schnell. Gemessen an der schieren Anzahl der Artikel und Reportagen scheint eine kindliche Aufmerksamkeitsstörung die Königsdisziplin heutiger Hirnforscher zu sein, dicht gefolgt von Depressionen, die bei Kindern ebenfalls zunehmen. Die kleinen Bugwellen, die nach den einschlägigen Veröffentlichungen folgen, die Reaktionen von besorgten Eltern (»Könnte mein Kind betroffen sein? Woran erkenne ich so eine Störung?«), die Mahnungen der Bildungsexperten, die Dementis der Psychologen und Soziologen lässt die Hirnforschung locker an sich abperlen. Schließlich haben die Neurologen, im Gegensatz zu allen anderen Disziplinen, handfeste Beweise für ihre Spekulationen. Wer dem Hirn bei der Arbeit zuschauen kann, genau gesagt: Wer bunte Durchblutungsbilder des Gehirns (aus dem Magnetresonanztomografen) vorweisen kann, hat am Ende immer das letzte Wort. Diese impressionistischen Aufnahmen, bei denen computererzeugte Farbflecken anzeigen, wo gerade besonders viel Sauerstoff verbraucht wird, würden sogar Kinder überzeugen.

Kinder kann man nicht in die Röhre schieben, um sie bei akut auftretender Unaufmerksamkeit zu scannen. Aber das ficht die Hirnexperten nicht an. Viele der Analysen und neuzeitlichen Diagnosen halte ich angesichts des Forschungsobjekts aber für extrem gewagt: Das menschliche Gehirn besteht aus hundert Milliarden Neuronen (Nervenzellen), die über rund eine Billiarde Synapsen, die Kontaktstellen zweier Nervenzellen, miteinander kommunizieren. Es ist ein gigantisches, plastisch-formbares Netzwerk, das sich durch jeden Akt der Nutzung neu verknüpft und damit in immer neuen kleinen Schritten und gleichzeitig in alle Richtungen verändert. Ein Leben lang, abhängig von den Herausforderungen und Beeinträchtigungen, die in jedem individuellen Leben auftreten und von denen sich viele gänzlich unsichtbar oder unbewusst abspielen. Besonders schnell und unvorhersehbar wandelt sich jedoch das Hirn bei Kindern. Ein Experte, der sich hinstellt und behauptet, dass er weiß, was genau sich dort oben abspielt, wenn ein Kind auffällig wird, hat, pardon, selbst nicht alle Synapsen im Schrank.

Wenn es darum geht, wie Informationen das Hirn durchlaufen, wie das Selbst in Zellen gespeichert wird oder ob und wie Gefühle aus Biochemie entstehen – da steckt die Forschung noch in den Babyschuhen. Die Einsprüche gegen die Hybris, alles Menschliche deuten zu können, kommen sogar von Hirnforschern selbst. Der Züricher Neuropsychologe Lutz Jäncke spricht vom »Erklärungsdrang vieler Kollegen« und von einer »problematischen Grenzüberschreitung«. Ein Team von Psychologen der Yale University im amerikanischen New Haven, Connecticut, hat vor ein paar Jahren herausgefunden, dass selbst völlig unlogische Aussagen bei Laien als wahrhaftig gelten, wenn es heißt, dass sie durch Resultate aus dem Hirnscanner gestützt werden. Der alte Trick: Wir glauben, was wir glauben wollen. Am liebsten alles, was uns entlastet. Die farbigen Gehirnscans gaukeln vor, dass sich die Vorgänge im Oberstübchen unserem Willen entziehen. Dafür können wir uns von außen anschauen, wo es leuchtet oder nicht leuchtet, wenn jemand depressiv, mitleidlos, risikofreudig, aggressiv, angetörnt, dement oder sonst wie gestört ist.

Im Laufe der Jahre, bei der ausgedehnten Suche nach den Ursachen einer Aufmerksamkeitsstörung, gab es auch mal eine Theorie auf der Grundlage von Hirnscans. Angeblich waren bestimmte Hirnareale bei hyperaktiven Kindern etwa zehn Prozent kleiner als die gesunder Vergleichspersonen. Diese Hypothese war zumindest schneller vom Tisch als der wissenschaftliche Grundsatz vom Anfang des 20. Jahrhunderts, wonach Frauen von Natur aus blöder seien, weil ihr Gehirn im Schnitt weniger wiegt …

Natürlich darf jeder Wissenschaftler Vermutungen anstellen, aber fairerweise sollte er sie auch als solche formulieren: Unsere Koryphäe – also der Professor, der Lenja nicht einmal in Augenschein genommen hatte, bevor er seine Diagnosen abfeuerte – ist sich dagegen sicher, zumindest gegenüber der Öffentlichkeit: »Die Ursache von ADHS ist eine Störung des Stoffwechsels. Durch eine Fehlregulierung chemischer Botenstoffe werden Informationen zwischen bestimmten Gehirnbereichen nicht richtig weitergeleitet. Betroffen sind vor allem Regionen, die beim Ordnen der Gedankenflut und der Aktivitätssteuerung eine Rolle spielen.« Die ungelenkte »Gedankenflut« kommt mir bekannt vor, aber auch eine Fehlkonzentration von Botenstoffen muss eine Ursache oder einen Anfang haben. Lenjas Auffassungsgabe, aus der mit der Einschulung eine Störung wurde, ist mehr als ein chemisches Ungleichgewicht. Im Stillen verspreche ich mir selbst, dem viel geachteten Professor irgendwann mehr erzählen zu können, als seine Tests jemals verraten werden. (Inzwischen habe ich es zumindest versucht – ich habe im Sommer 2013 einen Termin für 2014 bekommen …) Was immer sich hinter Lenjas Gedankenfluten verbirgt, ist ohnehin erst einmal zweitrangig. Ebenso, wie lange und warum diese »Dysfunktionalitäten« bestehen – auf jeden Fall passen sie nicht in den Lehrplan einer Grundschule. Da ich mir im Moment keine passende Schule malen kann, muss ich herausfinden, wie unsere Tochter sich anpassen kann, ohne dass sich ihr wunderschönes Wesen gänzlich ins Schneckenhaus zurückzieht.

Die begabte Träumerin oder Konferenzen im Kopf

Natürlich haben wir vor der Grundschule bemerkt, dass Lenja ihre Aufmerksamkeit gern »streut«, um es liebevoll auszudrücken. Am Fußgängerüberweg einer stark befahrenen Kreuzung hat sie selten registriert, wann die Ampel auf Grün umspringt, dafür hat sie ein Dutzend andere Dinge abgespeichert: dass die gegenüberliegende Ampel mit einem selbst gestrickten Band umwickelt war, dass einer der Autofahrer gerade in der Nase gebohrt oder eine Radfahrerin leise gesungen hatte. Wenn ich sie ermahnte, dass sie – zu ihrer eigenen Sicherheit – auf die Ampel achten müsse, war ihre Antwort: »Das mache ich ja auch. Wenn du nicht dabei bist.«

Damals bin ich zu dem Schluss gekommen, dass meine Tochter ihre Konzentration einfach nur anders steuert, nicht auf einen Punkt gerichtet, sondern weit aufgespannt, sodass ihr kein Detail entgeht, während sie das ganze Panorama im Blick hat. Ihre Fledermausohren und ihre Tagträumereien hielt ich für ihre ureigene Art, der Welt ihre Aufmerksamkeit zu schenken. Sicherlich konnte ich nicht übersehen, dass andere Kinder fokussierter und sehr viel ordentlicher waren als sie, aber das habe ich immer mit einem Schulterzucken abgetan, denn sie war gleichzeitig so viel cleverer und fantasievoller als viele andere. Vielleicht habe ich einiges romantisiert, aber das war mein (naiver) Blick auf Lenja, bevor sich nach endlosen Tests und vielen verheulten Tagen eine pathologische Sicht dazugesellte. Die bisweilen alles andere überlagerte.

Sicher, es gab ebenso schon vor der Schule schwierige Tage, aber nichts, was dauerhaft die Stimmung drückte. Wenn ich mit meinen Aufforderungen oder Bitten auf taube Ohren stieß, konnte ich oft beobachten, dass Lenja schwer beschäftigt war. Ich dachte: Okay, sie ist gerade woanders. Ich musste sie manchmal an der Schulter berühren, ihre Hand nehmen, um sie zu erreichen, aber daran hatte ich mich über die Jahre gewöhnt.

Dass es Kinder gibt, die immer daran denken, einen Schlüpfer anzuziehen, bevor sie in die Hose steigen, die freiwillig ihre Jacke aufhängen, ihren Roller vom Spielplatz wieder mitbringen oder eine Mahlzeit bewältigen, ohne dass ein Glas umfällt oder mehr neben als auf dem Teller liegt, weiß ich erst, seit ich Lenjas Schwester Mia aufwachsen sehe. Aber bis die Diagnose ADS im Raum stand, habe ich an Zufallsbeobachtungen geglaubt, an ein »Schusseltrinen-Syndrom«, das meine Eltern ganz ohne Psychiater bei mir diagnostiziert hatten. Vielleicht hatte Lenja dieselbe Eigenart, nur stärker ausgeprägt? War alles nur eine Frage der Abstufung? Und überhaupt: Wie groß darf der Unterschied zu einem sogenannten normalen Kind ausfallen, bis man professionelle Hilfe in Anspruch nehmen sollte?

Wie ich es von meiner Ältesten gewohnt war, habe ich auch Mia drei- bis fünfmal aufgefordert, ihre Schuhe oder ihre Jacke anzuziehen, und deshalb lange Zeit nicht registriert, dass sie schon beim ersten Mal reagierte. Jahrelang dachte ich, es sei von einer Drei-, Vier-, Fünfjährigen zu viel verlangt, morgens ihre Schuhe zu finden und sich selbstständig anzuziehen. Mia stand schon mit drei Jahren fertig angezogen vor der Tür, wenn es in die Kita gehen sollte. Lenja habe ich auch noch als Achtjährige von der Straße zurückgeholt, weil sie sich (im November!) ohne Jacke auf den Schulweg machte.

Erst im Vergleich der beiden kam mir der Gedanke, dass wir in den Jahren die eine oder andere Auffälligkeit übersehen haben könnten und Lenjas Probleme lange vor der Einschulung ihren Anfang nahmen, im Verborgenen. Möglicherweise blieben sie auch nur uns verborgen, denn in ihren Kleinkindjahren verbrachte Lenja unter der Woche mehr Zeit mit ihren Betreuerinnen als mit uns. Vermutlich haben wir vieles ignoriert, überhört oder falsch eingeschätzt. Dass sie morgens nach der ersten »Ansage« zwanzig statt fünf Minuten brauchte, bis sie tatsächlich eine Zahnbürste in die Hand nahm, fiel nicht weiter ins Gewicht. In der Medienbranche, in der ich tätig bin, geht vor zehn Uhr sowieso niemand ans Telefon, und in der Kita galten flexible Öffnungszeiten, sodass sich kein täglicher Stresstest ergab wie in der Schule.

Jetzt passte vieles plötzlich zusammen. Im Gegensatz zu den Hyperaktiven werden Kinder mit ADS, mit der verträumten Variante dieser Aufmerksamkeitsstörung, oft erst in der Schulzeit auffällig, heißt es in der Sprechstunde der Schulbehörde. Dort hatten wir auch Lenjas IQ testen lassen. Dass Lenja trotz ihrer hohen Intelligenz in der Schule versagt, sei ebenfalls ein Hinweis auf ADS. Ob wir schon mal darüber nachgedacht hätten, ihr Ritalin verschreiben zu lassen, um die Wirkung auf ihre Leistungen zu testen? Als ob es bei einem Test bleibt, wenn sich tatsächlich ein Effekt einstellen sollte …

Lenjas Klassenlehrerin machte denselben Vorschlag, vergaß aber nicht zu erwähnen, dass man ja nichts über die Langzeitwirkung des Medikaments wüsste. Selbst aus der Verwandtschaft kamen Kommentare, warum wir uns nicht mal diese Pille verordnen ließen, wenn Lenja »damit bessere

Noten schreibt«. Mir war, als wüssten alle anderen mehr als wir und als würden wir unserer Tochter ein lebensrettendes Medikament vorenthalten. Gleichzeitig spürte ich von allen Seiten die Ambivalenz gegenüber diesem »Wundermittel«. Lenjas Lehrerin bedauerte, dass es zurzeit ja »keine andere schnelle Lösung« gebe. Ich hätte gern gewusst, warum es jetzt plötzlich eine »schnelle Lösung« sein sollte, nachdem sie fast vier Monate gebraucht hatte, um uns mitzuteilen, dass Lenja den Unterricht schwänzt und durch die Schulflure wandert.

Die Verschreibungspraxis der Fachärzte hatte sich zumindest auf dieses eine Gegenmittel eingeschossen. Es schien nicht besonders schwer zu sein, Ritalin zu bekommen. Unsere Kinderärztin wusste zu berichten, dass jedes Kind, das sie mit ADS- oder ADHS-Verdacht zum Neurologen überwiesen habe, mit einem Rezept zurückgekehrt sei – was ihr mittlerweile selbst eigenartig erschien. Schließlich schicke sie die Kinder zur Abklärung dorthin und nicht zum Abstempeln. Außerdem gebe es noch andere, nicht medikamentöse Methoden, auch bei ADS.

Mein Mann war sowieso gegen jede Pille, so wie er bis heute jede Diagnose in Zweifel zieht. Er sah in Lenjas Verhalten, je nach ihrer Tagesform, vor allem ein Erziehungsproblem oder eine Zerstreutheit und punktuelle Lebensuntüchtigkeit, die er auch von mir kennt. Und die ihm nicht nur fremd ist, sondern ihn darüber hinaus wahnsinnig macht, weil er als Naturwissenschaftler in der freien Wirtschaft ständig in Parametern, Excel-Tabellen und To-do-Listen denkt, die chronologisch abgearbeitet werden. Ich dagegen bin es als kreative Arbeiterin gewohnt, an einer zufälligen Beobachtung oder einem Gedanken hängen zu bleiben und mich vollkommen darin zu vertiefen, während alles andere liegen bleibt. In meinen Augen ist das nicht nur ein hochproduktiver Prozess, sondern eine eigenständige

Methode, sich die Welt zu erschließen. Etwas grob skizziert: Michael betrachtet eine Blütenwiese aus der Vogelperspektive und überschlägt die Anzahl der Blumenarten pro Quadratmeter (und die Zahl stimmt!). Ich sitze in Gedanken in einem Blumenkelch und staune, welcher Ausblick sich von dort eröffnet. Damit gehören wir zwar zu den typisch männlich-weiblichen Gegensatzpaaren, die in unseren gendergeschulten Kreisen als überholt gelten, aber zufällig ist es genau so.

Obwohl wir uns beide in die Andersartigkeit des anderen verliebt haben, begegnen wir diesen unterschiedlichen Fähigkeiten nicht immer mit gegenseitiger Wertschätzung, um es nett auszudrücken. Was sich auch auf unsere Tochter überträgt. Wenn Lenja als Kleinkind in ihre eigene Welt abtauchte, blieb Michael oft kopfschüttelnd bis stirnrunzelnd (manchmal auch verblüfft) draußen, während ich versuchte, ihr zu folgen. Sie hatte beispielsweise durchaus Interesse an Zahlen, aber wenn sie mit einem Vorschulheft beschäftigt war, konnte es passieren, dass sie eine Fünf lange anschaute und schließlich erklärte, dass die Fünf immer die Farbe Dunkelblau habe und überhaupt eine eher »nervige Zahl« sei, »die immer alles besser weiß«. Ich konnte ihr nur (schmunzelnd) recht geben, denn genau das sah ich auch in der Fünf.

Diese Art, sich auf scheinbaren Abwegen zu vertiefen, gehörte für mich zu Lenjas Wesen – und für meinen Mann zu den Genen, die sie wohl von mir geerbt haben musste. Bis zur Schule kam keiner von uns beiden auf die Idee, darin eine Störung zu erkennen. Obwohl wir uns Sorgen machten, wie ihre Eigenarten in einen engen Tagesablauf passen würden.

Und tatsächlich begann bald jeder Morgen eines Schultags mit einem kleinen Nervenkrieg, der, ebenfalls je nach Tagesform, mit Geheul oder Gelächter endete. Es hat fast zwei Jahre gedauert, bis Lenja sich einen Ablauf einprägen konnte, der es mir möglich machte, mich nach dem Wecken auch um Mias Windel oder um das Pausenbrot für die Schule zu kümmern. Ohne zu riskieren, dass Lenja – auf dem Weg zur Dusche oder zurück vom Klo – verloren geht. Es kommt bis heute vor, dass ich mit dem Frühstück warte, irgendwann nachsehe und sie an ihrem Schreibtisch finde: in Unterwäsche und mit einer Socke am Fuß, die andere hält sie noch in der linken Hand, während sie mit der rechten an einem Theaterstück schreibt. Oder eine neue Maltechnik ausprobiert, ein paar eilig gerupfte Blüten zu Parfüm verarbeitet, eine Marienkäferbeobachtungsstation bastelt oder Schuhe aus verknüpften Stoffstreifen herstellt. Alles wunderbare Ideen, nur zum denkbar ungünstigsten Zeitpunkt. Wenn ich sie dann an einer Schulter zu mir drehe, weil sie mich nicht hört, ist sie erschrocken und empört. Schließlich stand sie in diesem Moment kurz vorm Durchbruch zu einem Meisterwerk – und ich komme mit so einem banalen Quatsch wie Anziehen oder Frühstück um die Ecke.

»Okay. Dann machst du das einfach zu Ende und gehst in den Fetzen zur Schule.«

Es folgt der Augenblick, in dem sie ihre Vorwurfsarie kurz unterbricht und an sich herunterschaut und grinst – und wir uns beide den Bauch halten vor Lachen, bis es fast zu spät ist fürs Frühstück.

Manchmal sitzt sie einfach halb angezogen auf dem Bett, starrt aus dem Fenster und ist alles andere als erschrocken, wenn ich sie »zum zweiten Mal« wecke. Stattdessen ist sie besonders konzentriert und ruhig: »Mama. Ich kann jetzt nicht. In meinem Kopf findet gerade eine Konferenz statt.« Dass der Schulbeginn sich nicht nach solchen Spontankonferenzen richten kann, ist Lenja zwar grundsätzlich auch klar, aber nicht, wenn sie mittendrin steckt.

Manchmal ziehe ich ihr kniend die Strümpfe an, während sie weiterbastelt. Am Frühstückstisch (wenn wir es bis dorthin schaffen) landet oft die Hälfte der Haferflocken auf dem Tisch, und manchmal ein Teil in ihren Haaren. Das ist der Moment, in dem ich dazu übergehe, Befehle zu erteilen, zunächst im gedämpften Kasernenton. Wenn das nicht hilft – im Crescendo. Die Zahnbürste muss ich ihr trotzdem in die Hand drücken, was nicht heißt, dass sie sie auch benutzt. Nicht weil sie Zähneputzen hasst, sondern weil sie sich einen kurzen Moment lang nicht daran erinnert, was sie damit anfangen soll. Und sie stattdessen in die Schultasche steckt.

Lenja hatte schon immer unseren Alltag aufgemischt, aber was sich im ersten Grundschuljahr abspielte, ging weit über ihre übliche Verträumtheit hinaus. Im Gegensatz zu früher blieb mir oft das Lachen im Hals stecken, und mir kamen Bilder einer Altersdemenz in den Kopf. Seitdem sie zur Schule ging, schien sie bisweilen komplett verwirrt. Als hätte irgendetwas sie in ihrem Kern erschüttert und ihr Gehirn müsste neu formatiert werden.

Oft hatte ich den Gedanken, Lenja könnte mit Absicht ihr Chaos verbreiten, um meine Nerven – oder meine Liebe? – zu testen. Aus Rache dafür, dass wir sie täglich aus ihrem Kosmos herausreißen und zum Unterricht schicken. Obwohl dort nur Kränkungen auf sie warten.

Es liegt in der Natur unseres Gedächtnisses, dass wir vor allem die Ausnahmesituationen abspeichern, aber offensichtlich lagen ihre Probleme tiefer, als wir bereit waren uns einzugestehen. Und vielleicht hatten sie ja doch recht – die Neurologenkoryphäe (zumindest in diesem einen Punkt) und die Lehrerin –, und wir stemmten uns gegen eine Wahrheit, die längst auf dem Tisch war. Es war zumindest nicht mehr zu leugnen, dass Lenjas »Handicaps« mit den Erfordernissen eines Schulalltags kollidierten und dass ein »verträumtes Wesen« allein als Erklärung nicht mehr ausreichte.

Mit Multiple Choice zur Aufmerksamkeitsstörung

Lenja ein weiteres Mal zu einem Facharzt zu schleppen kam nicht mehr infrage. Zumal sie bereits einen ADS-Test durchlaufen hatte, auch wenn in der Klinik ihr Alter falsch angesetzt worden war. Ich schleppte also alle meine Notizen zu einem Experten, zu einem Vorgespräch ohne Kind, und ging mit einem weiteren »Verdacht auf ADS« nach Hause – und mit einigen Buchtipps. Die Literatur zu hyperaktiven ADS-Kindern füllte bereits Regalwände, bei den Titeln zur verträumten Variante schrumpfte die Auswahl jedoch auf ein halbes Dutzend. Die meisten davon lasen sich wie ein Tschacka-tschacka-Motivationstraining für kindermüde Eltern.

Trotzdem fühlte ich mich gut aufgehoben, denn plötzlich tat sich eine neue, aber entlastend bekannte Welt auf. Da war von Eltern die Rede, deren Alltag genauso chaotisch verlief wie unserer, die sich immer öfter streiten, weil die Schulprobleme langsam, aber sicher das ganze Familienleben bestimmen. Von den Sorgen und der Ratlosigkeit, weil man plötzlich ein »Problemkind« hatte. Von unerklärlichen Kopf- und Bauchschmerzen bei den Kleinen und vom schrumpfenden Selbstvertrauen. Die namenlosen Eltern in diesen Büchern erlebten durchweg dieselben kleinen Katastrophen wie wir. Die in einem Teufelskreis und in Verweigerung enden, weil das Kind ständig zu spüren bekommt, dass es nicht »funktioniert«.

Ich war nicht mehr allein, auch wenn ich keine anderen Eltern mit vergleichbaren Problemen kannte. Aber offensichtlich füllen sie die Praxen der Psychologen und Neurologen, und die Experten wussten, dass die »betroffenen Kinder in der Regel verkannt und falsch diagnostiziert werden und ihre Familien keine adäquate Hilfestellung erhalten«. Als Folge verzweifeln die Mütter und »stehen oft am Rande eines Nervenzusammenbruchs«, die Väter gehen lieber arbeiten, als zu Hause zu bleiben, und manche Beziehung bricht wegen dieser »schwierigen Kinder« auseinander. So weit war es noch nicht, aber zunehmend beschlich mich die Angst, dass es so weit kommen könnte, wenn Lenja sich nicht fangen würde. Wir brauchten einen Strohhalm, irgendein Krankheitsbild, und möglichst die passende Therapie dazu. Nicht zuletzt, um uns eine Pause zu gönnen: von den gegenseitigen Vorwürfen und ständigen Grübeleien, wer, wann etwas falsch gemacht oder falsch gedeutet hatte.

Bei einem Verdacht auf einen Armbruch hilft eine Röntgenaufnahme, bei einer Infektion ein Blutbild, für ADS-verdächtige Kinder gibt es einen Katalog mit Symptomen, die viel Platz lassen für Interpretationen – zumindest durfte ich einen Erziehungsfehler oder reine Böswilligkeit ausschließen. Die Liste las sich wie ein Psychogramm unserer Tochter. Ich konnte fast überall ein »Trifft oft zu« ankreuzen – und fühlte mich schlagartig besser. Als hätte ich nach langer Suche den richtigen Therapeuten gefunden, der ausschließlich die richtigen Fragen stellt: Ja, Lenja lässt sich schnell ablenken, träumt im Unterricht, wirkt abwesend, zerstreut und durcheinander, hat wenig Ausdauer (wenn es um Schulaufgaben geht), steht mit Vorliebe im Mittelpunkt, zieht sich gern zurück, empfindet gar keinen oder unverhältnismäßig viel Schmerz bei einer Verletzung, muss alles endlos diskutieren oder das letzte Wort haben, stört andere Kinder, hat einen ausgeprägten Gerechtigkeitssinn, neigt zu plötzlichen Stimmungswechseln, ist schnell begeisterungsfähig, aber auch schnell enttäuscht oder frustriert, hat ein langsames Arbeitstempo, kein Zeitgefühl, verliert oft Dinge, vergisst die Hausaufgaben, redet häufig übermäßig viel, verdreht Buchstaben und Zahlen, ist nicht selten nervös und hat bei Klassenarbeiten ein Brett vorm Kopf, scheint für andere Dinge endlos Energie zu haben, träumt schlecht, sammelt alles, ohne etwas wiederzufinden, trödelt beim Anziehen, Waschen und Zähneputzen, hat viele Ängste, neigt aber trotzdem zur Waghalsigkeit und so weiter. Leider finden sich so gut wie keine positiven Eigenheiten oder Situationen auf der Liste, sodass sich elterliche Hilflosigkeit und Wut allein schon durch das Ankreuzen steigern. Irgendwie werde ich hier gegen mein Kind in Position gebracht, aber die gefühlte Entlastung ist größer als irgendwelche Bedenken.

Einige der Stichworte wie »kann sich schwer allein beschäftigen« passen gar nicht zu Lenja, aber gilt das nicht für jedes Krankheitsbild? Sogar bei einem Herzinfarkt gibt es völlig unspezifische Symptome, die in die Irre führen.

Ich entscheide mich gegen meine ständige Unentschiedenheit und für viele kleine Gewissheiten. Diese Tests haben einen ähnlichen emotionalen Effekt wie die Fragebögen in Frauenzeitschriften, die einem erklären, warum man sich immer wieder in den falschen Typen verliebt oder das falsche Leben lebt und eine radikale Wende nicht mehr zu vermeiden ist: Obwohl sich alle Befürchtungen bestätigen, fühlt man sich enorm erleichtert. Die schmerzvolle Wahrheit ist ausgesprochen, nun kann man endlich nach vorn schauen und darangehen, die Sache aus der Welt zu schaffen.

Schließlich war Lenja nicht minderbegabt oder sonst irgendwie geistig behindert. ADS hatte auch keine genetische Ursache. Es gab nicht einmal einen eindeutigen Nachweis wie beispielsweise für Epileptiker, bei denen unregelmäßige Hirnströme zu beobachten sind. Zweifelsfrei belegen ließ sich nur die Wirksamkeit von Ritalin – das zumindest beim Selbsthilfeverband ADHS einen guten Ruf zu haben schien. Dort erklärte mir ein unerwartet optimistischer Vater und Leidensgenosse: »Ritalin funktioniert im Hirn wie eine Korrektur bei Kurzsichtigkeit: Du setzt die richtige Brille auf und siehst die Welt plötzlich klarer.« Das klang vergleichsweise harmlos, nicht wie ein Krankheitsbild, eher wie eine kleine Fehlschaltung, die sich relativ rasch beheben lässt. Schade nur, dass dieser kleine Fehler die Macht hat, alle möglichen Lernprozesse zu zerlöchern, egal ob es um Zahlen, Buchstaben oder Erdkunde geht.

Im Begriff »Wahrnehmung« steckt das Wort »nehmen«. ADS-Kinder sind sich aller möglichen Dinge »gewahr«, lerne ich, aber sie »nehmen« nicht. Die Theorie der Neurologen dazu ist auf den ersten Blick bestechend simpel und mechanisch: Der Bereich von Lenjas Gehirns, der Informationen vorsortiert, wird ständig geflutet. Durch ein Missverhältnis von Dopamin und Noradrenalin, beides chemische Botenstoffe, die starke Signale intensivieren und schwache abdämpfen. Sie bilden die Kontraste, sodass die eine Information im Unbewussten hängen bleibt (vor dem Fenster des Klassenzimmers fliegt ein Vogel vorbei), während eine andere sich in den Vordergrund drängt (»Eule« schreibt sich mit »eu«, nicht mit »äu«). Ohne diese chemischen Substanzen würden die Synapsen im Gehirn gar keine Reize aufnehmen, was einer Lähmung gleichkäme. Es reicht aber schon aus, wenn die Menge der Botenstoffe aus dem Gleichgewicht gerät, um Chaos im Kopf entstehen zu lassen, denn dann werden die vielen inneren und äußeren Reize, die in jedem Moment im Hirn auflaufen, ungesteuert und ohne Kontraste weitergeleitet. Die »Wächter am Tor zum Bewusstsein versagen« – so poetisch kann medizinische Fachliteratur klingen.

Das heißt, für ein Kind wie Lenja beginnt jede Unterrichtsstunde mit einer Herkulesaufgabe: Wo andere Gehirne Wichtiges von Unwichtigem unterscheiden, wird Lenja von allem bombardiert, was die Geräusch- und Bilderkulisse einer Klasse mit sechsundzwanzig Schülern hergibt. Ihr Aufnahmetrichter ist vergleichbar mit einem Weitwinkelobjektiv, das ein breites Panorama aller möglichen Informationen erfasst. Für das genaue Zuhören oder Hinschauen braucht sie aber eher ein Teleobjektiv mit Zoomeinstellungen und einem Vergrößerungseffekt für die wichtigen Mitteilungen. Das Scharfstellen einzelner Informationen und Reize funktioniert nämlich genauso schlecht wie die Auswahl der Bilder und Töne. Die Stimmen ihrer Mitschüler nimmt Lenja genauso intensiv wahr wie die Worte der Lehrerin, nichts wird aus- oder einsortiert. Deshalb erfasst sie anscheinend vieles nur bruchstückhaft. Es kann eine halbe Unterrichtsstunde vergehen, bevor sie weiß, welches Heft in diesem Moment vor ihr liegen sollte.

Gleichzeitig weiß sie ein Gedicht – das ihr gefällt! – nach einmaligem Lesen auswendig. Und wenn sie ihre ganze Aufmerksamkeit für nur zehn Minuten bündelt, ist sie beim Lösen von Minusaufgaben im Hunderterbereich genauso schnell wie ihr Vater, der ein Mathetalent ist. Wie solche Leistungen möglich sind, wenn Lenjas Botenstoffe ständig im Ungleichgewicht sind, kann keines der Bücher beantworten.

Eine Erklärung dafür, warum der Hirnhaushalt an irgendeinem Punkt aus den Fugen gerät, bleiben die Neurologen ebenfalls schuldig. Ist dieser Botenstoffwirrwarr Kindern angeboren, wird er durch ein traumatisches Erlebnis ausgelöst oder durch eine falsche Erziehung antrainiert? Vielleicht tritt das Phänomen nur punktuell auf, unter Stress. Dann wäre der eigentliche Auslöser aber eine erhöhte Empfindsamkeit der betroffenen Kinder und nicht eine gestörte Informationsverarbeitung. Auch darauf habe ich keine Antwort gefunden. Alle Bücher beginnen mehr oder weniger mit der Beschreibung der Symptome und den Auswirkungen auf die Denkprozesse. Im 2.0-Sprech geht es um »überlastete Arbeitsspeicher«, um »abstürzende Festplatten« oder um das fehlende »Teamwork in der Informationsverarbeitungszentrale«. Als wäre bei der Verlötung eines Prozessors etwas schiefgegangen. Aber vielleicht ist genau das passiert, nicht mehr und nicht weniger. Auch wenn ich mich an den Vergleich von Mensch und Maschine gewöhnen muss, gibt diese technische Sprache zumindest eine grobe Orientierung und hilft mir, Lenjas Schlamassel besser zu verstehen.

Ich hielt mich – wie die Experten auch – an die Auswirkungen dieses Defekts. Alles andere hätte mich selbst in eine Aufmerksamkeitsstörung hineingeritten, denn bei der Frage nach dem Warum gibt es keinen Anfang und kein Ende. Wer oder was da dahintersteckt, wenn ein kindliches Gehirn an seinen eigenen Aufgaben versagt, bleibt ein Geheimnis. Es hilft weder meiner Tochter noch mir, wenn ich jetzt unterschwellig nach der Quelle fahnde. Im Gegenteil. Im Moment leidet sie an den Symptomen und nicht an den Auslösern. Dabei will ich sie nicht allein lassen, nur um meinem schlechten Gewissen zu folgen. Zumal die Vorstellung einer abstürzenden Festplatte sehr nützlich ist, wenn es darum geht, ganz konkrete Rätsel zu lösen.

Warum setzt sich Lenja mehrmals an einem Vormittag aus dem Unterricht ab, um allein durch die Schulflure zu wandern? Vielleicht sind ihre Einzelgänge gar keine Fluchten vor den Aufgaben, die sie im Klassenzimmer erwarten? Vielleicht drückt sie nur die Escape-Taste und versucht ihren Geist zu beruhigen? Weil all die Stimmen und der Krach, das Gelächter und Geschrei, die bunten Poster, Collagen und das flackernde, hochmoderne und interaktive SMART Board an den Wänden, der Geruch des Tintenkillers, das Jucken unterm Pflaster, der leere Schulhof von oben, der Vogelschwarm am Himmel – weil ihr all das in einem unerwarteten Moment zu viel wird. Es wäre nicht das erste Mal, dass sie sich scheinbar ohne Grund aus dem Staub macht. Ich erinnere mich an eine ihrer Geburtstagfeiern, bei der ich sie allein in ihrem Hochbett fand, mit einem Tuch in der Hand, das sie sich immer wieder über ihr Gesicht gleiten ließ. Als müsste sie sich kurz ihrer eigenen Sinne versichern.

3

Ergokuchen, fliegende Elefanten, Ritalin und die Frage: Wer oder was kann helfen?

Ich hab einen Clown im Kopf, der mir ständig zwischen die Synapsen scheißt.

Vincent (Florian David Fitz)
in dem Film *Vincent will Meer*

Schussel, Hypie und Panix, unsere neuen Freunde

Ich versuchte mir klarzumachen, dass Lenja bereits viel leistete, wenn sie einen normalen Schultag hinter sich brachte, wenn sie nicht aus dem Unterricht floh, wenn sie die Hausaufgaben nicht bis in die Abendstunden hinauszögerte. Waren mal wieder Schulbücher, Sportzeug oder bestimmte Informationen in der Schule geblieben oder ganz verschwunden, kaufte ich Ersatzbücher für zu Hause, einen zweiten Turnbeutel oder verabredete mich mit anderen Müttern, um Arbeitszettel oder Wochenpläne zu kopieren. Denn sie konnte ja nichts dafür. Es hatte keinen Sinn, zu erziehen oder zu schreien, wenn sie schon ihr Bestes gegeben und trotzdem alles falsch gemacht hatte. Jeder mütterliche Ausraster verschärfte nur das Problem und vervielfachte die Dämpfer und Rückschläge, die sie sowieso jeden Tag einstecken musste. Ich bemühte mich also, ruhig zu bleiben und meinen Arbeitsalltag so zu organisieren, dass

Zeitpuffer blieben, um Lenjas Handicaps und Schlampereien auszugleichen. Denn laut ADS-Selbsthilfeliteratur sollte ich nicht nur meine Tochter, sondern zeitgleich auch drei ihrer neuen Freunde im Blick haben: Schussel, Hypie und Panix – die Fehlerteufelbande. Schussel verleitet dazu, »durch andere Programme zu surfen«, »frisst gerne Daten« oder schickt sie in den »Papierkorb, wo sie dann gelöscht werden«. Hypie sorgt dafür, dass alles ruckzuck, aber dafür nur oberflächlich erledigt wird; er springt »extrem schnell aus dem Programm« und hat wenig Überblick. Panix macht sich häufig vor Tests wichtig, verbreitet Panik und Stress, »bis das Programm sich abschaltet«.

Nicht dass diese drei Monster nicht auch andere Kinder belästigen, wie mir die Autoren versichern, aber leider tauchen sie bei ADS-Kindern besonders häufig auf und versuchen immer wieder »den Programmablauf in der Info-Verarbeitung zu stören«. Viele Informationen gehen zudem »vor Erreichen der Festplatte« verloren, was weitere Fehler nach sich zieht.

Bei Lenja hatte ich oft den Eindruck, dass wir bei manchen Rechtschreib- oder Rechenregeln zum x-ten Mal bei null anfingen, jetzt wusste ich, wieso: 30×90 ist einfach für einen Schüler zu rechnen, der das Einmaleins abgespeichert hat und 3×9 mit einer Null hintendran rechnet. Lenja starrte auf die Aufgabe und schaute mich dann mit großen Augen an. Ein Blick, der mich bei früheren Gelegenheiten sofort auf die Palme brachte, weil ich ihr unterstellte, sie sei zu faul, um nachzudenken. Aber so war es nicht: Schussel hatte das Einmaleins gefressen, und jetzt machte sich Panix breit. Also wurde Panix über den Kopf gestreichelt, und Schussel hielt ich wie schon unzählige Male zuvor die Einmaleinstabelle unter die Nase. Der Zusammenhang leuchtete ihr sofort ein, ich musste ihn nur immer wieder herstellen …

Die Vorsätze waren gut. Ab jetzt konnte ich nur noch an meiner eigenen Ausdauer scheitern, denn der tägliche Aufwand für Lenja hatte sich mit dem ADS-Coachingprogramm deutlich erhöht. Ich bewegte mich wie in einem neuen Koordinatensystem, in dem ich meine Tochter mal hier, mal dort festmachte, je nachdem, welcher Fehlerteufel gerade die Oberhand hatte. Die Streits wurden zwar weniger, aber der Stress eher mehr, denn jetzt lag es an mir, sanft gegenzusteuern, wenn das Chaos über uns zusammenschlug, statt den Ärger spontan herauszulassen. Ich wusste ja nun: Sie tat es nicht mit Absicht.

Manchmal hatte ich den Eindruck, dass Lenja die sporadischen mütterlichen Gewitter vermisste, denn mit meinem angeeigneten Therapeuten-Ich kam ich ihr unheimlich vor. Sie war einfach zu clever, um nicht zu spüren, dass ich ihr mit einer anderen Haltung begegnete, mit einer, die mich anstrengte. Das war nicht die Mama, die sie kannte. Wahrscheinlich fühlte sie sich manchmal so wie jemand, der ohne sein Wissen für unzurechnungsfähig erklärt worden war und keine Ahnung hatte, warum. Auf jeden Fall schien meine ungewohnte Geduld sie auf die Palme zu bringen.

»Warum redest du so komisch?«, oder: »Jetzt fängst du schon wieder von vorn an, hältst du mich für bescheuert?« – damit begann oft ein Streit, der genauso von den Hausaufgaben ablenkte wie das Problem dahinter. Es ging so weit, dass sie mich mit rollenden Augen und in einem süßlich-nervigen Ton nachahmte und beim Schulespielen mit ihrer kleinen Schwester in meine Rolle schlüpfte: »Mensch, Mia, das hast du ja soooo tooooll gemacht, sehr gut. Aber jetzt musst du es trotzdem noch mal machen, aber das ist ja nicht schlimm, das schaffst du schon …« Wenn ich dann um die Ecke hechtete, weil ich von Weitem zuhören konnte und mich selbst erkannt hatte, stand sie mit schief gelegtem Kopf und einem breiten Grinsen vor mir. Und mir blieb nichts anderes übrig, als genauso loszuprusten wie die kleine Mia, nicht zuletzt, weil sie mich erschreckend gut parodieren konnte.

Und weil sie mich kalt erwischt hatte: Mein Therapeutenton war nichts anderes als verkappte Aggression, denn eigentlich war ich mit unserem Lernprogramm überfordert. Mein Nervenkostüm und mein Joballtag gaben es nicht her, dass ich »lieber über den Tag verteilt« mehrmals mit Lenja arbeiten beziehungsweise »kleine Lernpakete schnüren« und am besten noch »kurze Bewegungspausen« einbauen konnte, wie es im Ratgeber hieß.

Wollte ich alles richtig machen, dann zogen sich die Hausarbeiten über den ganzen Tag. Mia musste sich allein beschäftigen und rächte sich mit kleinen Unfällen, mit Mehlpanschen in der Küche und überlaufenden Waschbecken – also mit allem, was wiederum einen hohen Arbeitsaufwand und Brüllerei nach sich zog. Wir gingen dazu über, die Hausaufgaben in einem Rutsch »durchzuziehen«, und wenn ich in meinen Therapeutenton verfiel, hatte Lenja künftig die Erlaubnis, mich mit einem »Das schaffst du schon« an meine mütterlichen Grenzen zu erinnern. Sie legte dann eine Spielpause ein, und ich durfte mich mit einem Tee (je nach Stressniveau auch mit einer Gelegenheitszigarette) auf den Balkon zurückziehen. Um runterzukommen, hielt ich mich auch an die in den Ratgebern empfohlenen Verhaltenstipps. Ich schrieb Wutzettel, die ich zerknüllte und mit denen ich aus einigen Metern Entfernung den Mülleimer treffen musste. Je zielsicherer, desto ruhiger die Nerven … Lenja erhielt eine Eieruhr, um sie während der Hausaufgaben daran zu erinnern, dass die jeweilige Tagträumerei beendet werden musste für den (regelmäßigen) Fall, dass ihre Gedanken frei im Raum schwebten. Ab und zu fand ich das Ding auf ihrem Bett, unter einem Stapel aus Kissen und Decken.

Ihr wurde eine Ergotherapie verschrieben, um ihre *Handlungsfähigkeit* zu verbessern, eine Lerntherapeutin mussten wir selbst zahlen. Das waren zwei feste zusätzliche Termine von fünfundvierzig Minuten pro Woche, zu denen sie kutschiert werden musste, in der Summe allerdings jeweils eher neunzig Minuten, wenn man die Parkplatzsuche dazurechnete. Oft blieb ich in der Zeit im Auto sitzen, um zu telefonieren, oder ich versuchte Einkäufe zu erledigen, weil sich eine Fahrt ins Büro und anschließend zurück nicht gelohnt hätte. Ich ging dazu über, meinen Laptop erst dann wieder hochzufahren, wenn die Kinder im Bett waren. So hoffte ich, für den nächsten Tag weitere ein, zwei Stunden für Lenjas Betreuung herauszuschlagen. Trotzdem kam sie immer öfter mit Einträgen und Mahnungen in ihren Heften nach Hause, weil sie die Hausaufgaben nicht gemacht hatte. Weil ihre Schrift unleserlich war oder in einer Mappe, bis auf einen, sämtliche Arbeitszettel fehlten. Manchmal hatte sie auch einfach die falschen Seiten in den jeweiligen Büchern bearbeitet. Die ersten Noten (nach zwei unbenoteten Grundschuljahren) bewegten sich zwischen Vier minus und Sechs, was ihre Motivation für unsere Übungen noch weiter dämpfte. Mein Mann war die Woche über kaum zu Hause und schwankte zwischen einem schlechten Gewissen – wenn ich ihm erschöpft von unseren zähen Nachmittagen erzählte – und sinnlosen Gardinenpredigten am Wochenende, die Lenja mit hängendem Kopf über sich ergehen ließ.

Meine Dienstreisen konnte ich meistens auf acht oder zehn Tage im Monat beschränken, alle Aufträge, die mehr Zeit in Anspruch genommen hätten, lehnte ich ab, oder ich wich auf schlechter bezahlte Projekte aus, die ich allein bearbeiten konnte, sodass die Abendstunden bis Mitternacht bald zu meinen regulären Arbeitszeiten gehörten. Private Treffen, Kino, Theater oder längere Telefonate waren gestrichen. Selbst Freundinnen, die nie mehr als homöopathische Kügelchen an ihre Kinder heranließen, fragten mich mittlerweile, ob ich nicht Ritalin ausprobieren wolle, zu meiner Entlastung.

Tatsächlich stellte ich mir die Frage, ob eine mühsam erkämpfte Drei in dem einen oder anderen Test es rechtfertigte, dass ich mich aufrieb. Was, wenn nicht mehr herauszuholen wäre? Dann liefe es sowieso auf einen Hauptschulabschluss hinaus, mehr nicht. Bei einem IQ, den nur zwei Prozent aller Kinder erreichen …

Lenja besteht aber nicht nur aus ihrem IQ. Sie ist charmant, ideenreich, aufgeschlossen, (an schulfreien Tagen) fröhlich, hilfsbereit, lustig, kreativ, fürsorglich, aufgeweckt, ungemein wortgewandt und überzeugend, flexibel, neugierig, empfindsam, gutmütig, ehrlich und großherzig. Welchen Einfluss würde dieses Mittel auf ihre Einzigartigkeit haben?

»Mit der Pille nimmt man den Kleinen das Wesentliche ihrer Kindheit«, sagt der Hirnforscher Gerald Hüther in einem Interview mit der Zeitschrift *Geo*. »Ihre Begeisterung.« Wenn man berücksichtigt, wie viele Kinder in Deutschland Ritalin bekommen, dann betrifft das die Gemütsverfassung einer ganzen gedämpften Generation. Allein 2011 waren es 500 000 Jungen und 150 000 Mädchen, die die Diagnose ADHS erhielten. Obwohl keiner weiß, wie die Störung genau entsteht, gibt man den Kindern eine Psychostimulanz, die unter das Betäubungsmittelgesetz fällt, ohne genau sagen zu können, warum sie wirkt, und vor allem, welche Langzeiteffekte sie hat.

Vielleicht würde es Lenja aber einfach glücklicher machen, wenn sie plötzlich gute Noten nach Hause brächte? Die Selbstauskünfte von Kindern, die »mit Ritalin leben«, wie eine als Buch erschienene Interviewsammlung heißt, lesen sich indes anders: Die befragten Grundschüler werden durch die Pille nicht glücklicher. Sie schlucken sie, »weil

Mama dadurch glücklicher wird«. Trotzdem klingen die abgedruckten Briefe der betroffenen Eltern eher resigniert. Eine Mutter beklagt, dass ihr Sohn früher entzückt war über jeden Marienkäfer, der vorbeiflog. »Heute registriert er so etwas gar nicht mehr.« Aber absetzen will sie das Mittel trotzdem nicht, »weil sonst wieder jeden Tag die Schule anruft«.

Ich habe größtes Verständnis für jede Mutter und jeden Vater, die schlichtweg verhindern wollen, dass ihr »Zappelphilipp« von der Schule fliegt. Mein Problem ist ein anderes: Die Lehrer haben an Lenja nichts auszusetzen, solange sie einfach nur still und einsam in ihrem Chaos versinkt. Abgesehen von gelegentlichen Gewissensbissen, weil sie nicht wissen, wie sie ihr helfen sollen. In unserem Fall gibt es kein Kind, das über Tische und Stühle geht und andere Kinder angreift. Mir fehlt diese Rechtfertigung, um Lenja den Folgen eines unerforschten Medikaments auszusetzen. Um sie zu einem Versuchskaninchen zu machen. Denn die Verschreibungspraxis bei aufmerksamkeitsgestörten Kindern ist nichts anderes als eine riesige und ungesteuerte Feldstudie, der keine Genehmigungsbehörde zustimmen musste. Das Medikament ist zwar zugelassen, aber in dem Umfang und in der Menge, in denen es verordnet wird, kann man von einem Massenexperiment sprechen: Der Verbrauch von Ritalin ist allein zwischen 2006 und 2011 um 42 Prozent gestiegen, auf sechsundfünfzig Millionen Tagesdosen jährlich. Seit 1993 ist die Verschreibungsmenge insgesamt um das Fünfzigfache gestiegen – ein Goldesel für die Pharmaunternehmen.

Bei der Veröffentlichung der Zahlen ging ein Entsetzen durch den Blätterwald, man müsse, so hieß es, von ganzen ADHS-Jahrgängen sprechen. Bezeichnenderweise ist die Zahl der Diagnosen dort am größten, wo die meisten Kinderpsychiater ansässig sind: Würzburg ist Welthauptstadt der ADHS-Fälle. Das nennt sich auch Angebotssteuerung und sollte bei einer Krankheit nicht vorkommen. Es gibt aber bereits Kritiker dieser Kritik an der Verschreibungspraxis, die behaupten, es würden jetzt eben viele Fälle entdeckt, die vorher unentdeckt blieben. Das würde bedeuten, dass die Ärzte in den vergangenen Jahren einfach nur eine diagnostische Lücke geschlossen haben. Da beißt sich die Katze in den Schwanz …

Wenn dieses Medikament die einzige Lösung ist für das Massenphänomen Aufmerksamkeitsstörung, wo soll der stete Aufschwung dann hinführen? Wird es so weit kommen, dass schließlich jedes zweite Kind »auf Droge« ist? Dann wäre ein Schulbesuch mit medikamentöser Begleitung der Normalfall.

Neurologen gegen Psychologen und in der Mitte ein Kind

Der Beipackzettel hätte mir schon gereicht. Jeder Punkt auf der Liste der Nebenwirkungen ist ein Argument gegen Ritalin: von Wachstumsverzögerungen über Appetitlosigkeit, Depressionen und Bluthochdruck bis zu Herz-Kreislauf-Erkrankungen und Schlafstörungen. Wir erleben auch so genug Nächte mit Lenja, in denen sie wie ein Geist durchs Haus wandert. Noch mehr Schlafstörungen würden bedeuten, dass sie kaum noch durchschläft.

Ganz zu schweigen von der unmittelbaren Wirkung dieser Droge. Ich würde es nicht einen Tag lang ertragen, Lenja dabei zu beobachten, wie das Medikament sie leise verwandelt, wie es ihren Enthusiasmus dämmt oder ihre Ausstrahlung verändert.

Noch schwerer wiegt die Tatsache, dass ich Lenja mit einer Pille zu verstehen geben würde, dass sie krank ist.

Nur weil sie in der Schule scheitert. Und dass ich sie mit diesem Problem der Medizin überlassen muss, weil ich auch nicht weiterweiß. Meine Ohnmachtsgefühle würden sich zu ihren gesellen – wie viel davon kann ein Kind aushalten? Wie könnte sie künftig meinen Beteuerungen glauben, dass ihre Fantasie, ihre unerschöpfliche Neugier und ihre Gedankenspiele etwas besonders Wertvolles sind, wenn ich ihr jeden Morgen eine Pille in die Hand drücke, die genau diese Eigenarten ausknipst? Bis heute habe ich ihr gegenüber nicht einmal den Begriff »ADS« verwendet, weil ich es kaum vermeiden könnte, im gleichen Atemzug von »Störung« oder »Defizit« zu sprechen. Wie sollte ich die Erklärungen der Hirnforscher für Kinderohren übersetzen, ohne dass Lenja vor sich selbst Angst bekommt? Ohne ihr den letzten Rest Selbstvertrauen zu entreißen?

Die Diagnose ADS an sich hat unerwünschte Nebenwirkungen: Sie treibt einen Keil zwischen Mensch und Hirn, wo der (seelisch) gesunde Menschenverstand keinen Unterschied macht. Anders ausgedrückt: Wir *sind* unser Hirn, wir können *es* oder *uns* nicht betrachten, ohne es zu benutzen. Einem Kind, vor allem einem sehr intelligenten Kind, zu erklären, dass dieses Organ nicht richtig funktioniert, weil die Synapsen verrücktspielen, ohne dass es diese Vorgänge steuern oder beeinflussen kann, bedeutet zwangsläufig, Bewusstseinsspaltung zu betreiben. Ein Kind kann mithilfe seines Gehirns sein gebrochenes Bein betrachten und verstehen, warum dieses Bein nun nicht mehr funktioniert. Aber es kann mit dem Verstand nicht auf den Platz zwischen seinen Ohren schielen, ohne Kopfschmerzen zu bekommen.

Außerdem verändert allein schon das Stichwort »ADS« nachhaltig den Blick der Außenwelt auf ein Kind. Das konnte ich bei den Lehrern aus nächster Nähe beobachten. Das Problem verschärft sich allein dadurch, dass die Kinder den – negativen – Erwartungen von Lehrern und Eltern entgegenwachsen.

Genau genommen ist »Aufmerksamkeitsdefizit« ein irreführender Begriff, denn bei Kindern wie Lenja erwächst das Problem nicht aus einem Zuwenig, sondern einem Zuviel an Aufmerksamkeit. Ein ADS-Kind reagiert auf einen vorbeiflatternden Schmetterling, als flöge ein Elefant vorbei. Warum nicht? Vielleicht sieht es bei seiner staunenden Betrachtung Details, die einem Durchschnittsaufmerksamen entgehen? Und die etwas ganz Entscheidendes über die Natur und das Wesen eines Schmetterlings aussagen? Man müsste die Beobachtung allerdings festhalten und auswerten. Mitten im Matheunterricht ist das schwierig, zugegeben.

Auf das Risiko hin, dass ich mir meine Problemwelt zu bunt male: Warum soll nur das Defizit Gültigkeit haben? Und sollte man bei der Einordnung neurologischer Forschung vielleicht im Auge haben, dass Hirnforscher ihr Objekt eher auf Mängel als auf Möglichkeiten hin betrachten? Schließlich ist diese Forschungsrichtung auf der Grundlage geborstener oder durchschossener Schädel im Ersten Weltkrieg entstanden. Erfahrungsgemäß gehören Neurologen nicht gerade zu den Träumern und Kreativen unter uns Menschen. Oder umgekehrt: Träumer und Kreative fühlen sich nicht unbedingt von den chemischen Prozessen im Gehirn angezogen. Vielleicht schon eher von Phänomenen wie Bewusstsein oder Seele. Werden nicht beide Perspektiven gebraucht, um den ganzen Menschen zu erfassen?

Bis jetzt gibt es jedoch keine Fachrichtung, die einen wertschätzenden Blick auf diese »Störung« wirft. Und die vier Expertengruppen, die sich überhaupt damit befassen, die Psychologen, die Neurologen, die Soziologen und die Philosophen, gehen sich gegenseitig an die Gurgel. Die Psychologen halten den Neurologen vor, dass sie das Klavier mit der Musik verwechseln und den Menschen als Spielball seiner eigenen Botenstoffe betrachten. Die Neurologen unterstellen den Psychologen, dass sie die Eltern unnötig belasten, indem sie Vermutungen über die familiären Hintergründe anstellen. Dann gibt es noch die Soziologen, die behaupten, dass unsere Gesellschaft mit ihrem Lebensstil dieses Phänomen erst heraufbeschworen hat. Und dass ADS und ADHS nichts anderes sind als krasse Sonderfälle einer allgegenwärtigen Störung. Und am Rande der hyperaktiven Debatten erlauben sich Philosophen, die mutmaßlich keine Kinder im Schulalter haben, die Frage: Sind Zerstreuung und Leere überhaupt Zeichen des Verfalls oder gehören sie zu einer selbstbewussten Moderne, die auf das kultivierte Ideal eines achtsamen und damit angepassten Menschen pfeift?

Alle vier haben gleichzeitig recht und unrecht, und allen muss man den Vorwurf machen, dass es ihnen weniger um eine Lösung im Sinne der Kinder als vielmehr um ihren theoretischen Claim an der populärsten Diagnose seit Jahrzehnten zu gehen scheint.

Niemand stellt sich ganz radikal auf die Seite der »dysfunktionalen« Kinder. Vielleicht vereinzelt ein paar Eltern, meistens die gnadenlos emotional-parteiischen Mütter wie ich: Wenn der Aufmerksamkeitsüberschuss des Kindes für alles, was seine Neugier erregt, mit dem Lehrplan über Kreuz liegt, ist das nicht seine Schuld. Es ist ja nicht einmal seine Absicht. Und wo steht eigentlich geschrieben, dass ein Kind nicht anstrengend sein darf? Es muss sich nur laut und unsozial verhalten, dann ist ihm die Aufmerksamkeit der Lehrer sicher.

Für die offensichtlichen Problemfälle, für die Jungs, die mit dem ganzen Schulranzen ausholen, wenn ihnen jemand im Weg ist, gibt es regelmäßige Elterngespräche, Lehrer- und Klassenkonferenzen. Da bleibt kaum Raum oder Zeit für die friedfertigen Versager. Aber dafür, wie für alle möglichen Lernschwächen, steht ja auch eine Armada von Experten und Helfern bereit, eine ganze Helferbranche, die sich rund um die Schule angesiedelt hat. Vorausgesetzt, man hat ein großzügiges Rezept oder Geld, am besten beides. Und vor allem sehr viel mehr Zeit, als ein normaler Arbeitsalltag übrig lässt.

Work-Streit-Balance

Ich weiß, warum sich die Mehrheit kaum um den Klimawandel, die kommende Immobilienblase oder die nächste Finanzkrise kümmert. Selbst wenn sie sich Sorgen macht: Was hinterlassen wir unseren Kindern? Oder die unvermeidliche Frage, seit es globale Bedrohungen gibt: Was werden wir antworten, wenn unsere Kinder in zwanzig Jahren fragen, warum wir nichts getan haben? Ich bin sicher nicht die Einzige, die antworten müsste: »Wir waren mit euch beschäftigt.« Mit der Bewältigung eines Alltags zwischen Hausaufgabenstress und Einkaufslisten. Und mit unseren Jobs, zugegeben. In denen so getan wird, als gäbe es weder Schulprobleme noch Wäschehaufen. Diese banalen Dinge werden gedanklich und real outgesourct – in die Privatwelt des Arbeitnehmers. Von der man bitte nichts als hübsche Kinderfotos sehen und fröhlich-stolze Anekdoten hören will. Ich erzähle gar nichts mehr im Büro, weil mir die Energie für die *Work-life-balance*-Fassade fehlt.

Zeit für Eltern- oder Familienzeitschriften, für »ein Wochenende in Prag mit Kind« oder »selbst gebastelte Faschingsmasken« habe ich schon lange nicht mehr. Ich schaue mir auf Fotos in *Eltern* die hippen Paare an – er Vollbart, sie Nerdbrille, mit dem Baby auf dem Arm vor selbst gestalteter Kinderzimmerwand – und denke: Wartet nur ab, bis irgendetwas in eurer heilen Welt aus dem Ruder läuft, bis euer Kind später das erste Mal zu Tode betrübt nach Hause kommt oder die Oma eine Demenz entwickelt und ihr anfangt, euch zu zerreißen, um alles gleichzeitig zu schaffen.

Ich bin so neidisch auf diese Sorglosigkeit der ersten Jahre, dass es wehtut. Derweil versinke ich in einem Leben aus Kleinigkeiten, Kleinkariertem und Sorgenketten und träume von der Schwerelosigkeit. Nicht etwa ein schöner Traum: Ich wache schweißnass auf, weil ich meine Beine bei aller Anstrengung nur in Zeitlupe bewegen kann, wie auf dem Mond, während Lenja vor meinen Augen von einem Gerüst fällt und nach mir schreit. Der zweite Albtraum, der mich im Dauerabo verfolgt, handelt von einer Dienstreise: Ich steige aus dem Zug/dem Flieger/verlasse das Hotel und habe sowohl Laptop als auch Smartphone und mein Portemonnaie mit allen Ausweisen und Karten verloren. Ich bin orientierungslos, panisch und weiß nicht, wen ich wie um Hilfe bitten soll.

Tatsächlich habe ich Angst, meine Arbeit zu verlieren, meine Unabhängigkeit und ganz in den Kinderalltag abzutauchen. Ich wäre nicht die Erste, die im Reihenhaus vergammelt, weil »es keine andere Lösung gibt«. Fest steht: Der Anteil bezahlter Arbeit schrumpft bei mir proportional zum Aufwand, den Lenjas Probleme erfordern. Die Hausaufgaben, das Lernen für die Tests, Lern- und Ergotherapie, Fördermaßnahmen, Kinderärzte, Klamotten, Essen, Wäsche – das landet alles auf meiner Agenda, weil ich meine Produktionen größtenteils selbst disponieren kann, während Michael feste Termine und Bürozeiten einhalten muss. Nach dem ersten Heulkrampf hat er mir versprochen, dass er sich ein oder zwei Nachmittage frei hält, sooft es eben geht. Er hat es wirklich versucht, nicht nur, um besser dazustehen, sondern tatsächlich und aufrichtig. Ein paar Mal sind tatsächlich

Konferenzen abgesagt und Flüge vorverlegt worden, wenn es sehr eng wurde. Aber an den versprochenen Nachmittagen kam dann doch wieder ein Termin in einer anderen Stadt dazwischen. Oder auch nur ein Anruf. Und statt weiter bei den Hausaufgaben zu helfen, rennt mein Mann mit Headset im Anschlag durchs Haus, während Lenja irgendwann achselzuckend den CD-Player anschmeißt. Wenn ich dann nach Hause komme und sehe, dass die Aufgaben für den nächsten Tag noch nicht stehen, endet der Abend in Geschrei, weil Lenja eine Stunde vor dem Zubettgehen nicht mehr genug Konzentration aufbringt, sie zu erledigen. Also behalte ich doch lieber die Lufthoheit über die Arbeitshefte, damit sich die Situation nicht wiederholt. Und Michael zieht sich – mehr oder weniger beleidigt – zurück und behauptet in einer späteren Auseinandersetzung, dass das Ganze ja an meiner Einmischung gescheitert ist.

Wie ich inzwischen weiß, sollte man für Absprachen zwischen Paaren, die beide einem zeitintensiven Job nachgehen, einen Paartherapeuten bestellen, am besten sogar zwei – für jedes Geschlecht einen emotionalen Anwalt. Die getroffenen *Agreements* sollte man dann notariell beglaubigen lassen. Natürlich scheint das überzogen. Aber das dachte auch schon so manche berufstätige Mutter, die auf Teilzeit ausgewichen ist. Genau gesagt dachte sie das am Anfang ihrer Ehe. Am Ende beißt sie sich in den Hintern, weil sie keinen Ehevertrag gemacht hat, als man sich noch gut verstand. Drei geschiedene Frauen aus meinem Bekanntenkreis halten sich mit Schwangerschaftsvertretungen und freier Mitarbeit über Wasser, während ihr gut verdienender Ex (in zwei Fällen mit der Neuen) die Kinder jedes zweite Wochenende nimmt, wenn überhaupt. Und das heißt, der ganze zähe Haufen aus Schulalltag, Aufräumen und Freizeitorganisation (von den Geburtstagsgeschenken bis zur Zahnspange) bleibt an den Frauen kleben. Im Unterschied zu vielen Kolleginnen, die wegen der Kinder auf Sparflamme arbeiten, kenne ich das neue Unterhaltsrecht. Ich habe den Schuss gehört. Vor Gericht interessiert es am Ende niemanden mehr, ob eine Mutter und Akademikerin eine eigene Karriere und 50 000 Euro mehr im Jahr hätte haben können. Wenn das Geld nicht reicht, kann sie ja nach der Scheidung – um ein konkretes Beispiel aus dem Bekanntenkreis zu nennen – bei der Industrie- und Handelskammer auf Gestalterin umschulen. Pech gehabt, leider die falschen Lebensentscheidungen getroffen.

Das sollte mir nicht passieren, also versuchte ich eine Zeit lang beides zu wuppen. Unter verschärften Bedingungen, denn zum ersten Mal richtete sich alles nach Lenja. Vom ersten Tag bis zu ihrem sechsten Lebensjahr hatte Lenja sich unserem Alltag unterzuordnen, jetzt lief es umgekehrt. Was auch meinen Kollegen und Auftraggebern nicht verborgen blieb. Immer öfter bekam ich ein unsichtbares Kopfschütteln zu spüren, weil ich auf den letzten Drücker lieferte, E-Mails mit Tippfehlern abschickte und Deadlines verschieben oder Aufträge absagen musste. Die Arbeit reduzierte sich von selbst, weil so mancher Auftraggeber eben nur zweimal anfragt und einen irgendwann von der Liste streicht. In der Medienbranche stehen hinter jeder Mutter, die einen kurzfristig angefragten Auftrag ablehnen muss, drei Kinderlose und Jüngere, die den Job in derselben Nacht anfangen und auch mal übers Wochenende zu Ende bringen können. Wenn ich versuchte, ein Gespräch im Wartezimmer eines Lerntherapeuten entgegenzunehmen, und einen späteren Rückruf angeboten habe, war es oft schon zu spät. Das eigene Gefühl des Versagens, weil man es nicht schafft, beide Sphären zu trennen, gesellt sich noch ungewollt dazu.

Am Ende eines solchen Tages reicht ein Funke, um einen abendfüllenden Streit zu provozieren. Ein beispielhafter Dialog, der für viele steht, beginnt mit der freundlich gemeinten Frage meines Mannes, was Lenja denn in der heutigen Ergotherapiestunde gemacht habe.

Meine Antwort: »Die beiden haben Kuchen gebacken.«

»Aha. Kuchen gebacken … Ist ja nicht so, dass wir das nicht schon mal mit ihr gemacht hätten.«

»Ja, aber dort muss sie alles allein unter Kontrolle haben, vom Einkauf bis zur Ofenzeit. Damit sie lernt, die Verantwortung für den gesamten Ablauf zu übernehmen. Und die Therapeutin versucht so wenig wie möglich einzugreifen. Das muss man in einem größeren Zusammenhang sehen.«

»Entschuldige, aber möglichst wenig eingreifen können wir hier auch. Was machen die denn sonst noch so?«

»Alles Mögliche – Klettern, Trampolinspringen, Schaukeln.«

»Na ja, bei uns im Garten kann sie ja auch …«

»Ich weiß, was du sagen willst«, unterbreche ich Michael. »Aber wenn Lenja bei der Therapeutin schaukelt, muss sie gleichzeitig noch andere Dinge tun. Ich bin zwar nicht dabei, aber zumindest habe ich mich – im Gegensatz zu dir! – mit der Methode auseinandergesetzt. Und wenn du meinst, dass du das genauso gut kannst, dann können wir das Geld auch sparen, und du übernimmst ab sofort das Training. Ich habe ganz bestimmt was Besseres zu tun, als mehrmals in der Woche quer durch die Stadt zu fahren, um sie für fünfundvierzig Minuten bei der Therapeutin abzuliefern.«

»Ich habe doch nur gefragt, was die da machen«, erwidert mein Mann. »Warum gehst du denn gleich durch die Decke? Wir müssen auch gar nicht darüber sprechen. Anscheinend bin ich ja zu blöd, um zu kapieren, wie diese Hirntrainings funktionieren.«

»Du hast nicht einfach gefragt, im selben Atemzug hast du die Therapie runtergemacht. Der Ausdruck ›Hirntrainings‹ sagt doch alles. Du findest das alles sowieso sinnlos.«

»Das stimmt nicht. Ich will bloß wissen, ob die Investition Sinn macht.«

»Keine Ahnung. Vielleicht gibt es Studien zum Zusammenhang zwischen Ergotherapie und Lernerfolgen? Aber frag doch mal Lenja, wie es ihr gefällt. Auf die Idee kommst du nie. Und ich würde mich auch freuen, wenn du einen anderen Einfall hättest, wie wir ihr helfen können. Aber du hältst dich fein raus aus der ganzen Nummer, und wenn alles organisiert ist, kommst du mit kritischen Fragen.«

»Pass mal auf, ich weiß nicht, wie es in deinem Job so läuft, aber ich habe während der Woche keine Zeit, mich mit verschiedenen Therapieformen auseinanderzusetzen. Dafür habe ich mich am letzten Wochenende um deine Scheißsteuern gekümmert und die Garagentür repariert. Es ist nicht so, dass ich hier nichts mache. Dir fällt es bloß nicht auf, weil …«

Der Dialog lässt sich beliebig fortsetzen, dreißig Minuten davon habe ich auf Band gespeichert. Im Laufe der Zeit habe ich das eine oder andere Gespräch mit dem Smartphone (»Sprachnotizen«) aufgenommen, wenn sich abzeichnete, dass es wieder laut und spät werden könnte. In der Hoffnung, dass sich mit etwas emotionaler und zeitlicher Distanz klären lässt, warum und an welchem Punkt das Gespräch aus dem Ruder läuft. Meine laienhafte Analyse ergibt Folgendes:

Erstens: Ich fühle mich mit Lenjas Problemen allein gelassen und gegen meinen Willen zur Chauffeuse degradiert – und habe ein wenig recht damit.

Zweitens: Michael fühlt sich ausgeschlossen und zu Unrecht angegriffen – und hat ein wenig recht damit.

Drittens: Michael ringt mit seinem schlechten Gewissen, denn er hat weder mit den Problemen noch mit der Lösung viel zu tun. Obwohl es keinen vernünftigen Grund gibt, warum er sich nicht mit dem Thema auseinandersetzen und ein paar Telefonate führen könnte. Er müsste nur andere Prioritäten setzen. Schließlich telefoniert er auch stundenlang mit Kollegen und tratscht über unfähige Vorstände und faule Mitarbeiter. Aber das gilt offiziell als Arbeitsgespräch.

Viertens: Im Streit bekämpfen wir unsere Zweifel, ich genauso wie Michael, ob wir zumindest jetzt die richtigen Entscheidungen treffen. Eigentlich machen wir uns beide etwas vor, aber durch die gegensätzlichen Standpunkte in unseren Diskussionen fühlen wir uns ein wenig sicherer. Ich überspiele meinen eigenen Zwiespalt, indem ich die Einwände meines Mannes umso resoluter abfertige. Und Michael sucht bei mir nach Schwachstellen, um seine Untätigkeit zu überspielen. Beim Streiten stellt man eine mögliche Form der Beziehung her, heißt es in Ratgebern. Das ist wohl besser als gar nichts, nehme ich an. Leider geht diese Form der gegenseitigen Aufmerksamkeit von der Zeit ab, die wir für Lenja und ihre Schwester dringend bräuchten.

Einmal am Tag hänge ich der Idee nach, den Job zu schmeißen und mit Sack und Pack aufs Land zu ziehen, in Fußnähe einer Waldorfschule, wo der Unterricht sowieso zur Hälfte mit handwerklichen Arbeiten und Bewegung bestritten wird. Dann könnten wir uns die ganzen Fördermaßnahmen sparen, die Stadtfahrten auch. Ich würde im Wintergarten sitzen und Kochbücher schreiben oder Ähnliches. Wenn ich mir dann aber vor Augen führe, was die Suche nach einem anderen Haus, was ein Umzug bedeuten würde, tröste ich mich damit, dass wir mit Lenjas Ergo- und Lerntherapien gleichsam ein paar Stunden Waldorfschule dazukaufen …

Dennoch: Ob die Therapiestunden plus Nachhilfe Lenja helfen werden, langsam aufzuholen und auch einmal ein Erfolgserlebnis mit nach Hause zu bringen? Oder ob sie – wie in der Schule – vieles einfach über sich ergehen lässt?

Ich wünschte, ich könnte in ihren Kopf schauen. Vielleicht will sie uns nicht als Verbündete verlieren, und die Therapiestunden sind der Preis, den sie für unsere Loyalität zahlen muss. Ich gebe zu, dass ich insgeheim auf Lenjas Kooperation zähle. Der Alltag mit ihr ist anstrengend genug. Wenn ich sie auch noch zu jedem Termin überreden müsste, wäre ich ganz schnell am Limit. Was nicht heißt, dass sie nicht so manche Gelegenheit nutzt (»Wir schreiben Mittwoch einen Deutschtest, da sollte ich lieber zu Hause lernen, oder?«), um sich zu drücken oder beim Gespräch am Esszimmertisch die ganze Therapie infrage zu stellen: »Was soll das denn bringen, wenn ich in einer Stunde bastele und beim nächsten Mal die Wand hochklettere? Papa sagt auch, das kann ich doch zu Hause machen, guck mal.« Zum Beweis klettert Lenja dann auf das Hochbett ihrer Schwester, springt von dort auf die Spielpolster und schnappt sich anschließend die Bastelkiste, um völlig unmotiviert ein paar Pappen mit einem Klebestift zusammenzuflicken.

Ich denke nach, kann aber so schnell kein Gegenargument finden, außer: »Wenn du das allein machst, kann man am Ende nicht erkennen, was es sein soll.«

»Das muss man doch auch gar nicht. Das ist Kunst, wenn man nichts so richtig erkennen kann. Hast du mir mal erklärt.«

»Du meinst abstrakte Kunst, und so habe ich das bestimmt nicht erklärt. Abstrakte Kunst ist erst in der Oberstufe dran.«

»Okay, dann reicht es doch, wenn ich das in der Oberstufe mache?«

»Ohne Ergotherapie wirst du es aber gar nicht bis dahin schaffen.«

»Du bist gemein.«

»Stimmt. Und du bist faul.«

Lenja grinst: »Stimmt.«

Pappmaché-Gemetzel und hyperaktive Mitstreiter

Auf unserem Dachboden steht eine Kiste mit einer kleinen Auswahl an Bilderbüchern, Kuscheltieren, Postkarten, Zeichnungen und Bastelarbeiten, die uns irgendwann helfen sollen, in die Erinnerungen einzutauchen, wenn unsere erwachsenen Kinder nach ihrer Kindheit fragen. Von Zeit zu Zeit gesellen sich auch einige in Wut zermalmte Spielzeuge dazu, die ich ebenso aufbewahre wie die heilen Exemplare: ein zerrissener »Ich hasse Mama«-Brief, ein Elternwarnschild, Lieblingskissen, die mit der Schere bearbeitet wurden, also Dinge, die auch die schlechten Tage wieder hochholen. Die man gern tief ins Unbewusste sacken und dort vergammeln lässt.

Es ist unfair und albern, einem Kind später nur die Highlights aufzutischen und erstaunt den Kopf zu schütteln, wenn dann unweigerlich der eine oder andere Vorwurf kommt. Für diesen Fall will ich gewappnet sein. Mit der anderen Seite der Medaille. Es stimmt nicht, dass Kinder grundsätzlich glücklich machen. Es stimmt aber, dass die schönen und innigen Momente mit ihnen auch die schwärzesten Zeiten so hell überstrahlen, dass es das Gesamtbild am Ende – einer Woche, eines Jahres, von zwanzig Jahren – wieder zurechtrückt.

Zu den Antischätzen in der Sammelkiste gehört der hässlichste selbst gebastelte Schmetterling, der jemals von einer Mutter sichergestellt wurde. Eine Missgeburt aus Pappmaché in Schwarz, Grün und Lila, mit einem Wasserkopf ohne Augen oder Fühler, dafür mit Flügeln, die kleiner sind als der Kopf, und einzelnen bunten Federn, die das Ding so aussehen lassen, als wäre es in einen Ventilator geflogen. Das Bastel-Ungetüm ist alles, was nach zwanzig Monaten Ergotherapie geblieben ist. Der alleinige physische Beleg dafür, dass Lenja fast zwei Schuljahre lang jede Woche bei Frederike war, ihrer Therapeutin, einer sehr freundlichen, bedächtigen, manchmal etwas unentschlossenen jungen Frau mit Nickelbrille und Wuschelhaar. Es wäre unredlich, den Schmetterling als das einzige Ergebnis der Ergotherapie zu präsentieren, vor allem gegenüber Frederike, die eine übermenschliche Geduld mit meiner Tochter bewiesen hat. De facto haben die beiden in der langen Zeit alles Mögliche gebastelt, gekocht, gebacken, trainiert, geturnt, geschrieben, haben zusammen geschaukelt oder geklettert – die Reihe ließe sich endlos fortsetzen.

Das Gesamtkonzept nennt sich sensorische Integrationstherapie und hat das Ziel, »den inneren Regulationsvorgang durch Hemmung irrelevanter Sinnesinformationen« zu fördern – so steht es in dem Buch über ergotherapeutische Behandlungskonzepte bei ADS, das mir Frederike mit nach Hause gegeben hat. Lenja sollte bei den Übungen in einen Flow kommen, in einen Zustand »optimaler neuraler Integration«, der ein körperliches Wohlbefinden auslöst. Wer in einem Job arbeitet, der ihm gefällt, kennt den Flow, den eine spannende und anspruchsvolle Arbeit auslösen kann. Bei der man die Zeit vergisst. Bis dato hatte ich die Vorstellung, dass (fast) alle Kinder bei (fast) jedem fesselnden Spiel, das sie selbst initiieren, einen Flow erleben. Ich dachte, dass das Recht auf eine Kindheit, die den Namen verdient, zum großen Teil aus einem Recht auf dieses Gefühl besteht. Wenn es eine Antriebsfeder für meine beruflichen Wünsche gibt, dann ist es die Sehnsucht nach dieser kindlichen Selbstvergessenheit.

Ich weiß nicht, ob Lenja viele dieser Momente erlebte, während sie mit Frederike arbeitete, aber ganz sicher gehörte die Entstehung des Schmetterling-Ungetüms nicht in die Flow-Kategorie. Es ist ihm sofort anzusehen, aus wie viel Lustlosigkeit jeder einzelne der Körperteile, die so gar nicht zueinander passen, modelliert wurde. Dementsprechend zog sich seine Herstellung über ein halbes Jahr, in dem sich Bastel- mit Turn- oder Schreibstunden abwechselten. Wenn ich Lenja abholte, erinnerte Frederike immer wieder daran, dass sie zwar einiges geschafft hätten, aber dass dem Schmetterling ja immer noch der Bauch, ein Flügel, die Dekoration fehle. In meiner Vorstellung wuchs diese Basteltätigkeit langsam zu einer theaterreifen Bühnenkonstruktion, zumal ich den Schmetterling erst zu sehen bekommen sollte, wenn er ganz fertig war.

Irgendwann war es tatsächlich so weit. Die Enthüllung des Kunstwerks beginnt damit, dass Lenja zunächst ganz vergessen hat, was sie da in der ausgebeulten Jutetasche mit sich herumschleppt – bis ich sie zu Hause danach frage. Sie seufzt und zögert einen Augenblick. Ich habe die Ahs und Ohs schon auf den Lippen, als sie ihr Werk aus der Tasche zieht. Übrig blieb ein »Oh«. Gefolgt von einem »Äääh«. Und aus meinem Bauch kriecht ein Glucksen nach oben. Ich versuche erst gar nicht, mich zusammenzureißen, drücke das Ungetüm an meine Brust und lache laut los. Eine Doppelsekunde lang schaut mich Lenja mit vor Entrüstung geweiteten Augen an. Dann wechselt ihr Gesichtsausdruck, und wir haben gemeinsam einen dieser wunderbaren Momente, von denen man ein ganzes Leben zehrt. Wir beide werden gleichzeitig von einem Lachanfall durchgeschüttelt, der bei ihrer kleinen Schwester, die herbeieilt, einen Wutanfall auslöst, weil sie sich ausgeschlossen fühlt. Man könnte auch sagen: Lenja und ich erleben einen Flow, einen Mama-Tochter-Flow.

Die tiefe Langeweile und Freudlosigkeit, die in jedem Pinselstrich dieser Arbeit steckt, fällt von ihr ab und verwandelt sich in hysterischen Spaß. Irgendwann habe ich wieder etwas Luft, um zu sprechen.

»Du kannst wirklich stolz sein.«

»Warum?«, fragt Lenja.

»Darauf, dass du den überhaupt fertig gemacht hast.«

»Hm, finde ich auch ... Aber jetzt tut er mir leid.«

Erneutes Losprusten.

Kurz danach sitzen wir still nebeneinander und schauen uns »Schmetterding«, wie wir das eigenwillige Exemplar getauft haben, einfach nur an. Ich will nicht zu viel in diese Szene hineininterpretieren, aber möglicherweise ist der Anblick von »Schmetterding« bei uns beiden hängen geblieben als ein Sinnbild für all die Dinge, die man nicht immer verstehen oder schön finden, aber trotzdem zu Ende bringen muss. Weil es einen doch irgendwie stärker macht.

Frederike hatte in ihrer Praxis auch einen Turn- und Toberaum mit sechs Meter hohen Decken, unter denen ein Klettergerüst, ein großes Trampolin und diverse Hänge- und Rutschgeräte Platz hatten. Wenn es in der Therapie etwas gab, das Lenja mit Vorfreude erfüllte, dann war es die Aussicht auf eine Stunde in diesem Raum. Wenn es dann aber bei der Ankunft hieß: »Heute gehen wir in die Küche oder an den Schreibtisch«, rutschten die Mundwinkel erst einmal nach unten. Im Nachhinein wage ich zu behaupten, dass es den Zielen der Therapie wohl am besten gedient hätte, wenn Lenja alle Termine im Toberaum verbracht hätte. An den Turntagen hatte sie keine Zeit, sich von mir zu verabschieden, schüttelte die Schuhe ab, ließ gleichzeitig die Schultasche fallen und flitzte los. Sie sprang vom Kletterseil aufs Trampolin und zurück, spielte Tarzan, vollführte Saltos und erfand eine Variante der Akrobatik, die »Aggrobatik«, bei der sie asiatische Kampfkünste und Hüpfübungen kombinierte.

Eine Stunde auf den Geräten, das war für sie eine Stunde Intensiv-Flow. Danach war sie energiegeladen und trotzdem tief entspannt, die Hausarbeiten gingen in der Hälfte der sonst üblichen Zeit über die Bühne. Leider war der Toberaum heiß begehrt, denn in Frederikes Praxis gab es noch zwei andere Therapeutinnen, und die Patientenkartei bestand zu rund 50 Prozent aus ADHS-Patienten, fast ausschließlich Jungen, die bei jedem Termin einmal an die Geräte mussten, damit sie überhaupt ansprechbar waren.

Lenja hielt grundsätzlich Abstand, wenn einer von ihnen das Wartezimmer unsicher machte. Zu groß war die Angst, dass sie dumme Sprüche auf sich ziehen könnte wie bei den Oberrabauken in ihrer Klasse. Als Frederike vorschlug, Lenja in einen neuen Kurs mit diesen Jungen zu stecken, war ich zunächst skeptisch. Die Therapeutin und ihre Kolleginnen wollten ein amerikanisches Konzept ausprobieren, bei dem ADS-Kandidaten spezielle Konzentrationsübungen bekommen und synchron durch andere Aufgaben oder Reize wie laute Geräusche abgelenkt werden. Das Ziel war, eine Stresssituation zu simulieren, in der die Kinder lernen, ihre Aufmerksamkeit zu fokussieren und wichtige von unwichtigen Reizen zu unterscheiden. Mir leuchtete nicht ganz ein, wie so eine Verschlimmbesserung funktionieren könnte, denn sollten die Neurologen recht haben, dann konnte man eine Aufmerksamkeitsstörung nicht abschleifen, indem man die Auslöser potenzierte. Im Gegenteil. Aber wer weiß, wer bei all den Angeboten und Therapien am Ende den richtigen Instinkt bewies? Die Therapeuten, die täglich mit diesen Kindern zu tun haben, oder die Ärzte, die ihnen nach einem einzigen Termin Ritalin verschreiben dürfen?

Meine Hoffnung war, dass Lenja sich vielleicht besser gegen die Angriffe ihrer Schulkameraden wappnen könnte, wenn sie mit solchen Jungen auf Augenhöhe zusammen war. Sie würde ihre Schwächen, ihre wunden Punkte kennenlernen und vielleicht ihre Angst verlieren. Dass in diesem Fall (anders als in der Schule) zwei gestandene Therapeutinnen, die jederzeit eingreifen konnten, für sechs Kinder zuständig waren, half mir über die restlichen Bedenken hinweg. Für Lenja allerdings war allein die Aussicht darauf, mit vielen Jungen an einem Tisch sitzen zu müssen, gleichbedeutend mit der Androhung von Prügel. Obwohl zu diesem Zeitpunkt noch nicht klar war, dass sie das einzige Mädchen bleiben würde. Aber wie sich schnell herausstellte, war der Gedanke eines Wappnens gegen vorlaute Jungen genauso ein Wunschbild wie die Vorstellung, dass man eine Aufmerksamkeitsstörung durch konzentriert gestörte Aufmerksamkeit kurieren könnte.

Als Eltern wurden wir zu einer Eröffnungsstunde eingeladen, um die Übungen selbst auszuprobieren. Das Ganze nannte sich in Anlehnung an das amerikanische Vorbild »Attentioner Group«. Alle waren beeindruckt, weil die Übungen für uns Erwachsene eine ebenso große Herausforderung zu sein schienen wie für die Kleinen: »Wie viel verschiedene Quadrate, Dreiecke, Rechtecke und Kreise in wie vielen verschiedenen Farben kannst du zählen?« Parallel dazu sollte man bei jedem lauten Klatschen aufschauen und sich den Gegenstand merken, der gerade in die Luft gehalten wurde. Vielleicht war ich die Einzige, die nach einer Viertelstunde Kopfschmerzen bekam. Vielleicht ist es auch Zufall, dass wir Eltern alle auf halber Strecke schlappmachten. Oder ein Hinweis darauf, dass eine Aufmerksamkeitsstörung doch genetische Ursachen hat ...

Auf jeden Fall hätte man diese Erfahrung auch als Warnung begreifen können. Und als Anlass, das Experiment abzubrechen, bevor es richtig angefangen hatte. Aber das traute sich keiner. Wir fühlten uns alle wie Auserwählte, die an einem exklusiven Laborversuch teilnehmen durften, als solche, die die Ritalin-Szene rocken würden.

Lenja hatte ich das Versprechen abgenommen, dass sie die erste Staffel der Attentioner Group durchhält – und wir danach Bilanz ziehen. Vom ersten Termin an klagte sie über die Lautstärke und das Chaos in der Gruppe: »Es dauert eine halbe Stunde, bis wir irgendwelche Aufgaben machen. Und wenn die sich boxen und anrempeln, kriege ich dauernd was ab.« Bei der dritten Gruppensitzung klagte sie über Bauchschmerzen, die zu Hause sofort verschwanden. Nach vier Terminen entließ ich sie aus ihrem Versprechen.

Zu dem, was an diesen vier Nachmittagen passierte, gab es zwei sich widersprechende Versionen. Die eine stammte von Lenja, die andere von Frederike. Zum ersten Mal seit Beginn der Schulzeit entschloss ich mich, allein der Wahrnehmung meiner Tochter zu vertrauen. Offensichtlich entstand schon in der ersten Gruppenstunde eine 1:5-Situation, bei der sich die Jungs auf Lenja einschossen und Lenja versuchte, sich zu wehren. Unter anderem durch Gegenangriff. Als ein Mädchen, das qua Geschlecht als uncool galt, noch dazu in der Minderheit, war Lenja schnell zur Zielscheibe auserkoren. Und da sie das einzige Kind war, das es schaffte, sich auf die Tests einzulassen, ohne eine Rauferei mit dem Nachbarn anzufangen, seinen Stuhl umzuschmeißen oder die Therapeutin anzupöbeln, galt sie unter den Jungen schnell als Streberin. Umgekehrt ließ Lenja die Jungs wissen, dass sie zu blöd seien für die Aufgaben und überhaupt »aggro« und »asozial«.

Es war wohl naiv gewesen, zu glauben, das einzige Mädchen zwischen fünf Jungen würde sich irgendwie geschlechtsneutral in die Gruppe fügen. Man könnte es auch unprofessionell nennen. (Den Ausdruck »unprofessionell« nahm Frederike mir lange übel …) Es war außerdem gewagt, einen verträumten ADS-Fall mit lauter hyperaktiven Jungen in einen Kurs zu packen. Frederike war zwar bereit, mir in diesen beiden Punkten recht zu geben, zeigte sich aber »sehr irritiert« von Lenjas »Sozialverhalten«, das sie vorher so niemals an ihr wahrgenommen habe. In der Gruppe sei sie arrogant und aggressiv aufgetreten, sie sei den Jungs über den Mund gefahren und habe mehr als einmal die Gruppenarbeit verweigert. Das fand ich nicht besonders verwunderlich – in einer Fünf-gegen-eine-Situation.

Ob denn das Verhalten der Jungs nicht genauso arrogant und aggressiv gewesen sei, wollte ich wissen. Woraufhin Frederike – diesmal war ich »sehr irritiert« – begründete, das seien ja hyperaktive Jungs, die man in diesem Aspekt anders beurteilen müsste. Lenjas fünf Mitstreiter waren, wohlgemerkt, alle Ritalin-Patienten. »Das heißt also, wenn Lenja ADHS und nicht ADS hätte, würden Sie ihr Verhalten angemessen finden?« Langsam kam ich in Fahrt. Ich gehöre wirklich nicht zu den Frauen, die beim eigenen Kind grundsätzlich blind sind und jede Kritik abwehren, wie so manche Tigermutter. Aber mit Jungs-Mädchen-Stereotypen aus der Mottenkiste musste mir keiner kommen, schon gar nicht eine Frau, die fast vierzehn Jahre jünger war als ich.

Ich fragte Frederike, wie sie sich denn als Kind gewehrt habe, wenn sie von mehreren Jungs gehänselt wurde.

»Ich habe mich nie mit Jungs angelegt, keine Ahnung«, antwortete sie. Außerdem hätten ihre Erfahrungen doch gar nichts mit der jetzigen Situation zu tun.

Da war ich anderer Meinung. Ich erklärte ihr, dass ich Lenja schon sehr früh beigebracht hätte, sich zu wehren. Zur Not auch körperlich. Dass ich in Lenjas Alter eine Schlägerei mit einem Jungen hatte, der mich auf dem Schulhof (»Brillenschlange! Bohnenstange! Figur wie Schneewittchen, kein Arsch und kein Tittchen!«) verfolgte, und dass dieser Kampf mit einer Gehirnerschütterung endete – für den Jungen. In diesem Sinne sei das Experiment »Attentioner Group« doch recht glimpflich ausgegangen. Für Lenja war es auf jeden Fall beendet. Sie war erleichtert und froh, wieder allein mit Frederike basteln und turnen zu können. Ihr Sozialverhalten war auch nie wieder ein Problem, so wie es davor nie eines gewesen war.

Lenja hatte noch nie ins Klischee der (seit wie viel hundert Jahren?) zurückhaltenden, ordentlichen und fleißigen Mädchen gepasst. Die – laut Statistik – die Jungen später überholen werden, bei den Abiturnoten und bei den Uniabschlüssen. Weshalb das Frauenministerium ein Männerreferat eingerichtet hat, um die »Jungenkatastrophe« abzuwenden. Oder, wenn man so will, um zu verhindern, dass sich bald alle gut ausgebildeten jungen Frauen in einer Attentioner Group wiederfinden – umzingelt von hyperaktiven und aggressiven Jungs. Die ja nichts dafürkönnen ...

Das ist polemisch, zugegeben. Aber in mir reift langsam der Verdacht, dass die epidemischen Ausmaße von Aufmerksamkeitsstörungen auch etwas mit verstaubten Rollenbildern zu tun haben. Viele der betroffenen Jungen, die ich kennengelernt habe, scheinen mir eine große Sehnsucht nach Aufmerksamkeit zu haben – in Form von Grenzen. Ein Junge, der rauft, brüllt, durchdreht, ist für immer mehr Zeitgenossen vor allem so, »wie Jungs eben sind«. Könnte dieses Abwinken auch eine Form von Vernachlässigung sein? Vielleicht möchte und könnte das raufende und pöbelnde Kind noch viel mehr sein als ein »richtiger Junge«?

Festhalten, in die Augen schauen, klare Worte sprechen – auch das ist eine Art, zu zeigen, dass einem ein Kind nicht egal ist. Nicht umsonst bieten Kinderpsychiater bei ADHS eine Verhaltenstherapie an, bei der Kinder gemeinsam mit den Eltern angemessene soziale Umgangsformen einüben sollen.

Aber mit diesen Vermutungen verstoße ich selbst gegen eine soziale Norm: Eltern mit Sorgenkindern wie wir haben kein Recht, über andere Sorgenkinder zu urteilen, und sollten lieber die Klappe halten. (Deshalb habe ich diese Gedanken auch nie ausgesprochen, nur aufgeschrieben.) Schließlich haben sie beim eigenen Kind ja auch so einiges vergeigt. Stimmt. Vielleicht hatte Lenja zu früh lernen müssen, um Aufmerksamkeit zu kämpfen. Und sich allein gegen Ältere und Stärkere durchzusetzen. Viel zu früh.

4

Frühe Unfälle und andere Verwarnungen

Insbesondere für die Mutter ist das, was letztlich aus ihrem Kind wird, ein Urteilspruch über ihr ganzes Leben.

Shari L. Thurer, *Mythos Mutterschaft*

Mein Freund, der Hirnforscher

Es gibt wahrscheinlich nichts Sinnloseres, als die Vergangenheit nach einem unsichtbaren Problem zu durchforsten, aber ich musste das Rad noch einmal zurückdrehen, auch um mit Mia keine Fehler zu wiederholen. Lenjas Schwierigkeiten waren nicht allein der Schule geschuldet, obwohl man es dort geschafft hatte, vor allem das Schlechteste aus ihr rauszuholen und alles Gute zu übersehen. Die Anfänge lagen irgendwo in den ersten Lebensjahren. Vielleicht schon vor oder bei der Geburt? Ich ließ mir sogar den Krankenhausbericht zuschicken, in der Hoffnung, dass ich von nun an knapp mit »Geburtsfehler« antworten könnte, wenn jemand nach dem Grund für Lenjas Schwächen fragte. Tatsächlich waren ihre Herztöne ein paar Mal abgesackt, aber ob dabei irgendwelche Nervenzellen ausgelöscht worden waren, hätte man nicht einmal direkt nach der Entbindung herausfinden können. Mir blieb nichts anderes übrig, als die Erinnerungskiste von Geburt an bis zum fünften Lebensjahr von innen nach außen zu stülpen, zumal ich einen Verdacht hatte, der überwiegend mit unserer Alltagsorganisation zu tun hatte und weniger mit Herztönen oder Sauerstoffmangel.

Ich hatte es auch satt, immer wieder mit einem beschämten Schulterzucken antworten zu müssen, wenn Neurologen und Therapeuten, mit denen wir im Laufe der Zeit zu tun hatten, nach Abweichungen in Lenjas frühkindlicher Entwicklung fragten. Um eine Abweichung benennen zu können, musste man aber den Standard kennen. Alles, was ich sagen konnte, war, dass Lenja, ein Wonneproppen war, ein Kind, das auf jede Kontaktaufnahme mit einem Lächeln antwortete. Mit der einzigen Besonderheit, dass sie keinen Ehrgeiz zeigte, sich zu drehen, und nicht vorwärts, sondern rückwärts mit dem Krabbeln angefangen hat. Was man im Nachhinein als einen frühen Ausdruck von Desorientierung verstehen könnte ... Wir haben uns darüber amüsiert und Fotos gemacht.

Ich gehörte nicht zu den Müttern, die schon vor der Geburt alle Fachbücher über frühkindliche Entwicklung verschlungen hatten. Von den vielen Berichten über Entwicklungsfenster, die man auf keinen Fall verpassen sollte, fühlte ich mich eher verfolgt. Rund sechs Jahre später fing ich aber an zu recherchieren. Und erfuhr, dass tatsächlich eine Menge schieflaufen konnte, ohne dass ein Kind bis zum Schuleintritt deshalb auffällig wurde. Ich musste mir sogar eingestehen, dass ein besonders pflegeleichtes Kind in diesem Zusammenhang mithin ein schlechtes Zeichen sein konnte. Ein Zeichen dafür, dass dieses Kind sich teilweise aus der Welt zurückzieht, um nicht ständig überfordert zu werden.

Neugeborene sind keine unbeschriebenen Blätter. Man schaut in ihre Augen und blickt ins Universum. Für alle, die noch nie einen solchen Blick erwidert haben, muss das pathetisch klingen, aber es gibt sogar einen neurologischen Beweis für diese angeborene Weisheit. Der Hirnforscher Gerald Hüther drückt es poetisch aus: »Kinder gehen aus der Fülle ins Leben. Dann brauchen sie Antworten.« Übertragen auf hirnphysiologische Details bedeutet das: Schon im Mutterleib stattet die Natur jedes Kind mit einem Überangebot an Vernetzungsoptionen zwischen den Nervenzellen aus; Hüther behauptet deshalb, im Grunde sei jedes Kind hochbegabt. Und dann wird aussortiert – je nachdem, welche Verbindung angesprochen wird, oder, anders ausgedrückt: je nachdem, wofür sich das Kind begeistert. Eine ideale Welt wäre eine Umgebung, die ein Kind einlädt, seine angeborene Entdeckerfreude voll auszuleben, allerdings nur im Arm oder in greifbarer Nähe eines Menschen, den es liebt und dem es vertraut. Ohne diese Sicherheit macht eine neue Situation Angst, und im Frontalhirn entsteht Chaos, die angeborenen Verbindungen werden zu losen Enden.

All das habe ich erst durch Gerald Hüther gelernt, Professor der Neurobiologe. Er ist so etwas wie mein neuer Freund und Begleiter. Er weiß nicht, dass wir uns nahestehen, meine Beziehung zu ihm ist rein platonisch. Er wäre vielleicht sogar irritiert, zu erfahren, dass ich manchmal besser einschlafen kann, wenn ich an seine Worte denke, aber so ist es. Ich stelle mir andere Fragen, seit ich den Professor kenne, und das hilft manchmal schon. Mehr als irgendwelche schnellen Antworten. Ich habe nie einen Guru gebraucht, jetzt bin ich souverän genug, um mir einen zu gönnen:

Lieber Herr Hüther,

ich mag Sie. Nicht weil Sie behaupten, dass jedes Kind hochbegabt ist, auch wenn es mich ermutigt. Sondern weil Sie mich immer wieder daran erinnern, dass mit Liebe alles besser geht, vor allem neuronale Verknüpfungen.

Und dass fehlende Aufmerksamkeit zunächst einmal ein Problem der Erwachsenen ist. Auch mein Problem. Aber dazu später mehr …

Ich vertraue Ihnen. So wie man eigentlich keinem Fremden vertraut, den man nur aus seinen Vorträgen und Texten kennt. Und obwohl Sie Hirnforscher sind und ich mit Ihrer Zunft bisher keine guten Erfahrungen gemacht habe. Aber im Gegensatz zu Ihren Kollegen haben Sie nicht auf alles eine Antwort und sind auch nicht darauf erpicht, neuartige kindliche Störungen zu entdecken oder möglichst schnelle Diagnosen zu fällen.

Bei Ihnen geht es um so viel mehr als um Kinder, die nicht funktionieren. Es geht genauso um Eltern und Lehrer, die nur noch funktionieren. Mit neuronalen Vernetzungen kennen Sie sich aus, aber Sie sprechen auch von Gefühl, von Liebe und Bindung. Nicht dass Sie irgendetwas rosarot malen, im Gegenteil, es jagt einem einen Schauer über den Rücken, wenn Sie beschreiben, welche Macht Eltern und Erzieher über Kinder haben und welche grausigen Schäden wir anrichten können. Mich tröstet es aber zugleich, weil ich durch Sie weiß, dass ich ein paar Dinge intuitiv richtig gemacht habe, auch ohne neurobiologische Vorkenntnisse!

Wenn Sie über die Potenziale und die Begeisterungsfähigkeit von Kindern sprechen, endet der Satz oft mit: »… und dann stecken wir sie in die Schule.« In der Schule ist bei meiner Tochter sowieso alles schiefgelaufen. Aber zunächst kam die Krippe. In der sich meine Tochter Lenja eine Erzieherin mit zehn anderen Kindern teilen musste. Lenja hat ihre Kita als selbstbewusstes und begeisterungsfähiges Kind verlassen, aber ich bin inzwischen nicht mehr sicher, ob sie so heil und stabil war, wie es schien. Ich ahne heute, was ihr widerfahren ist in den ersten Jahren und wie es in ihrem kleinen Kopf ausgesehen haben mag. Sie sagen, jedes Kind kommt mit einem unglaublichen Reichtum an neuronalen Vernetzungen zur Welt. Und dann wird ausgewählt, je nachdem, was sich bewährt und was nicht. Ich glaube, bei Lenja wurden permanent Netze geknüpft und wieder eingerissen, weil sich nichts lange genug bewähren konnte, bevor sie auf den nächsten Eindruck reagieren musste. Als ein Krippenkind von zehn Monaten in einer großen altersgemischten Gruppe, in der die einen Kinder noch laufen lernten und die anderen schon Schule spielten, muss sie ständig überfordert gewesen sein.

Ein Zustand, bei dem zu viele Wahrnehmungen ungeordnet auf einen Menschen einprasseln, sagen Sie, ist schon für Erwachsene unerträglich, aber erst recht für Kinder. Ich glaube, dass Lenja kaum Zeit hatte, Wichtiges von Unwichtigem zu unterscheiden, weil sie in der Krippe unentwegt alle Fühler ausstrecken musste, um nicht unterzugehen. Es gab niemanden, der ihr lange und ungeteilt Aufmerksamkeit schenken konnte, damit sie die Chance hatte, ihre Erlebnisse einzuordnen. Dazu waren die zwei Betreuerinnen ihrer Gruppe viel zu beschäftigt. Am Nachmittag war ich als Mutter für sie da, aber ich habe den Verdacht, dass in den Stunden zuvor ein paar Schäden angerichtet wurden, die erst sehr viel später zum Vorschein kamen. Ich habe jetzt erst verstanden, wie sehr ein so kleines Kind jemanden braucht, der seine Erfahrungen teilt, mit dem Finger auf die Dinge der Welt zeigt und sie erklärt.

Sie benennen zwei Zustände, die verhindern, dass ein kleines Kind lernt, komplexe Wahrnehmungen zu filtern und zu bewerten: Verunsicherung beziehungsweise Angst. Und wenn seine Bedürfnisse übersehen werden. Ich fürchte, meine Tochter hat beides zu früh aushalten müssen.

Ob Sie stutzig geworden wären, wenn Sie meine Tochter mit anderthalb oder zwei Jahren kennengelernt hätten? Sollte Ihre Theorie auf Lenja zutreffen, dann hatte sie schon in diesem Alter ihr Gehirn auf eine Weise verschaltet, die ihr einerseits eine blitzschnelle Beobachtungs- und Auffassungsgabe bescherten. (Aus Notwehr, wenn man so will.) Andererseits aber auch viel Verwirrung und Ärger. Gibt es tatsächlich so etwas wie eine Fehlschaltung? Wenn jedes Hirn das Ergebnis einer einzigartigen Sozialisation ist, also einer originellen Anpassungsleistung, dann müssten sich daraus doch ebenso einmalige Talente ergeben? Ich stelle mir vor, wie Sie jetzt mit dem Kopf nicken …

Hagelschauer und Fledermausohren

Babys sind so unterschiedlich wie Erwachsene, aber wenn man nur eines hat und keinen Vergleich, fällt es schwer zu sagen, ob ein Säugling besonders beschäftigt oder geistig abwesend ist. Lenja war vor allem zufrieden, oder auch genügsam, je nach Interpretation. Sie hat kaum geschrien, aber immer Laute von sich gegeben, aus denen sich schnell ein großer Wortschatz bildete. Sieben Monate nach ihrem ersten Geburtstag sprach sie den ersten Drei-Wort-Satz. Und plapperte fortan drauflos, jahrelang. Nichts an ihr kam mir nicht gesund vor, sie liebte es zu essen, zu schlafen, sich zu bewegen, die Welt zu erkunden.

Rückblickend gab es aber ein paar Situationen, die mich stutzig gemacht hatten. Von denen ich nicht einmal meinem Mann berichtete, die aber ungewöhnlich klar und detailliert in meiner Erinnerung ankern. Vielleicht, weil sich schon damals eine Vorahnung von Kummer in mein Gefühl mischte, ohne dass ich es weiter hätte benennen können.

Wir waren zu Besuch bei meinen Eltern. Meine Geschwister, alle Cousinen und Cousins, Nichten und Neffen waren eingeladen. Die Erwachsenen und die Kinder redeten nonstop durcheinander – ein einziges lautes Stimmengewirr, großes Gelächter, Musik im Hintergrund. Nur Lenja saß stumm auf dem Sofa, als wäre sie von Stille umgeben, und starrte durch die gläsernen Schiebetüren des Wohnzimmers in den Garten. Für ein zweijähriges Kind hatte sie sehr tiefe Furchen auf der Stirn. Mein Blick blieb lange an ihr hängen, und ich nahm mir vor, sie anzusprechen. Anschließend ging ich in die Küche, um nach dem Essen im Ofen zu schauen. Als ich ein paar Sekunden später ins Wohnzimmer zurückkehrte, war ihr Platz leer. Der Rest der Großfamilie hatte nicht einmal bemerkt, dass sie aufgestanden war.

Ich schaute in den Flur und auf die Treppe ins Obergeschoss und sah sie mit schweren Schritten hinaufgehen – anders kann ich ihre Bewegung nicht beschreiben. Sie schleppte sich die Stufen hoch, langsam und konzentriert, die nächste immer fest im Blick, wie eine alte Frau. Mit etwas Abstand ging ich ihr nach, sie würde mich, das fühlte ich, sowieso nicht bemerken. Im Gästezimmer angekommen, kroch sie mit einem leisen Seufzer aufs Bett, zog die Beine an den Körper und blieb so liegen – still und mit offenen Augen. Ich tippte auf Bauchschmerzen, fragte sie auch danach, aber ihre Antwort war ein stummes Kopfschütteln. Ich streichelte ihr Gesicht, sie schob wortlos meine Hand weg. Sie brauchte offensichtlich keinen Trost, sondern Ruhe. Meine kleine Tochter wollte allein sein. Als wäre sie nicht zwei, sondern zwölf Jahre alt.

Offensichtlich brauchte sie den Rückzug, um das Chaos aus Stimmen und Lauten, diesen Hagelschauer aus Sinneseindrücken, zu verdauen. Wenn unser Familiengipfel sie überforderte, wie mag es ihr dann mit dem Lärmpegel im Kita-Alltag ergangen sein? Denn dort gab es keine stillen

Räume. Mal abgesehen vom Schlafbereich, der sich aber außerhalb der Mittagszeit in einen Toberaum verwandelte.

Als Lenja älter wurde, bekam ich ihre Reaktion in einem derartigen Hagelschauer manchmal live mit. Sie reagierte sehr wohl auf einzelne Sinneseindrücke – aber selten auf das, was vor ihrer Nase passierte, und schon gar nicht auf die Bitte eines Erwachsenen. Stattdessen hatte sie Ohren wie eine Fledermaus. Für alles, was Ablenkung versprach. Als sie vier Jahre alt war, hatten wir uns über Weihnachten mit Freunden samt Kinderschar in eine Skihütte einquartiert. Lenja und ihre beste Freundin saßen auf dem Sofa und beugten ihre Köpfe konzentriert über ein Rätselheft für Kleinkinder. Um sie herum war es laut. Die größeren Kinder leerten in einem der Zimmer die Legokiste auf den Holzboden, ein Staubsauger röhrte, nebenan wurde mit Töpfen geklappert, in einem der Zimmer lief ein Radio. Lenja hob unerwartet den Kopf und lauschte, sprang dann auf, die Stifte fielen dabei auf den Teppich, und wollte in Richtung Kinderzimmer laufen. Ich hielt sie fest und wollte erfahren, was sie so plötzlich vorhatte.

»Maxi will Verstecken spielen, ich will mitmachen«, antwortete Lenja.

»Wie kommst du darauf?«, fragte ich.

»Das hat er gesagt.«

»Wann denn?«

»Gerade eben.«

Kopfschüttelnd folgte ich ihr ins Kinderzimmer, immerhin drei Türen weiter, wo Maxi mir bestätigte, dass er unmittelbar zuvor seinem Bruder angeboten hatte, Verstecken zu spielen. Außerhalb des Kinderzimmers hatte niemand sonst den Vorschlag gehört. Nur Lenja hatte genau diesen einen Satz aus der Geräuschkulisse herausgefiltert.

Aus meiner Sicht vom Sofa aus, wo ihr halb ausgefülltes Rätselheft liegen blieb, war sie unaufmerksam und leicht ablenkbar. Ging man aber in die Vogelperspektive, dann war sie mit ihrer Wahrnehmung überall gleichzeitig und hatte es geschafft, mit dem Stift Zahlen zu verbinden und gleichzeitig die Bedeutung eines kurzen Gesprächs zu entschlüsseln, das mehrere Türen weiter stattgefunden hatte. Ließ diese Fähigkeit nun auf eine nutzlose Zerstreutheit schließen oder auf eine besondere Konzentrationsfähigkeit?

Man könnte fragen: Was war zuerst da? Lenjas eigenwilliges Wesen oder die Aufmerksamkeitsstörung? Jedoch nicht als Störung, sondern als besonders empfängliche Weltsicht, die sie vielleicht schon aus dem Mutterleib mitgebracht hat. Oder ist sie in den ersten Jahren in ihre Art der Wahrnehmung hineingewachsen? Dank ihrer viel zu angespannten Eltern und einem viel zu anstrengenden Kita-Alltag, der ihren Kopf in die Wolken wachsen ließ, weil es unten zu laut wurde? Oder zu klamm?

Fremdbetreutes Gewissen

Wenn ein Kind mit einer Strumpfhose herumläuft, die vom Gummizug bis zur Zehenspitze durchnässt ist, hinterlässt es Fußspuren auf dem Boden. Es dauert eine Weile, bis eine Windel überläuft und nicht nur die Unterhose, sondern auch das oberste Kleidungsstück durchdringt. Bis es tropfnass ist. Und man den nassen Stoff sogar hören kann: Es macht tipsch, tipsch, tipsch, bei jedem Schritt. Zu Hause hätte ich das Geräusch wahrgenommen, ich hätte auch die kleinen feuchten Fußabdrücke gesehen. Aber vor allem wäre es gar nicht so weit gekommen. In einer Meute von zweiundzwanzig anderen Kindern, die zwischen Tobe-, Bastel- und Gruppenraum hin und her flitzen, fällt so etwas wohl nicht auf. Es sei denn, jemand hat irgendwann in acht Stunden Betreuungszeit den Einfall, die Windel wechseln zu wollen. Und es kommt kein Fieberfall, kein blutendes Knie oder verstopftes Klo dazwischen – Kita-Alltag eben. An diesem Tag zumindest hatte Lenja von morgens bis zum Nachmittag dieselbe Windel an.

Bei einem Elternpaar, das es nicht schafft, sich um die grundlegenden Bedürfnisse seines Kindes zu kümmern, schaltet sich das Jugendamt ein. Aber wer greift ein, wenn die Krippe versagt? Vielleicht war es eine einmalige Ausnahme. Aber vielleicht gab es auch mehrere solcher Tage, und ich hatte nur nichts bemerkt, weil eine der Betreuerinnen doch noch kurz vor der Abholung der Kinder die Windeln gewechselt hatte. Es war hin und wieder vorgekommen, dass ich einen Beutel mit Pinkelwäsche an Lenjas Haken gefunden hatte, bei Windelkindern nichts Ungewöhnliches, schließlich gab es dafür ein Fach mit Wechselklamotten.

Lenja selbst hatte an dem besagten Tag laut Betreuerin auch nicht geweint oder auf andere Weise ihr Unwohlsein ausgedrückt. Was meinen Verdacht nährte, dass es nicht das erste Mal war, dass dies passierte. Kinder gewöhnen sich schnell an alles, selbst an Missstände. Sie haben ja keinen Vergleich. Und als ich dann die Kita-Räume betrat, kam Lenja nicht auf mich zu wie sonst, sie stand einfach da, stocksteif, und machte ein unglückliches Gesicht. Bei dem Versuch, sie in meine Arme zu heben, griff ich in den klitschnassen Stoff. Für einen Moment dachte ich, sie wäre im Bad in eine Wasserschlacht geraten – bis ich das Pipi riechen konnte.

Gut möglich, dass andere Mütter diese Episode nur halb so tragisch genommen hätten. Ich nahm es tragisch, erzählte aber niemandem davon. Weil ich mich schuldig fühlte, obwohl mich keine Schuld traf. Trotzdem kam es mir vor, als hätte ich meine Tochter grob vernachlässigt und es nicht einmal wahrgenommen. Im Grunde hatte ich Angst, dass jemand mein Entsetzen teilen könnte und aussprechen würde, was mir durch den Kopf ging: Du musst sie da rausnehmen.

Zum ersten Mal seit diesem Tag hole ich die Szene in allen Details aus der Erinnerung hoch. Bis heute schäme ich mich, wenn ich an den Vorfall denke. Ich hatte mich daran gewöhnt, Lenja auch gedanklich zurückzulassen, wenn ich sie morgens in der Kita verabschiedete. Wie hätte ich mich auch sonst auf meine Arbeit konzentrieren sollen? Ich war dankbar, die Verantwortung abgeben zu können, und habe den Erzieherinnen rundweg vertraut. Ich wäre auch nie auf die Idee gekommen, für ein oder zwei Tage in der Kita zu hospitieren, wie andere Mütter dies taten, um zu kontrollieren, ob mein Kind genug gefördert und beachtet wird. Abgesehen von den Tabellen am Schwarzen Brett, auf denen die Aktivitäten für die Woche (Turnen, Waldtag, Basteln) aufgelistet waren, hatte ich wenig Ahnung, wie ein Kita-Tag aus Lenjas Perspektive aussah. Manchmal war sie auf dem Rückweg fröhlich und plapperte unentwegt, manchmal still oder quengelig. Es gab auch Tage, an denen sie mich morgens nicht gehen lassen wollte – auch das gehört zum Kita-Alltag, wie ihn Tausende von Eltern erleben.

Aber dieses eine Erlebnis mit Lenja in ihrer nassen Strumpfhose wurde zur Schablone für mein schlechtes Gewissen. Für all ihre Bedürfnisse, die ich vielleicht übersehen oder nicht erkannt habe, für die vielen Versäumnisse, für blinde Flecke. In den vergangenen Jahren hat mich dieses jämmerliche Bild meiner ältesten Tochter immer wieder verfolgt, eine Doppelsekunde lang (in der sich das Herz zusammenzieht), dann, wenn ich zum Beispiel Mia aus dem Kindergarten abholte. Oder einfach so, beim Blick aus dem Fenster einer Bahn, wenn ich lieber nicht weggefahren wäre und mich an die vielen kleinen Abschiede in den vergangenen Jahren erinnerte.

Auch wenn die Schilderung der Strumpfhosenszene ganz anders klingt, so muss ich einem falschen Eindruck vorbauen: Wir hatten Glück mit der Wahl unserer Krippe. Im Gegensatz zu anderen Tagesstätten konnte sie ein Gütesiegel vorweisen, sie hatte einen großzügigen Garten, eine engagierte Leiterin. Aber selbst das größte Engagement kann an schlechten Rahmenbedingungen scheitern, etwa an dem üblichen Betreuungsschlüssel, bei dem im Durchschnitt fünf bis sieben Kinder auf eine Erzieherin kommen (drei bis vier sollten es laut Empfehlung der Fachliteratur sein). Wenn ich heute einen Vorwurf erhebe, dann niemals gegen die Leiterin oder die Betreuer in unserer Kita, sondern gegen die Landesbehörden und das Familienministerium, die sich allenfalls für Prozentzahlen, aber nie für die Realität interessieren.

Seinerzeit waren wir vor allem froh gewesen, vor dem ersten Geburtstag überhaupt einen Krippenplatz bekommen zu haben – zu Beginn der Jahrtausendwende war das noch die große Ausnahme. Und dann auch noch in einer Kita, die freiwillig ihre Qualitätsstandards überprüfen ließ. Damals hatte ich mir andere Angebote in der Nähe angeschaut: Bei der ersten Einrichtung, die ich aufsuchte, standen zwei Betreuerinnen rauchend auf dem winzigen Spielplatz zur Straße hin. Die Räumlichkeiten neben einer S-Bahn-Trasse waren schlauchig, und es existierte kein einziges Möbelstück, das nicht auf den Sperrmüll gehörte. In der zweiten Stätte liefen mir im Flur Kleinkinder entgegen, deren Windeln auf einer Seite offen oder auf die Knie gerutscht waren. Ein Kind befand sich in einer Art selbst gebastelter Telefonzelle und hielt einen hölzernen Hörer in der Hand, in den es hineinjammerte: »Mama, kommst du mich abholen?« In beiden Fällen war ich nicht länger als zehn Minuten vor Ort, lang genug, um nicht allzu unhöflich zu wirken. Es gab für mich keinen Anlass, mich noch weiter über das »Konzept«

zu informieren, am liebsten wäre ich schon nach ein paar Sekunden rückwärts wieder herausgegangen.

Mit zwei Einkommen standen uns auch die privaten Elterninitiativen offen, zumindest konnten wir uns in die Wartelisten eintragen. Für eine von den privaten Krippen hatte ich mich zu Beginn der Schwangerschaft angemeldet. Ein Jahr später wurden wir zu einem gemeinsamen »Vorstellungsgespräch« eingeladen. Wir wurden von drei Frauen befragt, ob und wie oft wir zusammen mit den Kindern essen, worüber wir uns dabei unterhalten und wie die Wochenenden verlaufen. Das Gespräch fühlte sich an wie die erste Sitzung bei einer Familientherapeutin. Als mittendrin auch noch mein Handy klingelte, wusste ich, dass wir verloren hatten. Die Absage war diffus gehalten, aber auf Nachfrage ließ mich die Leiterin wissen, dass man in ihrer Einrichtung darauf achte, ob »der Lebensstil der Eltern mit den Leitlinien der Kita kompatibel sei«. Gemeint war aber gar nicht mein businessgehetzter Mann – viel beschäftigte Väter war man hier gewohnt –, sondern die Tatsache, dass ich ebenfalls einen anspruchsvollen Job hatte. Das Durchschnittselternpaar in dieser Kita lebte sehr gut vom Einkommen oder Vermögen des Mannes und war bereit, großzügig zu spenden. Für einen Bauwagen oder ein Riesentrampolin zum Beispiel. Wir hatten auch Geld, aber die anderen hatten noch mehr Geld. Und Zeit, zumindest die Frauen.

Die zweite private Kita in erreichbarer Distanz – lichtdurchflutet, ein Garten mit angrenzendem Wald, ein Raum für Psychomotorik, dazu Bioessen aus dem eigenen Restaurant – hatte einen festen Monatsputzplan, in den sich die Eltern reihum eintragen mussten. Ich gebe zu, dass ich mir ein Kichern verkneifen musste (was man mir vielleicht auch ansah), fragte aber trotzdem, was denn die Philosophie dahinter sei, da ich annähme, dass die meisten Eltern bestimmt liebend gern das Geld für eine Putzhilfe ausgeben würden.

Das war die falsche Frage. In etwas kühlerem Ton als vorher wurde ich darüber aufgeklärt, dass man auf eine »Erziehungspartnerschaft« setze zwischen Pädagogen und Eltern. Den Zusammenhang verstand ich nicht, denn das Putzen der Kita gehörte auch nicht zum Aufgabenbereich der Erzieher. Obwohl ich mir in diesem Fall eine Bemerkung verkneifen konnte, erhielten wir eine Absage. Vielleicht scheiterten wir aber auch nur an der Warteliste. Wie bei vielen privaten Kindergärten war der Andrang groß, auf einen Platz kamen rund zehn Bewerbungen. Unter anderem deshalb, weil der Betreuungsschlüssel deutlich besser war als bei den staatlichen Trägern: Eine Erzieherin hatte hier laut Internetseite der Kita maximal drei bis vier Kinder zu betreuen.

Bei unserer Kita waren es ja deutlich mehr, trotzdem hatte sie einen hervorragenden Ruf. Die Leiterin war seit fast drei Jahrzehnten im Amt und hieß für alle, auch für uns Eltern, nur Moni. Die Mitarbeiter blieben überdurchschnittlich lange, obwohl Moni gezwungen war, unter verschärften Sparbedingungen zu wirtschaften. Im Schnitt bedeutete das: immer weniger Erzieherinnen auf immer mehr Kinder. Lenja war das zweiundzwanzigste Kind in ihrer Gruppe, die offiziell drei Betreuerinnen hatte, tatsächlich gab es nur zwei qualifizierte Kräfte, die unregelmäßig von einer Springerin oder Langzeitpraktikantin unterstützt wurden. Für uns Eltern war es beim morgendlichen Gewusel unmöglich gewesen, nachzuvollziehen, ob immer drei Frauen für die Gruppe da waren. Ich war froh, wenn ich eine der Betreuerinnen »abgreifen« konnte, damit sie Lenja übernahm, bevor Abschiedsschmerz aufkommen konnte. Dass Moni den vorgeschriebenen Betreuungsschlüssel zeitweise unterschritten haben muss, weiß ich erst aus späteren Gesprächen mit Exmitarbeitern.

Ansonsten war sie eine vorbildliche Leiterin. So gehörte sie zu den Ersten, die gezielt nach männlichen Betreuern suchte, um den Wünschen der alleinerziehenden Mütter entgegenzukommen. Viel Geld wurde jedes Jahr in die Fortbildung des Personals gesteckt; es gab Fachkräfte für Psychomotorik, Sexualpädagogik und musikalische Früherziehung. Und den Garten ließ Moni nach einem naturpädagogischen Konzept gestalten, das »die vier Elemente Wasser, Luft, Feuer und Erde repräsentiert«.

In der Kita-Broschüre liest sich das sehr ambitioniert. Aber sämtliche guten Absichten, die fortschrittlichen Konzepte und die vielen Fortbildungen (die überdies zu Ausfällen bei der Betreuung führten), können den einen großen Mangel nicht wettmachen: Eine Erzieherin, die sich um durchschnittlich zehn Kinder kümmern muss, gerät unweigerlich in Situationen, »die das Wohl der Kinder gefährden«, wie eine andere Kita-Leiterin anonym gegenüber der Presse warnte.

Tränentagebuch

Nachdem ich Lenja in ihren klatschnassen Klamotten abholen musste, hatte ich mit Moni und der zuständigen Betreuerin meiner Tochter eine Unterredung: Ich warf ihnen Vernachlässigung vor, sprach von Vertrauensverlust, von dem Schock, Lenja so vorzufinden, und wie ich mir seither in meiner Fantasie ausmale, dass sie stundenlang hinter einer Erzieherin herlaufe, um ihre volle Windel loszuwerden, und sich dabei wund scheuere. Ich erzählte den beiden Frauen von den roten Stellen an Lenjas Po, die immer wieder aufblühten und von denen wir dachten, sie rührten von einer Allergie. Könnten sie dafür überhaupt die Verantwortung übernehmen? Aus dem Vorfall müsse ich schließen, sie seien nicht einmal in der Lage, sich um grundlegende Bedürfnisse zu kümmern. Und dass alles, was darüber hinausgehe, wohl erst recht auf der Strecke bleibe.

Wer würde Lenja trösten, wenn das nötig sei, und wer würde darauf achten, dass sie ausreichend trinke und ihr im Toberaum oder auf dem Klettergerüst nichts passiere?

Moni und die Betreuerin ließen mich lange und ohne Unterbrechung reden, hörten still zu. Keine der beiden versuchte, den Vorfall abzuschwächen. Lenjas Erzieherin begann sogar zu weinen, als sie erzählte, dass sie durchaus registriert habe, wie still meine Tochter an diesem Tag gewesen sei. Aber am besagten Tag hatte sie keine Zeit gehabt, auf irgendein Kind näher einzugehen. Eine Kollegin war krank geworden, und die Ersatzkraft, die eine Zeitarbeitsfirma schicken sollte, tauchte erst Stunden später auf. Aus diesem Grund habe sie sich überfordert gefühlt, trotzdem habe sie versucht, das Tagesprogramm zu schaffen – Musikgruppe und Basteln –, weil sich sonst jene Mütter beschweren würden, die großen Wert auf die Frühförderung legten. Das war vielleicht das Absurdeste an der Situation: Die Kinder hatten hübsche Collagen angefertigt, die in ihren Garderobenfächern darauf warteten, von Mama oder Papa entdeckt und ausgiebig gelobt zu werden. Gleichzeitig musste zumindest Lenja (aber womöglich nicht nur sie) acht Stunden in ein und derselben Windel überstehen.

Moni gab zu, dass sie an Tagen mit Ausfällen beim Personal wohl die Eltern aufklären müsse, dass nicht viel mehr drin sei als Füttern, beaufsichtigtes Spielen … und eben Wickeln. Einerseits war ich beruhigt, weil die beiden Frauen erst gar nicht versuchten, mich zu beschwichtigen. Auf der anderen Seite war klar, dass dies nicht der erste Chaostag war und auch nicht der letzte sein würde. Moni ließ ich wissen, dass ich Lenja in so einem Fall lieber zu Hause lassen oder früher abholen würde, dass dann unsere Kinderfrau zum Einsatz käme.

Die wunden Stellen an Lenjas Po wurden seltener. Aber schaue ich jetzt zurück, kommen mir andere Tage in den

Sinn, an denen Lenja mir nicht entgegenlief. An denen sie mich nicht anschaute, wenn ich sie in meine Arme hob. Sie war manchmal wie betäubt, tief erschöpft, und taute erst wieder auf, wenn sie eine Zeit lang zu Hause war. »Diese acht Stunden waren für Lenja länger als für andere Kinder«, meint Annika, ihre damalige Kinderfrau, die uns immer noch einmal im Jahr besucht. Nicht ohne zu erwähnen, dass sie dasselbe auch schon vor sieben Jahren gesagt habe. Ich muss es überhört haben. Oder es konnte nicht sein, was nicht sein durfte.

Einige Erlebnisse und Momente, die ich nicht mit mir herumschleppen wollte, habe ich in einem halb leeren Tagebuch gelassen:

Liebste Lenja,

wenn man erwachsen ist, kommt einem die Kindheit vor wie eine Filmcollage, die aus verstreuten Momenten zusammengeschnitten wurde. Es wird irgendwie keine Geschichte daraus, eher eine Abfolge von Szenen. Bei mir sind es auch nicht viele, weil ich mich kaum an die ersten sechs Jahre meines Lebens erinnern kann. Aber eines haben all diese Szenen gemeinsam: Da war ein starkes Gefühl, das sich mir eingeprägt hat. Wie meine Mutter zum Beispiel mit meinem kleinen Bruder und mir Jagen spielte, da war ich vielleicht drei. Sie hatte sich die Augenbrauen gefärbt. Dicke, dunkle Augenbrauen waren damals in Mode. Sie war das Monster, mit ihren schwarzen Balken im Gesicht, und wir sind vor ihr geflohen und haben uns versteckt. Das war etwas ganz Besonderes, denn meine Mutter hat so gut wie nie mit uns gespielt. Meistens war sie beschäftigt, hatte im Büro oder im Haushalt zu tun.

Aber gerade weil sie immer so viel zu arbeiten hatte und gestresst war, gab es auch andere Momente: Ich hatte etwas angestellt, ich weiß nicht mehr, was. Vielleicht hatte ich etwas Wertvolles verloren oder umgeschmissen, meine Mutter war jedenfalls besonders wütend und schrie mich an. Dann hat sie mich stehen lassen, ist davongesaust und fing an, den Wohnzimmerschrank zu polieren. Ich war noch ganz erschrocken und musste furchtbar weinen, aber dann folgte ich ihr, um mich zu entschuldigen. Erst flüsterte ich, aber sie reagierte nicht. Dann sprach ich deutlicher: »Tut mir leid.« Schließlich noch lauter: »Entschuldigung.« Immer und immer wieder. Aber sie hat mich nicht einmal angeschaut, auch nichts gesagt, sie hat einfach weitergeputzt. Das war für mich schrecklich, weil ich in diesem Moment tatsächlich glaubte, sie würde mich nie wieder lieb haben. Meine Mutter, deine Oma, kann sich überhaupt nicht an diesen Nachmittag vor mehr als vierzig Jahren erinnern, aber ich werde den Moment nie vergessen.

Ich glaube, heute gab es so einen Moment für dich. Und ich fürchte, ich habe es vermasselt. Der Tag fing ziemlich blöd an, weil ich morgens einen wichtigen Anruf hatte und dich nebenbei rasch anziehen musste, um rechtzeitig im Büro zu sein. In der Woche davor war ich sehr wenig zu Hause gewesen, und auch an diesem Tag musste ich später noch zum Flieger. Ich sollte nur für eine Nacht weg sein, aber du hattest schon in der Woche davor oft nach mir gefragt und geweint, wie mir Annika, deine Kinderfrau, am Telefon erzählte. (Du bist zu diesem Zeitpunkt zweieinhalb Jahre alt und hast natürlich noch kein Zeitgefühl.)

Der Abschied war flüchtig und in Hetze, draußen wartete ja das Taxi. Erst in diesem Moment habe ich Dir gesagt, dass ich Dich nicht würde abholen können. Das war mit Sicherheit der zweite Fehler an diesem Morgen. Denn kurz bevor die Tür ins Schloss fiel, habe ich noch dein Gesicht gesehen, und darin spiegelte sich Entsetzen und zugleich grenzenlose Enttäuschung. Niemals werde ich diesen Aus-

druck vergessen. Als ich am nächsten Abend wiederkam, hast du mich nicht beachtet. Man sagt, dass sich Kinder an nichts erinnern, was vor dem dritten Lebensjahr passiert. In diesem Fall hoffe ich sehr, dass es stimmt. Aber falls du dich doch entsinnst, weißt du nun, was an dem Tag los war – und kannst mir vielleicht verzeihen. Heute denke ich: Was für einen bescheuerten Stress haben wir uns da gemacht? Ich hätte das Flugzeug einfach fliegen lassen sollen. Aber damals habe ich mir nicht einmal die Zeit genommen, um über einen solchen Tag in Ruhe nachzudenken. Und das war bestimmt der dritte Fehler, nicht nur an diesem Morgen.

Mütter-Bashing und Schlüsselkinder

Die Blumen blühen in voller Pracht
Und die Vögel zwitschern
So bleib doch lieber wach
Und das heißt mit ernstem Ton
Hör mal zu, Du kleiner Sohn
Der Winter kommt bald
Und wir bauen einen Schneemann vors Dach …

Das ist der Text zu einem »Nachmittagslied«, wie Lenja es nannte, das sie im Alter von vier Jahren spontan gedichtet und gesungen hat, es war für ihren gerade geborenen Cousin. Sie lag dabei neben dem Säugling und streichelte ganz sacht seine Wange. Alle kleinen Kinder überschüttete sie mit Liebe und behandelte sie mit großer Achtsamkeit. Lenja hatte von Anfang an ein »Gefühlsohr«. Und wenn ich sie nach einem Arbeitstag, an dem es Stress gegeben hatte, von der Kita abholte, nahm sie auch meinen Kopf in ihre

Arme. Obwohl ich kein Wort über meinen Ärger verloren hatte. Offenbar konnte sie manchmal durch meine Stirn hindurchsehen. Wenn ich sie wegen etwas tadeln musste und einen Satz begann mit »Ich bin einfach traurig, dass …«, sagte sie: »Du bist nicht traurig, du bist wütend.« Sie hatte recht. Als ihre Oma auf einem Auge plötzlich an Sehkraft verlor und darüber verzweifelt war, klebte Lenja sich selbst eines ihrer Augen mit Kinderpflaster zu und sagte zu ihr: »Ist nicht so schlimm.«

Was auch immer in den ersten Jahren schiefgelaufen sein mag – ihrer Empathie, ihrer Fantasie sowie ihrer sprachlichen Begabung hat es nicht geschadet. Vielleicht haben diese gehetzten Jahre sogar etwas in ihr hervorgebracht, das ihr später, nach der Schule, nicht nur schaden, sondern auch helfen könnte. Aber vielleicht versuche ich mir schönzureden, was wehtäte, wenn ich es in aller Ehrlichkeit zulassen würde. Geht es um Lenjas frühe Kindheit, betrete ich vermintes Gelände. Die Art, wie wir unser Familienleben organisierten, wurde schon damals ständig kommentiert: »So früh in die Kita?« – »Die Kinderfrau übernachtet bei euch? Kannst du da im Hotel ruhig schlafen?« – »Was ist, wenn Lenja krank wird, und du bist nicht da?« – »Wie lange wollt ihr das denn noch durchziehen?«

Allen diskutierten Kriterien zufolge bin ich eine Rabenmutter. Den Rabenvater gibt es nicht, nicht einmal als Begriff, im Gegenteil. Ein abwesender, weil viel beschäftigter Vater zählt nach wie vor zur geschätzten Gruppe der Versorger. Die nichts dafürkönnen, wenn der Macho-Stundenwahn sie von den Kindern fernhält. Zuständig fürs Schulversagen und andere Fehlentwicklungen ist die Mutter, ganz gleich ob sie arbeitet oder nicht. Und während Väter sich raushalten, vor allem aus den Problemen, wächst die Schuld der Rabenmütter mit jeder Studie über die Einflüsse auf die Entwicklung eines Kindes – vom Embryonalstadium bis zum Abitur. Diese Mutterschaft über kindliche Hormone und Hirne ist eigentlich was für die Comedy-Bühne. Ich könnte viel mehr darüber lachen, wären da nicht die anderen, die Vollzeitmütter, die keinen Frühförderkurs auslassen.

Viel schlimmer als die Meinung der anderen wiegen jedoch die Selbstvorwürfe. Auch wenn sie sinnlos und wahrscheinlich unangemessen sind, denn unser Familienalbum schwappt über mit bunten, fröhlichen und glücklichen Momenten. Die meisten stammen, zugegeben, aus dem Urlaub oder von langen Wochenenden. Wenn ich jetzt die Fotos von solchen Augenblicken anschaue, macht sich in mir ein warmes, aber gleichzeitig auch ein sehnsüchtiges Gefühl nach Versäumtem breit, das mir den Hals zuschnürt.

Ob es jeder Mutter so geht? Oder nur Müttern wie mir, die ihr Kind mit zehn Monaten in einer Krippe angemeldet haben? Damals gehörten Michael und ich zu den Ersten mit »fremd betreuten« Kindern in diesem Alter, zumindest in unserem Viertel. Eine Sportkameradin von Lenja war sogar mit zehn Wochen in einer Krippe für Neugeborene, zehn Stunden am Tag. Weil sich die Eltern kurz vor der Schwangerschaft mit einer Softwarefirma selbstständig gemacht hatten. Ich muss zugeben, dass selbst ich bei diesem Beispiel an die Grenzen meiner Toleranz gestoßen bin.

Im Gegensatz zu Lenja ist das Säuglingskrippenmädchen übrigens eine Musterschülerin und lernt freiwillig Chinesisch. Bis jetzt, könnte man spitzfindig hinzufügen. Vielleicht war die Frühstbetreuung die beste Vorbereitung auf ein Elternhaus, in dem die Kinder mit der Haushälterin essen. Ob eine Säuglingskrippe überhaupt irgendwelche nachteiligen Folgen hat, wird man vielleicht nie erfahren, denn psychische Handicaps bleiben ja unter Umständen ein Leben lang verborgen und müssen auch nicht zwangsläufig einer Karriere im Weg stehen. Im Gegenteil. Bindungsunfähigkeit und eine verkappte Sucht nach Liebe und Anerkennung können beispielsweise den Ehrgeiz ungemein befeuern. Ich rede hier allerdings nicht von Glück.

Ich sollte so etwas nicht schreiben. Ich tue es trotzdem. In der Hoffnung, in der Hackordnung berufstätiger Rabenmütter womöglich ein wenig besser dazustehen als die Mutter der kleinen Möchtegernchinesin. Mütter-Bashing nennt man das. Ein Sport, der zu den Nebenwirkungen der Emanzipation zählt: Mütter gehen auf andere Mütter los, um ihr schlechtes Gewissen zu bekämpfen, denn kaum eine, ob berufstätig oder nicht, hat das Gefühl, die richtige Entscheidung getroffen zu haben. Und solange sie dafür die Mitmütter bashen, müssen sie weder die eigenen Männer noch die Politik in die Pflicht nehmen. Am Ende bin ich wohl auch ein wenig neidisch auf die guten Noten, auf die Zuversicht, mit der die Softwareunternehmerin auf das nächste Zeugnis ihrer Tochter blickt, darauf, dass sie sich nie um die Hausarbeiten kümmern muss. Also muss es doch irgendwo einen Haken geben?

Aber egal was aus Lenjas Vereinskollegin wird, und unabhängig davon, dass inzwischen alle dasselbe Mantra – »Wir brauchen mehr Krippenplätze« – nachbeten, vom CSU-Dorfbürgermeister über den Topmanager bis zum Kanzlerkandidaten, halte ich die Schnellschüsse der deutschen Familienpolitik für gewagt. Nachdem vierzig Jahre lang faktisch nichts passiert ist, sind wir plötzlich alle stolz darauf, die Krippe als Maßnahme gegen arbeitslose und Teilzeit arbeitende Mütter oder als Alternative zum wandgroßen Flachbildschirm entdeckt zu haben.

In den Medien und in den Ministerien geht es nur darum, so rasch wie möglich so viele Plätze wie möglich aus dem Boden zu stampfen. Welches Bundesland holt am schnellsten auf? Wie viele Plätze fehlen noch, wer hat den Bedarf zu wie viel Prozent gedeckt? Keiner weiß, woher die fehlenden Erzieher für all diese Plätze kommen sollen. Bis jetzt gibt es dazu nur ein paar haarsträubende Ideen: Die Bundesagentur für Arbeit hat angekündigt, fünftausend Langzeiterwerbslose als Erzieher zu qualifizieren. Wenn man bedenkt, dass in Ländern wie Finnland nur junge Leute mit einem dreijährigen Universitätsstudium als Erzieher in die Kitas gelassen werden, dann muss man sich fragen, ob man hierzulande noch bei Verstand oder einfach nur verzweifelt ist.

Bei uns in Deutschland ist die Krippennachrüstung in vollem Gang, aber es gibt nicht eine öffentliche Stimme, die darüber spricht, was passieren muss, damit ein Kind genug Zuwendung und Geborgenheit bekommt. Wer sich traut, wird als reaktionär abgestempelt und fortan belächelt. In den Debatten geht es nie um die Bedürfnisse der Kleinsten, die sich noch nicht artikulieren können. Was es bedeutet, wenn eine Betreuerin bis zu zehn Kinder wickeln, füttern, trösten, bespielen, fördern und deren Entwicklung dokumentieren soll, weiß keiner der konzeptlosen Schwätzer, die hastig von »Das Kind gehört zur Mutter« auf »Das Kind gehört in die Betreuung« umgeschaltet haben.

Ich habe noch nie daran geglaubt, dass ein Kind in den ersten Lebensjahren ausschließlich zur Mutter oder zum Vater gehört, bis heute nicht. Eine Langzeitstudie des Nationalen Instituts für Kindergesundheit und menschliche Entwicklung in Washington – begonnen im Jahr 1991 mit über tausend Neugeborenen – hat jetzt ergeben, dass sich Krippenkinder später besser anpassen können und kooperativer sind als Kinder, die nie eine Krippe besuchten. Einer der Initiatoren der Studie, der britische Entwicklungspsychologe Jay Belsky, wurde trotzdem immer wieder gefragt, wo ein Kleinkind denn nun besser aufgehoben sei: in der Kita oder bei der Mutter. Er antwortete jedes Mal mit einer Gegenfrage: Ist es gut oder schlecht für die

Gesundheit, häufig außer Haus in Restaurants zu speisen? Auch da würde es doch davon abhängen, was und wie dort gekocht wird. Also von der Qualität. Eine Krippe, in der man jederzeit auf die Bedürfnisse des Kindes reagiert, wo es Anregungen bekommt und sich eine zuverlässige Bindung zwischen Kind und Betreuer aufbauen kann – das sind Kriterien, die nicht jede Familie erfüllen kann. Aber eben auch nicht jede Kinderbetreuung außer Haus.

Mir war damals nicht klar, dass Lenjas Kita diese Kriterien nicht erfüllen konnte. Und ich behaupte: Keine Einrichtung mit einem vergleichbaren Betreuungsschlüssel kann kleinen Kindern nur annähernd gerecht werden. Im Umkehrschluss bedeutet das natürlich nicht, dass jede Familie ein Hort der Freude und Frühförderung ist. Die erforderlichen »Entwicklungsanreize« bleiben im Mittelstand meistens an den besonders ehrgeizigen und ambitionierten Müttern hängen – nicht immer zu deren Vorteil und auch nicht unbedingt zum Vorteil des Kindes. Es gibt eine Lücke zwischen dem Idealismus und dem Förderwahn frischgebackener (oft später) Mütter und dem Frust, der entsteht, wenn gut ausgebildete Frauen auf jede Herausforderung und Anerkennung verzichten müssen.

An dieser Lücke scheitern die besten Absichten. In meinen Augen braucht es dafür keine methodischen Beweise, mir reichen meine gänzlich unwissenschaftlichen Beobachtungen: bis unter die Wimpern frustrierte Mütter, die sich das neue Familienglück so ganz anders vorgestellt haben und die sich auf dem Spielplatz vor allem mit dem Aussehen, dem Verhalten und dem Lebensstil anderer Mütter statt mit ihren Kindern beschäftigen. In den wenigen Monaten, in denen ich nach der Geburt von Lenja vollständig pausiert habe, musste ich die langweiligsten Gespräche meines Lebens überstehen. Was nicht unbedingt daran lag, dass man sich nichts Interessantes zu erzählen gehabt hätte.

Meine Mitstreiterinnen und ich brachten einfach nicht die Energie auf, thematisch die Sphären der Mutterschaft zu verlassen.

Ich war die Erste aus der akademischen Spielplatzmeute, die zurück in den Beruf verschwand und fortan keine Zeit mehr hatte für Rückbildungskurse oder Latte macchiato im Freiluftcafé.

Ich habe nichts vermisst, eine echte Freundschaft war zu keiner der Frauen entstanden – wie so oft bei unfreiwilligen Schicksalsgemeinschaften. Lenja musste nicht lange auf andere Kinder verzichten, sie war nun Mitglied bei den »Strolchen« in der Wurzelzwerg-Kita. Ihre neue Truppe war viel aufregender als ihre Spielplatzkameraden im selben Alter. In der Rückschau wohl zu aufregend.

Krippen-Burnout und brennende Haare

So wie alle Bildungseinrichtungen werden auch Kindergärten vom pädagogischen Zeitgeist durchgerüttelt. Als wir Lenja in die Krippe gaben, waren seit ein paar Jahren altersgemischte Gruppen en vogue. Ein Konzept, das drei Jahre später zugunsten altershomogener Gruppen wieder verabschiedet wurde, nachdem fast gleichzeitig drei Erzieherinnen ausgefallen waren – wegen Nervenzusammenbruchs oder wegen eines Bandscheibenvorfalls. In der pädagogischen Theorie sollte das Personal durch die zweiundzwanzig Kinder zwischen elf Monaten und sechs Jahren entlastet werden, denn die Idee einer altersgemischten Gruppe entsprach dem Vorbild einer kinderreichen Familie, in der die älteren von den jüngeren Geschwistern profitieren und umgekehrt. Wobei selbst große Familien eher selten eine Gruppenstärke von zweiundzwanzig Kindern erreichen.

Aber es ging ja auch nur um ein brauchbares Modell, das auf dem Papier bestechend logisch klang: Die Jüngeren bekommen von den Älteren Anregungen und Entwicklungsanreize, es gibt weniger Streit um dieselben Spielsachen, die Einzelkinder finden »Ersatzgeschwister«, die Älteren lernen Empathie, soziale Kompetenz und »sichern durch Tutoring der Jüngeren ihr eigenes Wissen«. Ich war angetan von dem Konzept, zumal noch nicht klar war, ob Lenja ein Geschwisterchen bekommen würde. Außerdem hatte sie sich schon immer gern an älteren Spielkameraden orientiert, jetzt hatte sie eine ganze Rasselbande zur Auswahl.

Als Lenja in der Schule so massive Probleme entwickelte und ich von verschiedenen Ärzten und Pädagogen nach ihrer frühen Kindheit gefragt wurde, rief ich eine frühere Betreuerin meiner Tochter an. Ich weiß nicht, ob ich jemals eine so engagierte, fröhliche und großherzige Erzieherin wie Martina getroffen habe. Sie war so etwas wie ein pädagogisches Talent und hatte besonders hohe Ansprüche an ihre Arbeit. Das war vielleicht Teil des Problems. Aber nur, weil diese Ansprüche auf eine Realität trafen, die nicht mit gutem Gewissen zu meistern war. Aus heutiger Sicht muss man feststellen, dass ausgerechnet die altersgemischte Gruppe, zu der auch Lenja gehörte, die Situation über Jahre so zuspitzte, dass Martina nicht nur krank, sondern am Ende auch arbeitsunfähig wurde. Die Gruppe war nicht der alleinige Auslöser, aber der Tropfen, der das Fass zum Überlaufen brachte.

Martinas Zusammenbruch folgte auf die Woche nach Lenjas viertem Geburtstag. In der Kita gab es einen mit Kerzen geschmückten Geburtstagstisch, und Lenja beugte sich vor, um ein zweites Stück Kuchen zu ergattern. Dabei fingen ihre Haare Feuer. Wenn Martina den Raum nicht just in diesem Moment mit einer Kanne Saft betreten und den

Inhalt geistesgegenwärtig über ihrem Kopf ausgeschüttet hätte, wäre Lenja wahrscheinlich mit Verbrennungen am Kopf im Krankenhaus gelandet. Lenja weinte nach dem Vorfall kurz – vor allem aus Schreck über die Ladung kalten Safts in ihrem Gesicht; das Feuer hatte sie kaum gespürt. Sie wurde geduscht und geföhnt, und die Haare wurden an der betreffenden Seite um einige Zentimeter gekürzt.

Weil man die »Angelegenheit nicht unnötig aufbauschen« wollte, wie es Moni, die Kita-Leiterin, gegenüber Martina formulierte, hatte mich niemand angerufen. Als ich Lenja abholte, erzählte sie mir stolz von ihrem Abenteuer. Auf keinen Fall wollte sie zum Friseur, weil sie die zwei unterschiedlichen Haarlängen »irgendwie schick« fand. Ich wusste nicht, ob ich geschockt oder angesichts Martinas schneller Reaktion beeindruckt sein sollte. Aber da meine Tochter keine große Sache daraus machte, verbuchte ich den Vorfall als brenzlige Anekdote.

In der darauffolgenden Woche war Martina krank. Und kehrte nie wieder in die Kita zurück. Einige Male rief ich sie an, erwischte aber immer nur die Mailbox. Drei Jahre nach dem kleinen Brand nahm sie den Hörer ab. Und erinnerte sich sofort an Lenja. Nicht nur, weil der Vorfall sie damals veranlasst hatte, aus dem Job auszusteigen.

Martina war spontan zu einem Treffen bereit, sie hatte gerade eine Umschulung beendet und war auf Jobsuche. Wir trafen uns an einem Frühlingstag in einem Café in der Nähe der Kita, und ich bekam einen tieferen Einblick in Lenjas früheren Kita-Alltag, der all meine damaligen Verdachtsmomente bestätigte. Angefangen bei der Idee der altersgemischten Gruppen.

»Ich weiß«, erzählte Martina, »dass ihr Eltern alle ganz angetan wart, aber für uns Erzieher war diese Altersmischung eine enorme zusätzliche Belastung. Wir mussten ja den Spagat schaffen zwischen den Bedürfnissen von

Kindern, die sich noch gar nicht ausdrücken können, und denen, die aus Langweile Unsinn anstellen, weil sie immer warten mussten, bis die Kleinen gewickelt, gefüttert oder getröstet waren, je nachdem.«

»Wie haben die Kleinen das denn erlebt? Wie ging es denen?«, fragte ich nach.

»Ich kann nicht für jedes Kind sprechen, aber für die meisten war es ein großer Stress. Es geht ja nicht nur um die Grundbedürfnisse. Kinder in dem Alter, in dem Lenja damals war, die brauchen dringend eine Möglichkeit, sich zurückzuziehen.«

»Ich dachte immer, die gab es auch – was ist mit dem Schlafraum?«

»Nach dem Schlafen wurde der für alle frei gegeben, sonst hätten wir gar nicht genug Platz gehabt. Und selbst wenn wir den Raum den Kleinen überlassen hätten – es gab einfach niemanden, der dort hätte aufpassen können. Es fehlte ja immer an Leuten! Und die Praktikanten waren ja keine Entlastung, im Gegenteil, wir sollten denen noch etwas beibringen. Theoretisch hätte ich die nicht mal eine Sekunde mit den Kindern allein lassen dürfen, aber anders ging es gar nicht. Ich muss ja auch mal aufs Klo. Heute würde ich sagen: Alles, was fünf Kleinkinder auf einen Erzieher überschreitet, ist fahrlässig.«

»Wie war denn die Situation bei Lenjas kleinem Brandunfall, weißt du das noch?«

Martina beugte sich vor und legte eine Hand auf meinen Arm: »Ob ich das noch weiß? Den Nachmittag werde ich nie vergessen. Es war purer Zufall, dass ich gerade zur Tür hereinkam, als Lenja sich über die Kerze gebeugt hat, eigentlich hätte ich Pause gehabt. Und meine Kollegin war gerade in der Küche, um den Kuchen zu holen. Wir hatten damals eine Krisensitzung wegen des Vorfalls, das habt ihr Eltern gar nicht mitbekommen.«

»Ich frage mich, wie viele Sachen noch vorgefallen sind, von denen wir Eltern nichts mitbekommen haben?« Nachdenklich blickte ich Lenjas ehemalige Betreuerin an.

»Viele.« Martina schaute kurz zu Boden und seufzte. »Viele«, wiederholte sie. »Das war auch ein Grund dafür, dass ich ausgestiegen bin. Dieser Druck, so etwas unter den Teppich zu kehren. Es ist mehr als einmal vorgekommen, dass wir ein Kind auf dem Spielplatz vergessen haben. Ich bin dann im Schweinsgalopp zurück, und wenn man Glück hatte, saß das Kind noch in der Sandkiste, ohne zu heulen. In den Tagen danach habe ich immer gezittert. Es hätte ja sein können, dass eines der Kinder zu Hause etwas erzählt. Irgendwann habe ich mich gar nicht mehr getraut, länger als zehn Minuten Mittagspause zu machen. Man war permanent unter Strom, die Kinder aber auch.«

»Aber ihr habt doch sogar Angebote zu diesen ganzen Themen gemacht, Ernährung oder Umwelt, und es wurden dazu passende Sachen gebastelt?«

Martina sah mich halb belustigt an: »Klar, weil das zum Frühförderprogramm gehörte. Ich weiß nicht, ob euch Eltern eigentlich klar war, dass man die Anforderungen an uns Erzieher immer weiter anzogen hat. Obwohl wir es oft nicht einmal geschafft haben, alle Windeln rechtzeitig zu wechseln? Wir mussten nicht nur verschiedene Projekte durchziehen, wir mussten das Ganze auch dokumentieren – Plakate oder Collagen mit Fotos, die dann zur Begutachtung für die Eltern an die Wand gehängt wurden. Und dann gab es ja auch noch die Beobachtungsprotokolle für die Elterngespräche. Oft habe ich einfach die Kiste mit den Legosteinen in der Mitte ausgeleert und gehofft, dass die meisten in der Gruppe damit eine Weile beschäftigt sind. Dann habe ich mich in eine Ecke gehockt und die ganzen Papiere ausgefüllt. Der helle Wahnsinn.«

»Aber warum hast du mir das damals nie erzählt? Wir hatten doch so etwas wie ein Vertrauensverhältnis …« Ich war irritiert und auch ein wenig enttäuscht.

»Ehrlich gesagt, ich habe damals gedacht, das wäre normal. Ich habe angenommen, es liegt an mir, wenn ich das nicht schaffe. Und ich hatte einfach Angst um meinen Job, so wie alle anderen. Wir Betreuerinnen sind ja auch krank geworden, dauernd war jemand krank. Den Kindern ging es auch nicht gut. Weißt du noch, der kleine Ruben? Der hat monatelang durchgeheult, fast den ganzen Tag. Oder die kleine Hübsche, die immer gebissen hat. Das war doch auffällig. Die Kinder haben auf die Situation reagiert, jedes auf seine Weise. Irgendwann ist mir aufgefallen, dass es mehr oder weniger drei Strategien gab, mit denen sie sich gewehrt haben: Heulen, hauen oder alles Mögliche tun, um Aufmerksamkeit zu bekommen.«

»Und was hat Lenja gemacht?«

»Wenn es zu laut wurde, hat sie sich oft in sich zurückgezogen, hat geträumt, manchmal hat sie mit sich selbst gesprochen. Oder sie hat sich dauernd etwas einfallen lassen, um im Mittelpunkt zu stehen: Grimassen schneiden und den Clown spielen. Aber da war manchmal mehr Verzweiflung als Freude dahinter. Es gibt Kinder, die sind robust genug, um so einen chaotischen Kita-Alltag wegzustecken. Vielleicht gibt es sogar ein paar, die davon profitieren. Lenja gehörte nicht zu denen, sie wirkte nur so. Habt ihr das nie bemerkt?«

5

Aufmerksamkeitsgestörte Eltern – eine Selbstdiagnose

Muss nur noch kurz die Welt retten,
danach flieg ich zu dir.
Noch 148 Mails checken, wer weiß, was mir
dann noch passiert, denn es passiert so viel.
Muss nur noch kurz die Welt retten, und
gleich danach bin ich wieder bei dir.

Tim Bendzko,
»Nur noch kurz die Welt retten«

Baby an Bord, Mutter auf Stand-by

Ein kleines Rennen mit Kinderwagen, im Slalom über dicht gedrängte Bürgersteige. Für ein knapp fünf Monate altes Baby könnte das ein Riesenspaß sein, der es zum Lachen und Quietschen bringt. Vorausgesetzt, die Mutter am Steuer will genau das erreichen. Ich rannte aber nicht zum Spaß mit unserem sportlichen Mountain-Buggy durchs Getümmel, ich wollte an diesem Freitag unbedingt fürs Wochenende nach Hause, doch dazu musste ich vorher dreihundert Kilometer überwinden, so weit war mein damaliger Arbeitsplatz entfernt. Mehr als eine sportliche Herausforderung: Arbeiten und Reisen mit Baby an Bord.

Es war mal wieder fast zu spät für den letzten Zug. Weil etwas dazwischengekommen war. Manchmal war es eine Besprechung, manchmal auch nur eine unaufschiebbare

E-Mail. Vier Monate nach Lenjas Geburt war ich wieder in den Job eingestiegen. Mit meinem Auftraggeber hatte ich ausgehandelt, dass ich meine kleine Tochter mitnehmen konnte, solange ich die Betreuung und die möglichst dienstlichen Reisen so organisierte, dass die Arbeitsabläufe nicht gestört würden. Ich war nicht die Erste und nicht die Einzige, die ihr Baby mit zur Arbeit nahm, aber ich gehörte damals zu einer kleinen Minderheit. Vor rund zehn Jahren gab es vielleicht eine Handvoll berufstätiger Säuglingsmütter in dem Bereich, in dem ich arbeite. Ich kannte sie alle nur vom Hörensagen. Genau genommen aus den mehr oder weniger gehässigen Kommentaren, die mir zugetragen wurden – bis ich selbst Mutter wurde. Danach wurde ich von den Lästerzirkeln ausgeschlossen.

Ich wusste vorher, dass ich alle gegen mich haben würde: die Chefs und Kollegen, deren Frauen mit der Geburt des ersten Kindes im Reihenhaus verschwanden; die Kolleginnen, die aus gutem Grund auf Nachwuchs verzichtet hatten; die Mütter, die einige Jahre ausgesetzt hatten und nun mühsam von vorn anfingen. Nur dass meine eigenen Nerven nicht mitspielen würden, war mir vorher nicht klar. Schnell hatte ich auf den Druck und die versteckten Drohungen reagiert, so wie man es von einer engagierten Mitarbeiterin erwarten konnte. Ich war nicht einmal auf die Idee gekommen, umgekehrt ein paar Forderungen zu stellen, zum Beispiel, ob sich die Konferenzen und Deadlines auch nach meinem Zeitplan richten könnten. Kleinkindmütter sind eben nicht in der Position aufzumucken.

Vor allem versuchten die Wiedereinstiegsmütter, mich auf die Probe zu stellen. Tagsüber, wenn Gabi, die damalige Kinderfrau, mir Lenja zum Stillen im Büro vorbeibrachte, steckte dauernd jemand den Kopf zur Tür herein. Sobald ich es verließ, um irgendwo vor der Tür Gabi und Lenja zu treffen, bimmelte und vibrierte es ständig in meiner Handtasche. Wichtige Neuigkeiten oder Planänderungen wurden mir immer kurz vor Dienstschluss mitgeteilt, zwischen Tür und Angel. Wenn ich vor der Drehtür des Bürohauses den Kinderwagen von der Kinderfrau übernahm, grübelte ich meist noch dem letzten Jobgespräch hinterher. Ich war in ständiger Angst, dass jemand mir ein Bein stellen könnte, weil ich weniger präsent war als die Kollegen und anders als sie in ständiger Hektik.

Ständig hatte ich das Gefühl, dankbar sein zu müssen, weil ich trotz Baby weiterarbeiten durfte. Immer hieß es *trotz Baby*, und nie *mit Lenja*. Obwohl ich meine Tochter meistens dabei – oder zumindest in der Nähe hatte, blieb sie für meine Kollegen und Chefs eine abstrakte Person. Umgekehrt wurde mir die Arbeitswelt immer fremder, weil ich sie so streng von allen privaten Gefühlen trennen musste. Bisweilen verzog ich mich deswegen zum Heulen auf die Toilette. All das musste sowohl der Arbeit als auch meiner Kleinen schaden.

Die Abläufe am Ende der Arbeitswoche waren immer dieselben: Zur Begrüßung bekam Lenja ein schnelles, zu breites Lächeln und einen hektischen Kuss auf die Nase, während ich nach dem Handy fischte, meine Tasche an den Lenkbügel des Kinderwagens hängte und Gas geben musste. Heute frage ich mich, was Lenja bei diesen fahrigen Übergaben wohl gefühlt hat. Gelacht oder gequietscht hat sie nicht, wenn der Kinderwagen Fahrt aufnahm. Sie hat nicht einmal gelächelt. Sie beobachtete mich nur, konzentriert und mit leicht gerunzelter Stirn. Wie ich uns einen Weg bahnte, mit gerötetem Kopf, voller Unmut und Anstrengung – statt sie freudestrahlend in den Arm zu nehmen, sie zu herzen und ihr zu sagen, wie sehr ich sie während der stundenlangen Trennung vermisst hatte. Keine Zeit. Ich bugsierte sie an genervten Passanten vorbei und versuchte, das Handygespräch so kurz wie möglich zu halten.

Lenja war von Geburt an eine gute Beobachterin, sie wird meinen zusammengekniffenen Mund registriert haben, meinen verhaltenen Ärger und den leicht weinerlichen Unterton. Sie wird Mimik, Klang und das dazugehörige Gefühl auf sich bezogen haben. Für sie war ja sonst niemand sichtbar, den ich meinen könnte. Ich war da, aber nicht für sie. Ich erinnere mich, wie sie damals oft aus dem Kinderwagen an mir vorbei in den Himmel starrte. Während ich mit dem Handy am Ohr ihren Blick suchte und – wie jede Woche – nach zwei oder drei Arbeits- und Hoteltagen mit dem Kinderwagen zum Bahnhof flitzte. Mit Gabi im Schlepptau, die unseren Rollkoffer zum Bahnhof zerren musste, sonst hätten wir es gar nicht geschafft.

Dann kam der Tag, an dem Lenja mich zur Begrüßung bei der Übergabe gar nicht mehr anschaute. Ich war irritiert und fragte Gabi, was mit ihr los sei.

»Darf ich ehrlich sein?«, erwiderte sie.

Die Rückfrage versetzte mir bereits einen Stich.

»Ja, bitte«, sagte ich.

»Ich glaube, sie zieht sich zurück, weil sie dann auch nicht enttäuscht werden kann.«

Ich ließ das Handy in der Handtasche klingeln, während ich darüber nachdachte, warum eine Kinderfrau, die ich wenige Wochen zuvor engagiert hatte, meine Tochter besser verstand als ich.

Oft war erst im Zug nach Hause Zeit für eine erste Umarmung. Aber dann war es irgendwie zu spät. Ich brauchte eine Weile, um herunterzukommen, mein Herzschlag war noch nicht gleichmäßig genug, um ein Kind, das an der Brust liegt, zu beruhigen. In solchen Momenten, wenn der Stresspegel sich nur langsam senkte, begann mein rechtes Augenlid zu zucken. Wie bei der *Bezaubernden Jeannie*, nur dass ich mich gar nicht wegzaubern wollte. Im Gegenteil. Ich wollte unbedingt und sofort mit allen Sinnen da sein.

Aber Entspannung lässt sich nicht erzwingen. Der kleine Nervendefekt brachte Lenja immerhin zum Lachen, endlich. Sie gluckste, staunte und grapschte nach meinem Auge. Ich wünschte, ich hätte mitlachen können über den ganzen Irrwitz der Situation, aber am liebsten hätte ich vor Erschöpfung geweint. Trotzdem habe ich den Job und das Reisen mit Kind auf diese Weise lange durchgezogen, zu lang.

Lenja musste sich von Anfang mit dem begnügen, was von meiner, von unserer Aufmerksamkeit übrig blieb. Vielleicht war das jahrelang zu wenig, um ihr die Sicherheit und Stabilität zu geben, die ein Kind braucht, um sich dem Rest der Welt zuwenden zu können. Vielleicht hatte sie das Gefühl, sich ständig nach mir umsehen zu müssen, um sicher zu sein, dass ich noch da bin (und nicht nur anwesend), und hat so ihre gestreute Wahrnehmung entwickelt. Der nichts entgeht, aber alles entgleitet. Ein Teil ihres Handicaps könnte also hausgemacht sein, auch wenn erst in der Schule überhaupt ein Problem daraus wurde.

Als Eltern haben wir immer auf ein besonders ruhiges Gemüt geschlossen, wenn Lenja als Baby und Kleinkind selbst in stressigsten Momenten entspannt blieb. Sie schrie nie länger als ein paar Minuten, sie konnte in jedem Moment in einen komatösen Schlaf fallen. Nie rebellierte sie, und jeder neuen Situation passte sie sich in Rekordzeit an. Gerald Hüther hätte wohl diagnostiziert: Lenja flieht vor dem Stress, indem sie alles über sich ergehen lässt. Leider hatte ich damals noch nichts von ihm gehört. Und zog aus Lenjas Verhalten den Schluss, dass sie eben besonders pflegeleicht sei. Sogar wenn Michael und ich uns laut stritten, konnte sie sich intensiv in einem selbst erdachten Spiel oder in einem Gespräch mit einem erfundenen Spielkameraden verlieren. Aus heutiger Sicht würde ich diese Beobachtungen anders deuten: In solchen Momenten richtete sie ihre Aufmerksamkeit nach innen. Die Anspannung blieb an der Oberfläche, manchmal für alle sichtbar:

Es war ein Kindergartenfest, zu dem ich – als einzige Mutter – zu spät kam. Anlass dafür war der Wechsel in die Vorschulgruppe. Seit Monaten hatte ich dieses wichtige Datum im Kalender vermerkt, doch gerade an diesem Tag hatte ich nicht in ihn hineingeschaut. Ich war mir sicher, dass ich alle Termine im Kopf hatte. Bis mich ein böser Anruf aus der Kita erreichte.

Für dieses Fest hatte sich Lenja gewünscht, ein Vogel zu sein, und weil ich nichts Passendes fand, hatte ich eines ihrer bunten Sommerkleider zur Schneiderin gebracht, die rund hundert Bastelfedern darauf festnähte. Als ich abgehetzt und mit einem schlechten Gewissen auf der Feier ankam, war kaum noch etwas übrig von ihrem Federgewand. Während sie im Vorraum stand und auf mich wartete, hatte sie, ohne den Blick von der Tür zu nehmen, wie mir die Erzieherin im Nachhinein berichtete, alle Federn vom Kleid gerupft, leise und mit großer Kraft, eine nach der anderen.

Ich weiß nicht, wie ich dieses Fest verschwitzen konnte. Es war der Höhepunkt in einer Reihe von verschiedenen Tagen, Stunden oder Momenten gewesen, die für Lenja eine Bedeutung hatten, die mir aber entgangen war. Manchmal erfuhr ich erst Monate später davon, beim Vorlesen oder Kuscheln. Als traurig vernuschelten Vorwurf, der endlich herausmusste: »Warum hast du nie beim Elternfrühstück mitgemacht wie die anderen Mamis?« Oder: »Die Einladung zu meiner und Mias Zirkusvorstellung letzten Sonntag, die habe ich im Altpapier gefunden.« Oder: »Als ich das Tor gemacht habe, hast du eine SMS geschrieben, das konnte ich von Weitem sehen.«

Möglicherweise hat Michael recht, wenn er behauptet, dass ich selbst so ein ehemaliges ADS-Kind bin. Ich gehe mit einer inneren Unruhe durchs Leben, die ich bis heute nie ganz besänftigen konnte. Aus Neugierde zog ich den ADS-Test für Schulkinder zurate und konnte tatsächlich das meiste ankreuzen: Ich lasse mich schnell ablenken, ich bin fantasievoll und kreativ, aber auch ein Eigenbrötler, wirke oft zerstreut, bin schnell frustriert und reagiere mit Wutausbrüchen. Es fällt nicht nur meinem Mann auf, dass ich in einer Diskussion zwischen den Themen hin und her springe und jede Assoziation so wichtig nehme wie das eigentliche Thema. Während ich mich unterhalte, kann ich einem Gespräch am Nebentisch folgen. Aber ich verliere schnell den Überblick über gewisse Notwendigkeiten des Lebens, verschussele Parktickets und Steuerbescheide. Und vergesse Lenjas Kita-Feier.

Was Michael nie passieren würde. Mit seiner Disziplin und seinem Faible für klare Strukturen hat er mich viele Male vor dem Finanzamt und anderen Behörden und manchmal vor mir selbst gerettet. Trotzdem erfüllt er mindestens genauso viele Kriterien eines ADS-Fragebogens wie ich, nur andere. Wie gesagt, bei der Feier wäre er sicher pünktlich gewesen. Aber er hätte den Raum mindestens dreimal verlassen, um zu telefonieren …

Das resettet sich. Nicht. Der ganze normale Alltagswahnsinn

Irgendwann werden unsere Kinder vermutlich eine Blechkiste mit kleinen Filmkassetten finden. Wenn wir schon längst nicht mehr leben. Hoffentlich denke ich daran, einen Zettel mit einer Entschuldigung dazuzulegen: »Eigentlich wollten wir euch fertig geschnittene Episoden hinterlassen. Tut uns leid, dass ihr jetzt die ganze Arbeit habt. Aber sonst hätte euer Vater oder ich noch häufiger am Computer gesessen …«

Die Geburten, das Ostereiersuchen und Weihnachtsbaumschmücken, die Urlaube und ersten Schritte purzeln in dieser Kiste durcheinander. Wenn ich möglichst viel mit der Kamera festhalte, damals wie heute, so in dem Glauben, dass ich dann unser Leben wenigstens nachher, auf dem Computerbildschirm, in Echtzeit erleben kann. Weil unser Alltag nur im Schnelldurchlauf zu haben ist. Zu schnell für ein kleines Kind.

Bei manchen Filmszenen fiel mir erst Jahre später auf, wie oft Lenja ihre jeweilige Beschäftigung unterbricht, um traurig und irritiert in das kleine silberstählerne Gerät vor meinem Gesicht zu blicken. Als würde sie sich fragen, warum ich mich lieber mit so einer uninteressanten Maschine beschäftige als mit ihr. Seit einiger Zeit habe ich die Kamera kaum noch angefasst. Stattdessen überlasse ich sie im Urlaub oft meiner ältesten Tochter, die damit begeistert die Gegend erkundet oder mich beim Kochen oder Lesen filmt. Als Wiedergutmachung sozusagen.

Die Digicam habe ich oft als Tarnkappe benutzt, um gerade nicht antworten oder Bedürfnisse erfüllen zu müssen. Eine Kamera vor der Nase ist das beste Alibi, um anwesend, aber nicht ansprechbar zu sein. Wenn Lenja und Mia durch die Wohnung fegten und kein Schreien mehr half, dann diente sie als Ablenkmanöver, um nicht eingreifen zu müssen.

In einer der Alltagssequenzen, die so entstanden sind, sitze ich am Küchentisch und filme, während die beiden mich nachahmen, wie ich kurz zuvor hilflos gestikulierend im Türrahmen gestanden hatte. Lenja geht in die dritte Klasse und hat gerade ihre erste kleine Rolle in einem Schultheaterstück übernommen. Jetzt führt sie selbst Regie, zumindest bei ihrer kleinen Schwester. Lenja spielt die schimpfende Mama, und Mia plappert ihr nach: »Kinder! Könnt ihr jetzt bitte mal die Verkleidungskiste wieder einräumen? Ab in die Schlafanzüge! Lenja, ist das etwa Schokoladenpapier in deiner Hosentasche? Dann kannst du dir jetzt gleich noch mal die Zähne putzen. Und morgen hast du Naschverbot. Nein, du nicht, Mia. Halt! Erst in die Schlafanzüge! Nein, wartet, erst die Verkleidungskiste ...« (Kein Wunder, dass die beiden oft nicht wissen, was sie zuerst machen sollen.)

Ich muss kichern, beschwere mich aber, dass ich die Einzige bin, die veräppelt wird. Ich frage die Mädchen, ob ihnen denn nicht auch etwas zu ihrem Vater einfällt. Daraufhin beginnen sie wie auf Knopfdruck hektisch und laut sprechend durch die Küche zu schreiten, mit einem imaginären Handy am Ohr, auf der Suche nach einem Feuerzeug für die Fantasiezigarette, die schon im Mundwinkel klemmt. Businesssprech wird imitiert: »Jetzt machen wir eine Telko, das resettet sich ...!« Die eine Schwester scheucht die andere beiseite, sobald sie sich in die Quere kommen, denn beide sind der Papa und schwer beschäftigt: »Psscht, ruhig. Ich kann jetzt nicht, geh mal in dein Zimmer zum Spielen.« Die Balkontür wird aufgerissen, die zwei drängen nach draußen, die unsichtbaren Zigaretten werden angezündet und die Asche in den Wind getippt, ab und zu dreht sich eine um, die Stirn gekräuselt, und zeigt stumm und mit ausgestrecktem Arm und warnendem Blick zur Tür. Das soll heißen: »Nicht näher kommen, ihr dürft nicht im Hintergrund zu hören sein.« Man könnte die Mimik auch übersetzen mit: »Seid unsichtbar!«

Später frage ich Lenja, was sie in so einem Moment machen, wenn ich auf Dienstreise oder noch im Büro bin, und erfahre, dass sie die Situation gern ausnutzen, um sich unbemerkt vor den Fernseher zu hocken. Aber manchmal drückt ihnen auch Papa selbst die Fernbedienung in die Hand und verschwindet wieder in Richtung Balkon.

Ich kenne diese Szene, hundertfach, tausendfach, wie bei einer DVD mit Kratzern, die sich immer an derselben

Stelle aufhängt und so die Szene noch einmal von vorn startet: das Aufspringen mit dem Handy am Ohr, das Einstöpseln der Freisprechanlage (es wird also doch ein längeres Gespräch …), die vielen fünf, fünfzehn oder fünfundvierzig Minuten, die sich an manchen Tagen mit kurzen Pausen aneinanderreihen, sodass das Essen kalt, der Tisch abgeräumt und manchmal schon die Schlafenszeit eingeläutet wird, ohne dass sich für mich eine Gelegenheit ergibt, mit Michael zu sprechen. Ganz zu schweigen von den Kindern. Es sei denn, er schaltet die Freisprechanlage kurz auf stumm und will, ganz schnell, wissen, worum es geht. Aber mein Anliegen (fast hätte ich »Anfrage« geschrieben) lässt sich nicht in drei Sätzen zusammenfassen, schon gar nicht unter Zeitdruck. Wie oft habe ich gedacht: Wieso unterbricht er nicht einfach und fragt, ob er später zurückrufen kann? Es ist Feierabend, er ist zu Hause, bei seiner Familie.

Andererseits: Würde ich es in seinem Job anders machen?

In den Vereinigten Staaten trägt der Blackberry den Spitznamen *crackberry*, weil sich viele Benutzer vom Rest der Welt abgeschnitten und allein fühlen, wenn das Gerät nicht in ihrer Nähe ist. Dalton Conley, amerikanischer Soziologieprofessor, hat die unterschiedlichen Typen von Smartphone-Usern charakterisiert, Michael gehört eindeutig zum Typus des Süchtigen: Der erste Blick am Morgen und der letzte vor dem Einschlafen gelten nicht mir, die im selben Bett neben ihm liegt, oder den Kindern, sondern dem Display des Organizers. Der Crackberry ist beim Zähneputzen dabei, beim Frühstück, auf dem Klo (!). Sobald der elektrische Schmeichelstein in der Hosentasche vibriert, gibt es keinen Aufschub, irgendwer könnte ja etwas Fesselndes geschickt haben. Die Illusion, irgendwo da draußen in der Welt dringend gebraucht zu werden, lässt die Realität vor der Nase zweitklassig aussehen. Die Realität, das sind die Kinder, das bin ich.

Dabei könnte ich Michaels Aufmerksamkeit gut brauchen, vor allem morgens. Ich kann aber keine rot blinkende Verheißung vorausschicken, damit er mir mit Vorfreude ins Gesicht schaut, so wie er sich seinem Smartphone zuwendet. Unsere Kinder würden nach dem Aufstehen auch gern Kontakt mit ihrem Vater aufnehmen, um diese Zeit sind sie am gesprächigsten. Ein Traum muss erzählt werden, der sonst für immer vergessen ist, oder eine Sorge, die in der Schule wartet, muss raus. Solche Dinge brauchen ungeteilte Aufmerksamkeit, aber leider ist die Konkurrenz, die auf den Schlagzeilenportalen oder im Postfach lauert, stärker.

Stattdessen gibt es nur eine geteilte Aufmerksamkeit, meistens eine dreifach geteilte, denn beim Simsen lässt sich nebenbei noch ein Schulbrot schmieren, beim ersten Telefonat lassen sich die Kaffeebohnen im Vollautomaten nachfüllen. Die meisten Abläufe im Job sind hochgradig optimiert, schneller geht es kaum mehr. Man kann die Zeit nur weiter verdichten, also alles auf einmal machen: sich um die Kinder kümmern, Frühstück machen, telefonieren. Zwischendurch ein Kommentar zu Mias und Lenjas Geschichten, aber nur einer von der Sorte, die man auf alles anwenden kann: »Das ist ja ein Ding.« Aus der Sicht meiner Töchter stelle ich mir diese Kommunikation vergleichbar mit einer Videokonferenz vor: Das Bild ist da, aber die Antwort ist leicht verzögert und passt nicht so recht. Der Sprechende ist zwar irgendwie anwesend, aber eben nicht körperlich.

Abends geht es oft ähnlich weiter: Michael schließt die Wohnung auf, mit dem Stöpsel im Ohr, und umarmt die Kinder, stumm. Alle Telefonate sind gleich wichtig, was mich dazu bringt, bei eingehenden Anrufen unwillkürlich meine Stimme zu senken und die Kinder in ein anderes Zimmer zu lotsen, wenn wieder ein »unaufschiebbarer« Anruf hereinplatzt. Wie konnte es so weit kommen, dass ich zwischen zwei Telefonkonferenzen wie eine Sekretärin um Michaels Aufmerksamkeit ringe? Im eigenen Haus? Wie ist es möglich, dass diese entgrenzten Arbeitszeiten unser Familienleben beherrschen und sich alle dieser Zumutung beugen?

Oder empfinden wir einen solchen Arbeitsalltag gar nicht mehr als Zumutung? Weil wir mit Anfang vierzig immer noch an eine Beförderung oder die nächste Gehaltsstufe glauben? Aus Mangel an anderen sinnvollen Zielen? Als wären da nicht zwei Kinder, mit denen man sich auf diese Weise die schönsten Stunden versaut. Zwei schlaue Mädchen, die bald verstehen werden, dass die andauernde Rufbereitschaft, die ständige Anspannung und die »Pschts« nicht zu den gottgegebenen Regeln eines Erwachsenenlebens gehören. Sondern dass ihre Eltern sich aus freien Stücken selbst versklaven.

Ausgerechnet einer von Michaels Geschäftspartnern und allabendlichen Telefonpartnern erinnerte mich daran, was Normalität eigentlich bedeutet: Der Postbote brachte ein Paket mit preisgekröntem Champagner und einer handgeschriebenen Entschuldigung: eine »kleine Aufmerksamkeit« für die vielen Stunden Familienzeit, in denen er »rücksichtslos« meinen Mann in Anspruch genommen habe. Da kokettierte einer mit der eigenen Gönnerhaftigkeit. Aber immerhin gab er in seinem Brief zu, dass er die Zeit auch mit seiner Geste nicht wieder wettmachen kann.

Könnte Michael nur unsere Mädchen in diesem Moment sehen, wie sie vor der Kamera hin und her hetzen. Die beiden spielen ihre Paparolle mit einigem Ernst und noch mehr Spielwut, mit Betonung auf »Wut«, die kaum noch zu bremsen ist: erneutes Aufspringen, Stöpsel ins Ohr, Balkontür auf, Zigarette an, rausrennen, umdrehen, böse gucken, reinlaufen. Ich bin erschrocken und gleichzeitig fasziniert von dem, was ich sehe. Aber noch mehr fühle ich mich ertappt. Ich wünsche mir, ich könnte behaupten, dass ich einfach nur den typischen Machtkampf in meiner Ehe verloren habe. Dass mein Mann ein kleiner Haustyrann ist, der seine Karriere rücksichtslos und auf dem Rücken von Frau und Kindern durchzieht. Tatsächlich bin ich aber genauso dominant und konfrontativ wie er.

Es gibt in mir keine unbewusste Tendenz zur Unterwerfung. Vielmehr gebe ich Michael den Raum, sich der Allzeitverfügbarkeit zu unterwerfen, weil ich die zeitgemäßen Jobregeln genauso verinnerlicht habe wie er. Uns beiden sitzt kein autoritärer Chef im Nacken, der uns nötigt, vierundzwanzig Stunden auf Stand-by zu sein. Wir nötigen uns selbst. Wenn ich auf Michael zornig bin, dann nur, weil er mir mit seinem Benehmen den Spiegel vorhält.

Insgeheim halte ich die Zumutungen der Medienbranche wie häufige Wochenendarbeit und etliche Vierzehn-Stunden-Tage für angemessen. Erst mit Lenjas Schulversagen wurde mir klar, dass der Preis viel höher liegt und ich ihn nicht allein zahle.

Versagereltern in hellblauer Dämmerung

Schon vor Lenjas Geburt sind wir in diesen Lebensstil hineingewachsen. Ohne Kinder blieb aber wenigstens noch ausreichend Zeit für den anderen. Mit Kindern war nur noch Zeit für den Job. So wie bei vielen Paaren um uns herum, die Arbeit und Kinder unter einen Hut bringen wollten. Und wir sind nicht die einzigen, die auch abends mit einem Laptop im Anschlag auf dem Wohnzimmersofa sitzen. Während die Kinder herumspringen und versuchen, den Computer im Wettkampf um etwas Aufmerksamkeit zu besiegen. Wenn es gut läuft, erhalten sie auf ihre Fragen eine mit halbem Hirn formulierte Antwort. Oft ohne dass Papa oder Mama ihre Augen vom Bildschirm nehmen. Lenja und Mia blicken in ein vertrautes, aber entferntes Gesicht, das in hellblaue Dämmerung getaucht ist. Ich glaube, es sind viele solcher Momente, die Kinder irgendwann zu der Einsicht kommen lassen, dass sie die Elektronik zu ihrem Freund machen sollten, wenn die Eltern so sehr davon fasziniert sind. Eines der ersten Dinge, die Lenja aus eigenem Antrieb malte, war ein Laptop, den sie überall mitschleppte, um mit ernstem Gesicht darauf herumzutippen.

An den seltenen Abenden, die wir mit Freunden verbringen, versuche ich Diskussionen darüber anzuzetteln, was wir alle unseren Kindern vorleben. Schon die Frage wird von den meisten falsch verstanden: »Wir bieten denen doch viel mehr Impulse, als wir sie jemals hatten, allein die vielen Förderkurse, die Ausstellungen und die Urlaube!« Die Zahl der Menschen aus meinem Umfeld, die genauso durch ihr Privat- wie durch ihr Berufsleben hetzt, nähert sich einer relevanten Forschungsgröße. Das Problem ist nicht, dass wir alle unglücklich sind, sondern dass wir nicht genügend bei uns sind, um zu spüren, ob wir glücklich oder jedenfalls zufrieden sind. Die meisten von uns haben keine Ressourcen mehr, um irgendetwas grundsätzlich infrage zu stellen, wir arbeiten unseren Alltag ab und ziehen uns am Wochenende in den Kleinfamilienkokon zurück, erschöpft und froh, mit niemandem groß reden zu müssen. Rotwein und Tiefsinn (oder das Gegenteil davon) bis morgens um drei, das war früher. Man kann es sich nicht mehr leisten, am nächsten Tag durchzuhängen. Es herrscht eine ungewollte Beziehungslosigkeit, die niemandem auffällt. Es sei denn, es passiert etwas Gravierendes, eine Krebserkrankung, ein Unfall. Dann schrumpft der Freundes- und Bekanntenkreis auf einen kleinen und verlässlichen Kern.

Vielleicht liegt es am Alter, aber um uns herum häufen sich die Väter mit Schlafstörungen und Panikattacken, mit Darmerkrankungen wie Morbus Crohn oder einem Tinnitus, einem Hörsturz; Mütter haben Erschöpfungsdepressionen, Essstörungen (Bulimie mit Anfang vierzig!), Tablettensucht oder Zwangsneurosen. Man sieht ihnen nichts an. Wenn einer oder eine für sechs Wochen oder sechs Monate stationär behandelt werden muss, heißt es meist: Burnout. Das signalisiert – trotz Krankheit – eine grundsätzliche Leistungsbereitschaft. Es gibt kaum noch Menschen, die zugeben, ständig überfordert, chronisch krank oder einfach sehr traurig zu sein. Es gibt auch keine Eltern, die zugeben, dass ihr Kind sie überfordert. Es muss außer mir aber noch andere Mütter geben, die hin und wieder die Fassung verlieren, herumschreien, heulen oder Bücher und Schuhe durchs Zimmer feuern. Aber das weiß ich nur indirekt, über Lenja und deren Freundinnen. Kinder untereinander sind offener und sehr viel schonungsloser als Erwachsene.

Von uns erfolgreichen Paaren werden Versagereltern und Schulversager mit angemessener Betroffenheit diskutiert. Und kopfschüttelnd kommentiert. Unsere Geschichte mit Lenja passt nicht in diese Gespräche. Wenn über die eigenen Kinder gesprochen wird, dann über die besten Frühförderkurse ab zwei Jahren, die beste Musikschule ab drei, über das beste Gymnasium. Oder über die Erfolge, die sich daraus ergeben. Ein Kind, das in der Grundschule den Anschluss verliert, ist in unseren Kreisen ein nicht anzunehmender Unfall. Solche Probleme gehören in die Sozialreportagen auf Seite drei der überregionalen Zeitungen. Aber nicht in einen akademischen Doppelverdienerhaushalt.

Ich beginne mich in unserem Freundeskreis einsam zu fühlen.

Bewusste Erziehung und andere Gefühllosigkeiten

In Lenjas Grundschulzeit hörte ich auf, mit Freunden oder Verwandten über die Probleme mit unserer Tochter zu reden. Mir war aufgefallen, dass die meisten bei meinen Berichten peinlich berührt gewesen waren. Als hätte ich ihnen erzählt, ich hätte ein Alkoholproblem oder mir wäre fristlos gekündigt worden. Meine einzige Vertraute blieb eine sehr nahe, kinderlose Freundin. Sie hielt es aus, dass ich mich ab und zu über meine Tochter auslassen musste, dass unangemeldet Tränen flossen. Andere Freunde hatten durchaus auch Probleme mit ihren Kindern, aber immer nur solche, die sich als lustige Anekdote aufbereiten ließen.

Gut organisierte Eltern erzählen gern, wie sie eine Schwierigkeit gelöst haben, aber ungern, wie es dazu kam. Oder sie besuchen Kurse, die Titel wie »Starke Eltern – starke Kinder« tragen oder »Triple P« (Positive Parenting Program; Fachleute stärken bei dieser Methode Eltern, Eltern wiederum ihre Kinder) und unterbrechen mich bei jedem zweiten Satz mit schlauen Ratschlägen: »Du musst deine eigenen Grenzen kennen, dann kannst du auch dem Kind Grenzen setzen.« Als hätte ich noch keine Erziehungsratgeber gelesen – und in die Ecke gefeuert. Denn hatte Lenja ein Problem, wurde es durch jede Art der »bewussten Erziehung« nur verstärkt.

Ein Beispiel: War ich aufgebracht, weil sie ihre Schwimmtasche zwei Tage auf dem Boden liegen gelassen hatte, statt die nassen Sachen aufzuhängen, wäre es im Sinne der gewaltfreien Kommunikation (ein Konzept im Rahmen von Triple P zur »friedlichen Konfliktlösung«) angebracht gewesen, sie zu fragen: »Kannst du mir bitte sagen, was dich davon abgehalten hat, die Tasche auszupacken?«

Wie aber soll man diesen Satz sagen, wenn man stinksauer ist, ohne dass es aggressiv klingt? Bei den ersten Versuchen mit dieser Technik hielt sich Lenja die Ohren zu: »Du hast so eine schreckliche Stimme, Mama.« Sie reagierte auf das Gefühl, das bei meiner Aussage mitschwang, und das war der Ton und nicht die Wortwahl.

Außerdem: Wie sollte sie nach zwei Tagen noch wissen, was sie abgehalten hatte, den Schwimmbeutel zu leeren? Und warum sollte mich das überhaupt interessieren. Wäre sie krank gewesen oder der Himmel über ihrem Kopf eingestürzt, hätte ich es mitbekommen. Alles andere sind keine Gründe, sondern dumme Ausreden.

Was sie verstehen sollte und was so oder so bei ihr ankam, war mein Ärger. Also sagte ich: »Ich finde es total daneben, dass du das Schwimmzeug liegen und vor sich hin stinken lässt. Und ich bin total sauer, dass du mir damit Arbeit machst.« Sie hatte einfach ihre Aufgaben zu erfüllen und dafür die Verantwortung zu übernehmen. Nicht mehr, aber auch nicht weniger.

Was für Pflichten gilt, betrifft ebenso Gefühle. Was Lenja mehr ängstigte als ihre spätere Furcht vor der Schule, waren meine Versuche, ihr diese Angst mit *objektiven* Argumenten auszureden. Denn damit sagte ich ihr im Grunde nichts anderes, als dass ihr eigenes Gefühl sie trügt. Dass sie es nicht haben darf. Stattdessen hätte ich ihre Angst ertragen, mit ihr fühlen müssen. Ich hätte diese Furcht nicht wegschieben dürfen. Wie sollte sie Selbstvertrauen entwickeln, wenn sie den eigenen Empfindungen misstraute? (Nur weil ich es genauso mache? Und auf diese Weise die größten Fehler meines Lebens begangen habe …)

In Wahrheit sind wir es, die Eltern, die Trauer und Verzweiflung und Angst bei unseren Kindern schwer aushalten können. Sie erinnern uns an die unangenehmen Erfahrungen in der eigenen Kindheit. Lenja aber hatte Angst, Schulangst, verbunden mit Bauchschmerzen, jeden Morgen. Unter anderem, weil sie gemobbt wurde. Im Ratgeber hieß es dazu, ich solle sie in ihren Stärken ermutigen, sie daran erinnern, was sie gut kann. Also sagte ich ihr: »Du kannst dich so gut ausdrücken. Vielleicht kannst du Vincent und seinen Jungs mal klarmachen, was für Idioten sie sind.«

Lenja hielt sich dann erneut die Hände an die Ohren: »Mensch, Mama, du erzählst so einen Quatsch! Meinst du, Vincent hört mir noch zu, wenn er meine Tasche in den Flur kickt?«

Sie hatte recht, der Vorschlag war nett gemeint, aber sinnlos.

Was hätte ich getan, überlegte ich, wenn einer meine Laptoptasche zum Kicken benutzt hätte? Womöglich würde ich dasselbe mit seiner Tasche anstellen. Aber natürlich hielt ich den Gedanken zurück. Stattdessen sprach Lenja ihn aus: »Am liebsten möchte ich Vincents Tasche aus dem Fenster schmeißen.«

Wenn ich meinem Gefühl gefolgt wäre, hätte ich antworten müssen: »Gute Idee! Mach das!« Stattdessen erklärte ich ihr ausschweifend, dass Gewalt nicht okay sei, auch nicht gegen Sachen. Während mir vor Wut das Blut ins Gesicht schoss, wie ich nebenbei spürte. Ich konnte regelrecht zuschauen, wie sich bei Lenja Verwirrung breitmachte, als ich mit zusammengebissenen Zähnen Gewaltfreiheit predigte. Auf welche Wahrnehmung sollte sie sich nun verlassen? Sollte sie dem trauen, was sie sah, oder dem, was sie hörte?

Die meisten Eltern erzählen stolz, wie sie dank dieser und jener Methode allzeit reflektiert und kontrolliert reagieren, wenn ihre Kinder schreien, heulen oder aus irgendeinem Grund ausrasten. Auch wenn die Kleinen mit Absicht Mist bauen, um die elterlichen Grenzen zu testen. Offiziell haben sich die »Methodenerzieher« von elterlichen Wut- und Heulanfällen verabschiedet. Wenn es ganz schlimm kommt, soll man am besten rausgehen, tief Luft holen und das Kind seinen Gefühlen überlassen, bis es sich beruhigt hat.

Natürlich habe ich das auch ausprobiert, aber Lenja hat mir schon im Alter von drei Jahren erklärt, dass sie sich dann allein gelassen fühlt: »Dann mache ich was kaputt, wenn du weggehst. Und du bist schuld!« Stimmte das vielleicht sogar? Auch als Erwachsene macht mich nichts wütender, als wenn mein Streitpartner einfach den Raum verlässt und mich »meinen Gefühlen überlässt«.

Der Alltag mit Kindern kommt mir vor wie eine Kette von Erziehungsmaßnahmen. Ich habe lange gebraucht, um die vielen Belehrungen und Ermunterungen aus Gesprächen und Büchern wegen erwiesener Erfolglosigkeit wieder abzuschütteln. Und arbeite bis heute daran …

All das Fordern und Fördern und Grenzensetzen ist am Ende nichts anderes als Manipulation. Ich habe den Verdacht, dass gut gemeintes und durchdachtes Erziehungsverhalten auf Kosten von Nähe geht. Ohne Nähe keine Verlässlichkeit, ohne Verlässlichkeit keine Konzentration. Wenn wir Eltern nicht sagen, was wir denken, und nicht ausdrücken, was wir fühlen, sind wir nie wir selbst. Wie sollen unsere Kinder uns wirklich kennenlernen? Und damit ihre eigenen Gefühle, denn wir sind ihr erster Spiegel?

Könnte es sein, dass wir sie ständig auf Abstand halten, weil wir uns kaum noch spontane Reaktionen zutrauen und stattdessen immer überlegen, welche Reaktion jetzt angemessen wäre? Untereinander haben wir uns als Erwachsene an ein solches Verhalten gewöhnt. Als Beispiel fallen mir die vielen rhetorisch geschulten Experten oder Lobbyisten ein, mit denen ich oft zu tun habe und die einen Seitenhieb oder eine gemeine Anspielung mit einem Dauerlächeln untermalen – nichts ist provozierender. Als Erwachsener kann ich so einem Rhetoriker den Rücken kehren und ihn im Stillen beschimpfen. Aber ein Kind ist auf Nähe angewiesen, und wenn es sein Gegenüber nicht »lesen« kann, aber wissen muss, was los ist, bleibt ihm nur Verwirrung. Oder Rückzug. Oder beides. Vor allem, wenn die beiden Personen, die es am meisten braucht, sich gegenseitig so behandeln.

Beziehungsstörungen und weitere Unaufmerksamkeiten

Ich wünschte, es gäbe ADS-Fragebögen, mit denen man eine Beziehung testen kann. Das Verhältnis zwischen mir und Michael seit Lenjas Geburt wäre mit *fehlender Aufmerksamkeit* eher glimpflich beschrieben. Unser Interesse füreinander hatte sich im Laufe der Jahre immer mehr auf die vielen kleinen und großen Alltagsgefechte verengt, aufs Rechtbehalten und auf Selbstbehaupten. Es ist noch genug Liebe übrig – wie immer, wenn zwei kämpfen. Aber wir überlassen sie einer schleichenden Verwahrlosung. All das gehört auch in diese Dokumentation, ungerechterweise nur aus meiner Sicht. Die eigene Wahrnehmung ist ja immer nur ein Teil der Wahrheit. Die Alternative wäre, das Buch gemeinsam zu schreiben. Aber Michael sieht erstens keinen zwingenden Zusammenhang zwischen Lenjas Problemen und unserem Familienleben, und zweitens kann er den Gedanken nicht ertragen, dass ich Situationen aus unserem privaten Bereich erzähle und er darin eine Rolle spielt. Auch wenn niemand außer ihm weiß, wer gemeint ist.

Obwohl Michael in einem kommunikativen Umfeld arbeitet, ist er eher verschlossen. Seinen scharfen Verstand lässt er am liebsten bei Thesen und Theorien spielen, aber immer wohlüberlegt. Ich bin anders. Ich bin melancholisch, habe dennoch eine starke extrovertierte Seite und deute vieles gern psychologisch (auch wenn es nicht immer passt). Ohne unsere Kinder war dieser Gegensatz für beide Seiten sehr anziehend, bereichernd und aufregend. Mit Kindern, darunter eins, das uns fast täglich herausfordert, verknoten sich diese Unterschiede zu einem Minenteppich. Manchmal entfesseln wir beide einen Streit, um einfach nur Dampf abzulassen. Meistens schaffen wir es, uns vor dem Schlafengehen wieder zu vertragen. Allerdings nur, wenn das Streitthema nicht mehr angeschnitten wird. Es bleibt liegen, bis die Halbwertszeit verstrichen ist. Auf diese Weise haben wir einiges angehäuft, das sich unter unserem Teppich staut.

Die aktuelle Situation würde ich als Waffenstillstand wegen akuter Erschöpfung bezeichnen. Wir beide müssen für unseren Job reisen, und um die Kinder wenigstens abwechselnd zu betreuen, versuchen wir Überschneidungen zu vermeiden. Unser Leben nenne ich »serielle Ehegamie«, weil unsere gemeinsame Zeit auf ein Minimum reduziert ist. Wenn wir uns tatsächlich mal zu zweit an einem Restauranttisch gegenübersitzen, landen wir schnell bei den üblichen Baustellen: Schulprobleme, die richtige Nachhilfe, Kredite und Energiekosten und, noch unerfreulicher, die vielen Dinge, die man nicht zu träumen wagt, schafft oder in Angriff nimmt. Also alles Frust- und Konfliktpotenzial. Am unwohlsten fühle ich mich an solchen Abenden, wenn jüngere, womöglich frisch verliebte Paare neben uns sitzen, die uns belauschen könnten. Ich schäme mich dann für unsere offensichtliche Beziehungslosigkeit.

Wenn wir wenigstens ab und zu Sex haben wollen, was trotz fehlender Nähe enorm besänftigen kann, ist es manchmal besser, die Kommunikation auf das Nötigste zu beschränken. Die Abende verbringen wir oft an unseren Laptops. Oder mit allem, was tagsüber unerledigt geblieben ist: Wäsche, Geschirr, Einkäufe (der Supermarkt nebenan hat bis 22 Uhr auf!), Vorkochen, Verwaltung, Steuern. Vielleicht könnten sie auch anders verlaufen, wenn es uns gelingen würde, bestimmte Themen auszuklammern. Aber da taucht die angstmachende Frage auf: Worüber reden wir dann?

Die Erfahrung zeigt, dass unsere Wortbeiträge mit jeder Minute nach 22 Uhr emotionaler, missverständlicher und unfairer werden. Also verschieben wir das Problem immer wieder auf den nächsten Tag – bis es in den ungünstigsten Momenten an die Oberfläche ploppt.

Dazu ein beliebiges Beispiel an einem beliebigen Morgen, an dem Michael und ich ausnahmsweise noch zu Hause sind: Ich will den Gitarrenlehrer anrufen, dem ich vorsichtig beibringen muss, dass Lenja nicht mehr kommen möchte. Gegen den Willen meines Mannes, der es für sinnvoll hält, dass unsere Älteste auch unliebsame Pflichten erfüllt, lernt, an ihren Entscheidungen festzuhalten, und versteht, dass wir kein Geld zu verschwenden haben. Grundsätzlich nicht falsch, aber bei einem Kind wie Lenja greift das »Lob der Disziplin« (das gleichnamige Buch des ehemaligen Internatsleiters Bernhard Bueb liegt genau auf Michaels Linie) zu kurz. Allein schon für das selbstständige und korrekte Packen ihrer Schultasche muss sie oft mehr Disziplin aufbringen als so mancher Mitschüler für eine ganze Referatsmappe.

Am Anfang konnten wir sie dazu anhalten, täglich zehn Minuten zu musizieren. Na ja, fast täglich. Aber dann kam die Ergotherapie hinzu, die Lerntherapie, die dazugehörigen Übungen und vor allem die vielen Nachmittage, an denen Lenja zwei oder drei Stunden an den Hausaufgaben saß, inklusive anstrengender Diskussionen oder Unterbrechungen durch Wutanfälle. Jede weitere Pflicht erübrigte sich allein schon aufgrund der emotionalen Erschöpfung auf beiden Seiten. Die übliche Frustspirale begann, und irgendwann weigerte sie sich zu üben und bekam vor jeder Gitarrenstunde Bauchschmerzen.

Zwingen oder kapitulieren? So sieht Michael das Problem. Für mich ist das keine Alternative, und das Nicht-Zwingen ist auch keine Kapitulation, sondern ein Sich-Fügen in die

Grenzen des Machbaren. Oder in die Elastizität meiner Nerven. Mein Mann würde nicht zu Hause sein, wenn Lenja zur nächsten Stunde »gepeitscht« werden müsste, verlangt aber, dass ich die nötige Kraft dafür aufbringe. Über diese Auseinandersetzung vergeht eine halbe Stunde, in der sich Mia in ihr Zimmer zurückzieht und den Regler ihres CD-Players aufdreht.

Michael muss an diesem besagten Morgen kurz darauf das erste Kundengespräch annehmen, und ich nutze die Lücke, um den Gitarrenlehrer an die Strippe zu bekommen. Ohne zu ahnen, dass mich gleich der nächste Wortschwall erwartet, noch bevor ich den ersten Satz zu Ende bringen kann: Ihm sei längst klar, ereifert sich der Lehrer, dass Lenja irgendwann hinschmeißen würde. Aber sie hätte sich auch mehr zusammenreißen können. Ob wir nicht längst überlegt hätten, ihr ein Medikament verschreiben zu lassen, damit sie sich einmal für länger als fünf Minuten konzentrieren könne. Er sei immer und in jeder Stunde auf sie eingegangen, und das sei jetzt der Lohn für seine Anstrengung … Der Frust eines halben Jahres schwemmt durch die Leitung, und ich komme nicht einmal auf die Idee, ihn zu fragen, wieso er nicht schon vor Monaten angerufen hat.

Stattdessen stehe ich wenig später heulend unter der Dusche. Unter anderem, weil ich mir eingestehen muss, wie sehr ich mich danach sehne, dass einfach einmal etwas geradeaus läuft und Lenja so tickt wie der Durchschnitt. Es ging gar nicht mehr darum, dass sie irgendwann ein Instrument beherrschen könnte, ich wollte nur einen Beweis, dass sie eine Sache durchzieht, die ihr etwas bedeutet. Schließlich hatte sie uns überredet, eine Gitarre anzuschaffen. Ich heule, weil ich nicht mehr weiß, wie ich unterscheiden soll zwischen ADS und der »fehlenden Anstrengungsbereitschaft«, die ihr unterstellt wurde, als die Schulprobleme anfingen. Ich will diese Formulierung aus meinem Gedächtnis löschen, weil mir inzwischen klar ist, wie viel Anstrengung Lenja für einen durchschnittlichen Schultag aufbringen muss. Aber sie hält sich hartnäckig in meinem Hinterkopf.

Vor der Dusche fängt Michael mich ab und stößt nach einer kurzen Wiedergabe des Gesprächs mit dem Gitarrenlehrer in dasselbe Horn: Disziplin habe nichts mit Konzentration zu tun. Auch das hätten wir eben vermasselt, zehn Minuten Gitarrenspielen am Tag sei doch nicht zu viel verlangt. Klugscheißer, möchte ich sagen, aber wer steht daneben und treibt sie an? Du? Wann? Das wäre der typische Auftakt zu einem kleinen zähen Streit gewesen. Ich bin aber zu erschöpft und möchte einfach nur die Schultern hängen lassen.

Eine Umarmung wäre jetzt schön. Aber da klingelt schon wieder das Handy, und bevor Michael das Telefonat annimmt, muss er noch loswerden, dass auch er meistens bocklos gewesen war, in den acht Jahren seines Klavierunterrichts, aber trotzdem durchgehalten habe. Stimmt. Er kann bis heute Noten lesen. Und auswendig »Für Elise« spielen. Bravo.

Eine Woche später wird Lenja zu ihrem Gitarrenlehrer gehen, um ihm persönlich zu sagen, dass sie nicht mehr kommen möchte. Und sie wird einen Aushang machen: »Kindergitarre zu verkaufen.«

Mütterliche Handicaps

Männer sind vielleicht neue Väter, aber sie sind trotzdem selten fürs Nägelschneiden zuständig, für die Einträge ins Klassenbuch oder überhaupt für Problemkinder. Die Rolle der Väter von Schulversagern wird nicht einmal erfragt, in der Literatur findet das Thema praktisch nicht statt. Der

Begriff »Eltern« wird in den meisten Ratgebern im Laufe des Textes schnell durch »Mutter« ersetzt. Die Fallbeispiele drehen sich ebenfalls um Mütter und um das, was sie falsch machen. Und tatsächlich treffe ich fast ausschließlich andere Mütter, wenn ich im Wartezimmer eines Experten oder Therapeuten sitze.

Irrt man mit einem Kind durch Arzt- und Psychologenpraxen, wird die Frage nach den Fehlern der Mutter selten ausgesprochen, sie steht aber immer auf der Stirn des Gegenübers. Oder sie wird recht durchsichtig formuliert: »Sie und Ihr Mann arbeiten also beide … Haben Sie keine Möglichkeiten, die Arbeitszeit zu reduzieren?« Oder: »Ich nehme an, Ihr Alltag ist stressig. So etwas drücken Kinder ja auf ihre eigene Art aus.« Oder: »Ist das Kind nachmittags im Hort? Bei einer Aufmerksamkeitsstörung ist das natürlich eher kontraproduktiv.«

Selbst wenn Michael das eine oder andere Mal dabei war, schauten die Ärzte immer nur mich an. In den Köpfen der Fachleute sind die Rollen klar verteilt. Mit der Verantwortung für die Gefühlswelt des Kindes erbt man als Frau auch die Verantwortung für alle Probleme, die sich daraus ergeben. Und überhaupt für alles Seelische. Da liegt es nahe, die eigene Mutter in einem neuen Licht zu betrachten:

Meine Mutter saß bis kurz vor und direkt nach der Geburt ihrer Kinder im Büro des Familienbetriebs. Sie war anwesend, aber nicht ansprechbar. Bis zum Ende meiner Grundschulzeit gab es wechselnde Kindermädchen. In den Siebzigern, also in den Jahren der Vollbeschäftigung, bedeutete das: Wer sonst gar nichts konnte, wurde als Haushaltshilfe und Kinderfrau vermittelt. Ich kann mich erinnern, dass ich diesen Frauen mit sechs Jahren rhetorisch überlegen war. Trotzdem habe ich meine Grundschulzeit und auch die folgenden Jahre ohne jede Unterstützung bei den Hausaufgaben absolviert. Die konzentrierte Stille beim heute so verpönten »Frontalunterricht« habe ich genossen, meine Lehrerin vergöttert.

So weit zu den Bedingungen einer erfolgreichen Grundschulzeit vor rund dreißig Jahren, trotz »Fremdbetreuung« und fehlender Aufmerksamkeit. Beides hat mich dennoch geprägt. Bis zur Geburt meiner Kinder dachte ich, die fehlende Nähe hätte mich überlebensfähiger, selbstständiger gemacht. Tatsächlich habe ich vor allem gelernt, meine Gefühle zu ignorieren.

Aus dieser Zeit habe ich aber auch die Gewissheit mitgenommen, dass nur eine Eins gut genug ist, um dafür Lob zu erwarten – da waren sich meine Eltern einig. Ansonsten spielte mein Vater eher eine kleine Rolle bei der Erziehung, er war noch weniger anwesend als meine Mutter. Ich wuchs mit der Überzeugung auf, dass Erwachsene Wichtigeres zu tun haben, als sich mit Kindern zu beschäftigen. Ich wäre mehr als irritiert gewesen, hätte sich meine Mutter an einem unserer Versteck- oder Rollenspiele beteiligt oder einen Bastelnachmittag veranstaltet. Alles Erfahrungen, die ich bei den eigenen Kindern bewusst infrage gestellt habe. Meine frühen Prägungen sollten ihnen nicht im Weg stehen. Dabei schlich sich leider ein Denkfehler ein: In meinem Inneren behielten diese ungesunden Regeln ihre Gültigkeit. In dem Versuch, meine Kinder zu schonen und gleichzeitig möglichst viel Anerkennung für meine eigene Arbeit einzusammeln, steuerte ich zielgenau in die Überlastung. Ganz zu schweigen von dem unbewussten Doublebind. Meine Kinder waren ständig einem emotionalen Pingpongspiel ausgesetzt: »Ich reiße mir den Arm aus, um Erfolg zu haben! Aber eigentlich ist das nicht so wichtig …« Oder: »Ich bin immer für euch da! Im Moment habe ich nur gerade etwas ganz anderes im Kopf …« Mit diesem unbewussten Spagat habe ich nicht nur bei den Kindern emotionale Verwirrung gestiftet, ich bin auch fahrlässig mit meinen eigenen Gefühlen umgegangen.

Vor einigen Jahren verlor ich einen aussichtsreichen Job. Was voraussehbar gewesen war, zumindest für fast alle Außenstehenden. Rückblickend stellt sich die Frage: Warum hatte ich ihn jemals angenommen? Aus heutiger Sicht lautet meine Diagnose: Gefühlsblindheit. Gegenüber der eigenen Person. Bei meiner Entscheidung für diese Stelle hatte ich meine Bauchschmerzen ausgeblendet. (Lenja konnte das nie …) In den ersten Arbeitsmonaten kamen Schlafstörungen dazu, während die Situation mit dem neuen Chef eskalierte. Am Ende hatte ich über acht Kilo abgenommen und litt plötzlich an Asthmaanfällen. Erst mit der Kündigung kehrte wieder Ruhe ein in meinem Körper. Um nicht in Selbstmitleid zu versinken, nahm ich direkt das nächste Projekt an, diesmal als Selbstständige. Und verbrachte einen vermeintlich entspannten Sommer vor dem Computer.

Mitten in dieser Zeit begann ich Dinge zu vergessen. Termine, Rechnungen und schließlich den Topf auf dem Herd oder den Schlüssel in der Autotür. Genau genommen passten die Anzeichen ganz gut ins ADS-Diagnoseraster für Erwachsene. Dazu kamen Schwindelattacken, grundlose Heulkrämpfe. Ich war frei, die Sonne schien, Michael nahm Rücksicht, Mia und Lenja benahmen sich, notgedrungen, wie Engel. Und ich war zu Tode betrübt.

Für ein Kind muss es sehr belastend sein, zu beobachten, wie die Mutter sich mit allem Ehrgeiz in eine Arbeit stürzt, die sie offensichtlich unglücklich macht. Zumal ich gewarnt war. Von Lenja. Wieder einmal. Sie hatte meinen damals noch zukünftigen Chef bei uns zu Hause kennengelernt, war sogar beschenkt und ausgiebig bewundert worden. Aber direkt nachdem der Besuch sich verabschiedet hatte, kam sie zu mir, nahm meine Hand und sagte mit besorgtem Gesicht: »Mama, du sollst nicht für den arbeiten. Der ist Scheiße.«

»Süße, ›Scheiße‹ sagt man nicht«, erwiderte ich. »Und …«

»Aber wenn es schlimm ist, darf man das auch mal sagen,

hast du mir erzählt. Dein neuer Chef, der ist komisch. Mach lieber einen anderen Job.« Sie war dabei völlig ruhig und klar. Sehr viel klarer als ich, die ihr kopfschüttelnd zuhörte und eine aufkommende Gänsehaut unterdrückte – und wenig später mit einem Burnout bezahlte.

Mein mentaler Ausnahmezustand fiel mitten in Lenjas letztes Kita-Jahr. Mia war noch ein Wickelkind, und mein Mann arbeitete nach meiner Kündigung mehr als je zuvor, um mein ausgefallenes Gehalt wettzumachen. Wenig später hatten wir eine kurzfristige Lösung gefunden, um wieder zu uns zu finden. Wir wollten verreisen, möglichst weit weg, und viel erleben. Mehr hatten wir uns nicht überlegt.

Elternzeit ist Reisezeit ist Strapaze

In einem Besuchszentrum des Rocky Mountain National Park läuft ein Video in Dauerschleife. Es zeigt, wie Bären über Autos oder Mülleimer herfallen. Eine gut gelaunte, unverbindliche Stimme erklärt den Touristen, wie gefährlich es ist, Bären anzulocken. Dann ist ein Mann auf einem Krankenhausbett zu sehen, der nur auf der einen Kopfhälfte Haare trägt, die andere ist eine große offene Wunde. Er hat eine Sekunde nicht aufgepasst, und schon stand der Bär hinter ihm. Ein Prankenhieb – und der Skalp war weg. Lenja ist gleichzeitig entsetzt und fasziniert. Sie will wissen, wer denn nun böse sei: der Mann, der den Bären mit Sandwiches geködert hat, oder der Bär, der mehr wollte und deshalb angreift. Mit »Keiner von beiden« als Antwort ist sie nicht zufrieden. Jetzt wird es schwierig, denke ich und versuche zu erklären, dass der Bär nur das macht, was ein Bär eben macht: fressen und etwas zum Fressen suchen und wenn nötig dafür kämpfen. Der Mann dagegen unternimmt etwas, was er nicht tun muss, was er nur veranstaltet, weil es ihm

Spaß macht. »Er meint es nicht böse, er ist einfach nur …« Ich suche nach einem Synonym für »fahrlässig«, das auch ein vierjähriges Mädchen versteht. »Wie soll man sagen …?«

»Dumm«, beendet Lenja meinen Satz. Und will jetzt sehen und hören, wie es in dem Film weitergeht.

Ich übersetze so schnell ich kann, während die Stimme des Erzählers autoritärer wird. *»Don't panic«*, empfiehlt der Sprecher für den Fall, dass man auf einen Bären trifft. Aber falls es doch zum Angriff kommt, werden zwei Reaktionen empfohlen: *defensive behaviour* (sich fallen lassen und tot stellen) oder *predatory behaviour* (kämpfen und sich auf keinen Fall ergeben). Jetzt ist meine Tochter genauso verwirrt wie ich und will wissen, was sie denn nun machen soll: kämpfen oder so tun, als ob sie tot sei.

Vielleicht kommt es darauf an, wie nah man dem Bären ist, überlege ich laut.

»Oder was man besser kann.« Der Bär sei ja viel größer als sie, erklärt Lenja, also lieber nicht kämpfen.

»Ja, lieber nicht. Der lacht sich ja tot, wenn du ihn beißt.«

Gekicher. »Ist doch gut, wenn er sich totlacht«, findet Lenja.

Später, im Wohnmobil, üben wir, uns tot zu stellen, mit heraushängender Zunge, mit offenen Augen oder mit geschlossenen Augen. Man darf sich natürlich nicht bewegen, auch wenn der Bär (das bin ich) einen mit der Schnauze anstupst und das Stupsen kitzelt.

Dieser Tag gehört zu den wenigen auf unserer achtwöchigen Reise, an denen ich Zeit gefunden habe, ein Tagebuch zu führen und beispielsweise die Bärenepisode aufzuschreiben. Die anderen Tage vergehen mit der Suche nach dem nächsten Ziel, mit der Jagd nach dem schönsten Campingplatz. Wenn wir unser Ungetüm namens Mobile Home endlich abgestellt und ans Strom- und Wassernetz angeschlossen haben, muss Lenja sich allein beschäftigen, weil ich zuerst ihre kleine Schwester stillen und wickeln und der Papa das Abendessen kochen muss. Als dabei wieder einmal der Rauchmelder anspringt und Mia vor Schreck meine Brustwarze ausspuckt und zu schreien beginnt, geht Lenja nach draußen. Und spielt mit dem blinkenden Flummi, den wir beim letzten Einkauf in einem One-Dollar-Shop erstanden haben, um sie gnädig zu stimmen, weil sie sich zum x-ten Mal weigerte, in ihren Sitz zu steigen: »Immer nur fahren, wieso müssen wir jeden Tag fahren?«

Müssen wir nicht. Aber diese Reise entwickelt dieselbe Eigendynamik wie unser ganzes Leben. In dem wir nur dann das Gefühl haben, am richtigen Ort zu sein, wenn wir auf dem Weg zum nächsten Ziel sind. Von San Francisco nach Portland, von dort in die Rockys, in den Yellowstone-Nationalpark. Noch einen Umweg über den Großen Salzsee?

Es ist ein Irrsinn, mit einem Säugling und einer Vierjährigen eine zweimonatige Wohnmobilreise auf einem riesigen Kontinent zu unternehmen, von dem man in diesem Zeitfenster sowieso nur ein paar Etappen zu sehen bekommt. Und das auch nur, wenn man jeden Tag so viel Gas gibt, dass man die schönsten Landschaften allenfalls durch die Frontscheiben des Mobile Home genießen kann.

Vor und neben uns türmen sich Berge, die einmal den Boden eines Ozeans gebildet haben, riesige Sandschichten ragen in den Himmel, in denen vor Jahrmillionen Fische und Krebse verewigt wurden. Solche Informationen habe ich mir allerdings erst nach unserer Reise angelesen, davor gab es dafür keine Zeit. Wir können keine ungeplanten Stopps am Wegesrand einbauen, sonst erreichen wir einen bestimmten Nationalpark, einen speziellen See oder jenes empfohlene Hochgebirge nicht mehr rechtzeitig, um die Rundreise aus dem *Lonely-Planet*-Reiseführer in den zwei Monaten zu schaffen.

Möglicherweise hätte uns schon vorher auffallen können, dass wir uns zu viel vorgenommen haben, zum falschen

Zeitpunkt und aus den falschen Motiven heraus. Das hätte aber vorausgesetzt, dass wir uns Zeit genommen hätten zu überlegen, wie man diese acht Wochen am sinnvollsten nutzen kann. »Sinnvoll« ist ein sehr dehnbarer Begriff, auf jeden Fall dachte keiner von uns an so etwas wie Ruhe oder Nichtstun. Deutschland oder Europa kamen erst gar nicht infrage, wir hatten schließlich eine längere Phase vor uns, und das hieß: mindestens ein anderer Kontinent.

Wir begegnen vielen Menschen, die über uns den Kopf schüttelten: vom Anbieter des Wohnwagens (»Wir brauchen einen Kindersitz und eine Babyschale!«) bis zum Besitzer unseres Miniapartments in San Francisco, der für uns einkaufen gehen muss, weil wir alle vier direkt nach unserer Ankunft an einer Grippe erkranken und kaum noch aus dem Bett kommen. Nicht zu vergessen die anderen Wanderer, die uns mit ihren Kindern im Teenageralter auf diversen Trails überholen, während einer von uns die kleine Mia in einer Babytrage vor der Brust trägt und der andere Lenja auf die Schultern nehmen muss, weil sie nach einem Kilometer bergauf schlappmacht. Oft kommen wir erst am späten Nachmittag wieder auf dem nächsten Campingplatz an. Dann muss Essen beschafft oder gekocht, Mia gebadet, die Wäsche gewaschen und die Wohnwagentoilette geleert werden. Lenja will aber viel lieber mit Mama oder Papa die Gegend erkunden, statt uns beim Arbeiten im Weg zu stehen.

In dem Bärenaufklärungsfilm gibt es auch eine Sequenz, in der ein Grizzlybär, dessen Revier abgebrannt war, mit dem Hubschrauber in seine neue Heimat überführt wird. Das halb betäubte Tier sitzt in einem riesigen Netz, das fünfzig Meter unter dem Bauch des Helikopters baumelt. Es glotzt schläfrig und verwirrt aus der erzwungenen Vogelperspektive auf die Wildnis unter ihm. Irgendwann, nach einem langen Tag auf dem Beifahrersitz unseres schaukelnden Ungetüms, wird mir klar, warum ich dieses Bild nicht aus dem Kopf bekomme. Als ich mich von meinem Sitz aus nach hinten drehe, um zu sehen, wie es unseren Töchtern geht, weiß ich es: Die beiden sitzen angeschnallt in den Autoschalen wie der Bär in seinem Fangnetz. Sie hocken in einem viel zu großen Gefährt, an dem die Wälder und Berge nur vorbeifliegen. Sie sind ihren rastlosen Eltern ausgeliefert, die ziellos das immer gleiche Ziel verfolgen – den nächsten Punkt auf der Landkarte.

Ein typischer Reisestreit beginnt damit, dass Michael vorrechnet, wann wir wo sein könnten, würden wir die nächste Pause ausfallen lassen.

»Wir könnten es bis nach Spokane schaffen, dann hätten wir am Ende der Woche mehr Zeit im Yellowstone Park.«

»Die Kinder werden bald Hunger haben. Und ich auch.«

»Bitte schieb nicht die Kinder vor, wenn du unbedingt eine Pause machen willst.«

»Ich schiebe nicht die Kinder vor, im Gegensatz zu dir denke ich daran, dass Lenja und Mia seit dem Frühstück nichts mehr bekommen haben. Und wir haben die Pause doch eingeplant.«

»Ja, aber Pläne kann man umschmeißen. Den beiden geht es doch gut, die melden sich schon.« Michaels Hände umfassen angespannt das Lenkrad.

»Die beiden haben es langsam aufgegeben, sich zu melden«, halte ich dagegen. »Die flüchten sich lieber in den Schlaf. Was anderes bleibt ihnen ja auch nicht übrig. Und wenn sie aufwachen, geht das Geschrei los, und wir müssen wieder auf den nächsten Parkplatz und hektisch den Kocher anschmeißen. Wir sind doch nicht auf der Flucht!«

»Warum musst du denn gleich so polemisch werden? Ich versuche nur ein bisschen Strecke zu machen, damit wir bei den Highlights wie Yellowstone nicht nach einer Nacht schon weitermüssen.« Die Stirn gerunzelt, schaut Michael auf die Straße.

»Wir müssen nirgendwo nach einer Nacht weiter«, kontere ich. »Es zwingt uns keiner, irgendeine Strecke zu schaffen. Wir können an den nächsten schönen See fahren und dort drei Wochen bleiben.«

»Um drei Wochen an einem See zu verbringen, hätten wir an der Müritz zelten können.«

»Vielleicht hätten wir das auch machen sollen«, bemerke ich und spüre, wie mein Auge zu zucken beginnt.

»Das ist nicht dein Ernst! Sollen wir jetzt auf Mecklenburg-Vorpommern umbuchen?«

»Nein, aber wir könnten zumindest auf die Bremse treten. Im Ernst. Was brauchen unsere beiden denn schon zum Glücklichsein? Vielleicht ein Stück Natur, Sonne und vor allem Zeit mit uns.« Im selben Moment denke ich: Warum fällt mir das erst jetzt ein?

Michael antwortet nicht sofort, erst nach einer Weile sagt er: »Und später willst du ihnen erklären, dass wir über den Atlantik geflogen sind und ein teures Wohnmobil gemietet haben, um an irgendeinem See zu parken?«

»Wir müssen denen gar nichts erklären. Aber vielleicht werden sie später wissen wollen, warum auf dieser Reise nie Zeit war für die wichtigen Dinge: reden, malen, kuscheln.«

»Hast du kein schlechtes Gewissen, dass Lenja beim Fahren dauernd DVDs guckt und Mia dreimal so viel Zeit im Maxi-Cosi verbringt wie sonst? Dabei soll sie in dem Alter so wenig wie möglich sitzen.«

»Okay, okay, schon gut. Ich halte mal lieber an. Sonst muss ich mir später anhören, ich hätte Mia das Rückgrat verbogen.«

Mein Mann steuert unser Ungetüm auf den nächsten Parkplatz, wo wir vergessen, die Kinder aus ihren Sitzen zu holen, und uns weiter beharken, bis Lenja von hinten kräht: »Nicht streiten, stoooop!« Mia wacht auf und wehrt sich mit ohrenbetäubendem Geschrei gegen den allgemeinen

Lärm, brüllt sich in Rage. Ich versuche sie zu stillen, aber der aktuelle Stresslevel schlägt auf den Milchfluss durch. Lenja reißt die Tür der Kabine auf, nachdem die Gurte des Kindersitzes geöffnet sind, sie will nur noch raus. Dabei fällt sie auf den Schotter des Parkplatzes, weil die Treppe zur Seitentür noch nicht aufgeklappt ist. Jetzt übertönt sie Mia mit ihrem Geheul. Ich rechne jederzeit damit, dass eine Highway Patrol neben unserem Wohnwagen hält, um sich zu erkundigen, was wir hier mit unseren Kindern anstellen. Die Szene ist filmreif, bleibt nur die Frage: Komödie oder Tragödie?

Abends, auf dem nächstgelegenen Campingplatz, der neben einem verdreckten Fluss und in Hörweite der Interstate liegt, diskutieren wir weiter. Lenjas Kommentar vorm Einschlafen: »Ihr sagt immer diskutieren, aber eigentlich ist das Streiten.«

Wir streiten also: über den Sinn dieser Reise, über den Unsinn einer abgesteckten Strecke, über das, was wir aus meiner Sicht unseren Kindern zumuten. Erst als ich damit drohe, allein mit den Kindern oder zumindest mit Mia die Heimreise anzutreten, lässt sich Michael darauf ein, drei Tage an einem See zu bleiben. Endlich bleibt Zeit, um anzukommen, im Wasser zu planschen, Holz zu sammeln, Erdmännchen zu füttern und Seeadler zu beobachten. Lenja wird erst auf diesem Waldcampingplatz bewusst, dass wir uns auf einem anderen Kontinent befinden. Nicht nur in einem anderen Land, das mehr Berge und Wasserfälle hat als Deutschland. Sie beginnt, ihre Spielkameraden zu vermissen – und mit dem Mut der Verzweiflung spricht sie andere Kinder an. Die alle auf Englisch antworten und sich trotz meiner Übersetzungsversuche schnell mit ihr langweilen. An diesem Abend findet Lenja unsere Reise doof, sogar Scheiße, die blödeste Idee, die wir Eltern je hatten. Ein Abstecher zu einem provinziellen Vergnügungspark hellt ihre Laune etwas auf, während unsere in den Keller sackt.

Es gibt nichts Schlimmeres, als sich irgendwo im Nirgendwo für einen verrosteten Abklatsch von Disneyland begeistern zu müssen, weil man vor einer kindlichen Laune kapituliert und sich selbst dafür verachtet.

Natürlich folgen noch andere Tage, glückliche, sogar spektakuläre Momente: In der Abenddämmerung legt sich eine Wapiti-Familie neben unser Mobile Home ins Gras, mitten in den Bergen finden wir eine Steinplatte mit dem Abdruck eines Gliederfüßers, eines Trilobiten aus dem Erdaltertum, und als Mia zum ersten Mal in einer heißen Quelle badet, quietscht und juchzt sie so laut, dass alle Mitbadenden sich vor Lachen biegen. Aber am Ende können die schönen Augenblicke die Gesamtbilanz nicht verbessern. Mia hat sich in den acht Wochen selbst abgestillt. Sie hat irgendwann den Kopf weggedreht, wenn sie angelegt wurde. Nicht weil sie unabhängiger wurde, sondern weil mein Körper nicht zur Ruhe kam und die Milch nur noch kleckerweise floss.

Ja, wir vier waren zusammen, die ganze Zeit, immerhin. Auch wenn die einen vorne und die anderen hinten saßen. Als Nebeneffekt waren unsere Kinder gezwungen, uns aus nächster Nähe beim Kriseln zuzusehen und zuzuhören. Das sind sicherlich nicht die Szenen, die Psychologen meinen, wenn sie davon sprechen, dass Reisen die kindliche Entwicklung fördert …

Sind wir wirklich da, wo wir gerade sind?

Leider sind wir Wiederholungstäter, wie mir mit der Zeit klar geworden ist. Wir reisen, um woanders glücklicher zu werden, aber spätestens am zweiten Urlaubsabend kochen die aufgestauten Enttäuschungen hoch und werden beim Wandern, am Strand oder beim Essen genüsslich breitgetreten. Die Kinder funken dazwischen, betteln um ein Spiel oder eine Geschichte. Es ist, als müssten Michael und ich uns erst einmal gegenseitig auf größtmögliche Distanz bringen, weil wir so viel physische Nähe gar nicht mehr aushalten. Nach den vielen Wochen zu Hause, in denen wir uns die Klinke in die Hand geben und jeder seine Projekte verfolgt. Nach jedem Urlaubsstreit frage ich mich: Wann sind wir einmal wirklich da, wo wir gerade sind?

Die folgende Szene gehört eigentlich in einen Film oder ein Theaterstück über Mittelstandspaare: ein Ferienhaus an der andalusischen Küste, eine Dachterrasse, von der aus man den Blick auf den großen Garten mit Pool genießen kann. Sofern dieser Blick nicht magisch vom Bildschirm eines Laptops angezogen wird, den Michael auf einem Unterarm balanciert. Auf der anderen Seite hat er das Handy am Ohr, während er die Dachterrasse abschreitet und mal hier, mal dort stehen bleibt. Der Empfang ist schlecht, sehr schlecht, aber er gibt nicht auf. Die Präsentation muss raus, schließlich hat er die halbe Nacht dafür investiert. Zum Strand gehen ich und die Kinder allein, und als wir zurückkommen, befindet er sich immer noch oben auf der Dachterrasse. Es ist ein bemerkenswertes Bild: Frau und Kinder tummeln sich im Pool und im Garten. Auf dem Dach, fünf Meter über seiner Familie, der globalisierte Ehemann, umherirrend im Bannstrahl eines Satelliten, der die Weiterleitung wichtiger Daten verweigert.

Theoretisch kann Michael von dort oben alles überbli cken, praktisch entgeht ihm, dass Mia beginnt, herumkriechende Prozessionsspinnerraupen einzusammeln. Die Tiere sehen niedlich aus, sind aber von Gifthärchen umhüllt, die bei Menschen allergische Reaktionen auslösen. Wenig später läuft unsere Jüngste mit ausgestreckten, rot geschwollenen Händen schreiend durch den Garten. Ich versuche sie einzufangen, parallel rufe ich nach Michael. Irgendwann begreift er den Ernst der Lage, unterbricht die Telefonkonferenz, setzt unsere Tochter ins Auto – und verbringt zwei Tage im medizinischen Zentrum der nächsten Stadt. Ohne Laptop. Während ich versuche, Lenja mit Malheften und Spielzeug im Haus zu halten, und gleichzeitig damit beschäftigt bin, so viele Raupen wie möglich unschädlich zu machen.

Die vielen Ferienhäuser, die wir in den letzten Jahren gemietet haben, waren der Versuch, ein Zuhause zu schaffen, in dem endlich die Zeit stillsteht. Tatsächlich waren die Cottages und Stranddomizile am Ende so etwas wie hübsch gelegene Ableger der Bürotürme, in denen wir uns sonst aufhalten. Weil wir unseren Schreibtisch überall mit hinschleppen. Auch wenn wir Freunden erzählen, dass wir den Laptop lediglich zum Filmeanschauen und das iPad für Spiele brauchen – irgendwann checken wir doch unser Postfach. Und können nicht umhin, auf die eine oder andere E-Mail zu reagieren. Und schon ist der Abend gelaufen.

Gerade in den ersten Jahren mit Lenja haben wir penibel darauf geachtet, dass die Ferienhäuser alles boten, was ein Kleinkind zum Spielen braucht, und nichts, was gefährlich werden könnte, etwa offene Balkone, ungesicherte Hänge oder Teiche. Nur verbrachten wir die gemeinsame Zeit selten kindgerecht. Mehr als einmal haben wir unsere Tochter völlig ausgeblendet, wenn wir streitend den Wagen ausräumten, weil sich auf der Fahrt herausgestellt hatte, dass Michael für einen Verhandlungstag zurück nach Deutschland würde fliegen müssen. Lenja wurde dann immer sehr leise, man hörte sie kaum. Angestrengt lauschte sie, aber innerlich blieb sie auf Distanz und war gleichzeitig unter Hochdruck. Kein Zustand, den ein Kind lange aushält.

Ich erinnere mich an irritierende Momente aus der Zeit, als Lenja erst wenige Worte sprach: wie sie mit aller Kraft in eine Tischkante beißt und sich nicht davon abhalten lässt, bis ihr Kopf rot anläuft. Wie sie in seltsamen Verrenkungen durch die Küche des Ferienhauses schreitet, als wären ihre Muskeln eingefroren. Sie hatte keine andere Wahl, als die Anspannung zwischen uns Eltern körperlich auszudrücken. Wären wir nicht so sehr mit uns selbst beschäftigt gewesen, hätten wir Lenja ansehen können, wie sehr wir sie durch unser Verhalten überforderten.

Gut, dass sie später eine Verbündete hatte. Erst im Duo mit ihrer Schwester Mia bekam sie das passende Gegengewicht, um sich bemerkbar zu machen. Sobald Michael und ich uns jetzt spitze Bemerkungen zuwerfen, fangen die beiden parallel einen Streit an. Eine schubst die andere vom Stuhl, klaut ihr das Essen oder wirft die Gabel auf den Boden. Oder Mia ist Zuschauerin, während Lenja uns nachahmt, indem sie bei jedem Satz die Tischseite wechselt, um mal in Mamas und mal in Papas Rolle zu schlüpfen. Beliebtestes Füllwort für unsere elterlichen Sprechblasen ist bei ihr »pups«: »Ich pups hier rum, so viel ich will, ist mir pupsegal, was du dazu zu pupsen hast.« Seitenwechsel: »Du pupst ja gar nicht, wie oft ich schon gepupst habe, und du hast nichts gemerkt.« Spätestens beim zweiten Satz hat sich ihre kleine Schwester in einen Lachanfall gesteigert, an dem sie zu ersticken droht – und Michael und ich haben vergessen, worum es uns eigentlich gegangen war.

Eigentlich wundere ich mich vor jedem Urlaub, dass die beiden Mädchen uns immer wieder eine Chance geben. Ich wünschte, sie würden uns erpressen: eine Schokolade für jeden Streit, ein iPhone 5 für zehn Streite. Aber sie freuen sich auf jeden Urlaub, als wäre es der erste – für mich der beste Beweis für die erstaunliche Anpassungsfähigkeit von Kindern. Und ihre Leidensfähigkeit. Die bei Lenja vor allem in der Schule auf die Probe gestellt wurde …

6

Grundschule meets Turbo-Abi

Manchmal will ich einfach klein sein,
und ich weiß nicht, wie das geht.
Manchmal kann der Tag gemein sein,
ohne dass man was erlebt.

Deine Freunde, »Einfach klein sein«

Liebe Lenja,

kannst du dich an den Tag erinnern, an dem du von der Schule deinen Lebensbaum mit nach Hause gebracht hast? Einen riesigen bunten Laubbaum, der das ganze Zeichenblatt bis zum Rand ausfüllte, mit verschlungenen Ästen und Verästelungen, Lebensadern, die sich treffen und zur Sonne streben. Ich war rasend stolz auf dich, das Bild wirkte so kraftvoll, als würde es atmen. Weißt du noch, dass ich für einen Moment rote Augen hatte? Du hast mich irritiert angesehen und dann wieder auf dein Bild geschaut. Ich hoffe, du hast meine Tränen nicht missverstanden, denn ich war nicht nur stolz, ich war auch unglaublich erleichtert. Ich konnte in diesem Baum erkennen, dass du trotz aller Kränkungen und der vielen Schultage, die mit Bauchschmerzen und Weinen begonnen hatten, lebendig geblieben bist. Als ich damals neben dir stand und wir beide deine Zeichnung in die Höhe hielten, dachte ich: Ein Kind, das so ein Bild malt, hat nicht resigniert.

Dann fiel mir die schwarze Ellipse in der Mitte des Baumstamms auf, die zu groß war für ein Astloch. Als ich dich fragte, wofür diese dunkle Stelle stehen würde, war deine Antwort, dort hätten das Traurigsein, dieses komische leere Gefühl, das ab und zu Löcher in den Bauch macht, und die Angst ihren Platz. »Die ist nicht aus Holz, die Stelle«, sagtest du weiter. »Die ist aus so einem schweren, weichen Stoff, und wenn der Baum wächst, wird der Stoff nach oben gezogen, in die Äste. So verteilt es sich und ist nicht mehr so schlimm.«

Für eine Weile konnte ich gar nichts sagen, doch schließlich fragte ich dich, ob du das auch der Lehrerin erzählt hättest. »Ja, klar«, hast du geantwortet, »jeder musste seinen Baum vor der ganzen Klasse zeigen. Aber ich habe nur das mit dem Traurigsein erklärt, mehr nicht, weil alle so komisch ruhig waren, auch die Lehrerin.«

Deine Lehrerin hatte vielleicht einen Kloß im Hals, so wie ich gerade, aber weitaus mehr hat mir dein Verhalten imponiert, weil du so viel Mut aufgebracht hast. Du hast von deinem Traurigsein geredet, vor Antonia, Lara und Sophie, die dich so oft gehänselt und ausgeschlossen haben, und vor Vincent, Leon, Finn, Niklas und Lennart, die dich über den Schulhof geschubst und deine Schultasche in den Papierkorb ausgeleert haben. Es gehört verdammt viel dazu, vor der gesamten Klasse und sogar vor denen, die gemein zu dir sind, über die eigenen Gefühle zu sprechen.

Ich war nie so tapfer, vielleicht mein ganzes Leben lang nicht, und erst recht nicht in der Schulzeit. Ich bin auch mal gehänselt worden, nicht so oft und schlimm wie du, aber manchmal hat mich einer der Jungs aus meiner Klasse an den verhassten Zöpfen gezogen. (Die Zöpfe waren nicht meine Idee, darauf hat deine Oma bestanden. Ich sah damit aus wie ein »Pfosten«, den Ausdruck habe ich von dir.) Selten aber habe ich mich gewehrt, doch ich hatte eine unglaubliche Wut im Bauch. Einmal bin ich geplatzt und prügelte mich mit einem älteren Jungen; alle Kinder auf dem Schulhof schauten zu. Danach hatte ich meine Ruhe.

Ich glaube, du hattest in den vier Jahren deiner Grundschule keine Ruhe. (Gut, dass du bald auf eine weiterführende Schule wechselst.) Die Attacken einiger deiner Mitschüler wurden im Laufe der Zeit zu einem eigenen Problem, das sich zusammen mit dem Chaos im Unterricht, in deinem Schulranzen und in deinem Kopf zu einem großen Geröllhaufen türmte. Wenn du manchmal auf deinem Bett gesessen und mit großen Angstaugen in die Luft gestarrt hast, dann, so stelle ich es mir vor, hattest du wohl in Gedanken diesen Haufen im Blick. Du musst oft verzweifelt gewesen sein, ohne dass ich es bemerkt habe. Bitte verzeih mir. Ich habe mich damals selbst nicht gekannt. Ich dachte, du musst da durch, weil das Leben manchmal hart ist. Weil ich nicht immer da sein kann. Jetzt weiß ich, dass wir Erwachsene manchmal die eigene Kindheit wiederholen, indem wir euch etwas zumuten, was wir selbst durchgemacht haben. Das ist nicht fair, und es macht auch nicht stärker – wir glauben nur, dass es uns stärker macht. Nicht Verzweiflung, sondern Liebe macht stark. Es wäre meine Aufgabe gewesen, dich zu beschützen.

Deine Grundschulzeit verlief so völlig anders als meine. Es kam mir nicht selten so vor, als sei das Turbo-Abitur nach unten hin verlängert worden, rückwirkend bis in die erste Klasse. Immer ging es darum, was später, auf dem Gymnasium, von euch gefordert werden könnte. Dass man dort keine Rücksicht mehr nehmen würde auf Lern- und sonstige Schwächen und dass ihr gar nicht früh genug lernen könnt, selbstständig zu arbeiten und zu »performen«. Du warst erst fünf!

Nach ein paar Wochen, in denen ihr Buchstaben gemalt habt, musstest du Wörter aufschreiben – so wie du sie gehört und verstanden hast. Deinen ersten Brief an mich habe ich durch lautes Lesen zurückübesetzt: »Wigesdieso?« (»Wie geht es dir so?«) Im zweiten Schuljahr musstest du ein kleines Referat halten, einen freien Vortrag.

Als ich in der ersten Klasse war, malten wir ein gefühltes halbes Jahr lang Bögen und Schleifen auf eine Linie, das wurde dann »Schwungübungen« genannt. Zugegeben, das war manchmal langweilig, aber ich hatte Zeit, meine Mitschüler anzuschauen und mich an die fremden Räume, die Gerüche, die vielen neuen Gesichter zu gewöhnen. Wenn ich vor der Zeit fertig war, starrte ich oft auf die unglaublich langen seidigen Haare meiner Lehrerin und beobachtete fasziniert, wie sie den Kopf lässig zur Seite warf und ihre schwere Haarpracht mit einem Geräusch auf dem Rücken landete. Das war immer das Zeichen für eine neue Aufgabe, und jedes Mal war ich ziemlich aufgeregt. Einmal hatte meine Lehrerin für den Rechenunterricht Äpfel mitgebracht, die wir hinterher essen durften.

Ich habe dich gefragt, ob du manchmal auch deine Lehrerin betrachtest, und du hast mich wie einen »Pfosten« angeschaut und zurückgefragt: »Wie denn?« Ihr habt immer was zu tun, hast du mir stirnrunzelnd erklärt, als wäre ich weltfremd. Ich denke: Du hattest in deiner Grundschulzeit nicht die Muße, etwas zu beobachten. Mir kommt es manchmal so vor, als ob alle Erwachsenen in der Schule vor nichts mehr Angst haben, als dass ihr euch langweilen könntet. Und seien es nur fünf Minuten. Langeweile ist Luxus in deinem Leben. (In meinem übrigens auch.) Dabei entstehen daraus die besten Ideen und Gedanken. Vielleicht hast du dir diese Zeit für Langeweile geklaut, indem du mitten im Unterricht verschwunden bist oder dich minutenlang zum Fenster hinausgeträumt hast. Wie weggetreten seiest du in solchen Momenten, so hat es deine Lehrerin ausgedrückt.

Ich konnte es dir vorher nie sagen, weil dich das womöglich noch weiter verwirrt hätte, aber ich halte die Art des Unterrichts, den du in der Grundschule mitmachen musstest, für großen Quatsch. Erwachsene Menschen klammern sich an die beklopptesten Ideen, zumal wenn diese von Wissenschaftlern kommen, deren Schulzeit mindestens vierzig Jahre zurückliegt und die danach nie wieder einen Klassenraum betreten haben. Die Methode, an die aktuell alle glauben, nennt sich »Lernen ohne Lehrer«. Euer Schulleiter erklärte mir, als ich ihn danach fragte, was das zu bedeuten habe: »Die Kinder sollen ihre Lernbiografien selbst gestalten.« Fall du es nicht verstehst, ich kann auch nichts damit anfangen. Erwachsene sind häufig der Meinung, dass eine Sache besonders gut funktioniert, wenn es möglichst »schlausprechmäßig« (das Wort hast du erfunden) klingt und das totale Gegenteil von dem ist, woran sie vorher geglaubt haben. Ich meine, blödsinnige Dinge erkennt man meist daran, dass man alles oder nichts in sie hineindenken kann. »Lernen ohne Lehrer« heißt eigentlich nur, dass ihr euch die Schreibregeln und Rechenformeln selbst beibringen sollt. Der Lehrer ist dabei, aber nur als »Lernbegleiter«. Noch so ein dämlicher Ausdruck. Ist der Lehrer nun für euch da, oder läuft er einfach so nebenher?

Vielleicht könnt ihr euch schon mit sechs oder sieben ein paar Dinge selbst oder in einer Gruppe beibringen. Aber damit das klappt, müssten mindestens zwei Lehrer in jeder Stunde für euch da sein, eher sogar drei.

Ich habe das auch irgendwann gelernt, das Lernen, das Sich-ein-Thema-Erarbeiten, das war aber in der elften Klasse auf dem Gymnasium. Jetzt hast du bestimmt schon an meinem Ton gemerkt, dass ich sauer bin. Ich bin sogar stinksauer, weil ich nicht verstehe, wieso eine Methode wichtiger sein soll als ein Lehrer oder eine Lehrerin. Tat-

sächlich gibt es für Kinder in deinem Alter nichts Wichtigeres als den Menschen, der im Klassenraum vorne an der Tafel steht.

Das Problem fängt aber damit an, dass eure Lehrerin meistens gar nicht vor euch steht, für jeden sichtbar, sondern seitlich am Rand, um euch beim Arbeiten zu »begleiten«. Das kann nicht funktionieren. Als Fünfjährige hättest du dringend jemanden gebraucht, den du jederzeit sehen kannst und der (oder die) dich stets im Blick hat. Kleine Kinder können, davon bin ich überzeugt, alles lernen, weil sie so neugierig sind wie später kaum wieder. Aber nur, wenn jemand da ist, dem sie vertrauen und zu dem sie laufen können, wenn sie die Orientierung verlieren. Du bist ins Leere gelaufen. Und beinah hättest du allen Mut verloren.

Es gibt einen Schulforscher in Neuseeland, der John Hattie heißt und der alle Untersuchungen übers Lernen unter die Lupe genommen hat. Alles in allem sind in dieser Metastudie (so heißt eine ganz große Studie, bei der viele kleine gesammelt und neu angeschaut werden) die Meinungen von 250 Millionen Schülern zusammengetragen worden. Mehr kann man nicht machen, oder? Und weißt du, was dabei herausgekommen ist? Der Lehrer oder die Lehrerin sind beim Lernen das Allerwichtigste. Wer euch Kinder mit Liebe und Respekt behandelt, wer sich für sein Fach begeistert, kann euch alles beibringen. So einfach ist das.

An der Grundschule hattest du zwei Klassenlehrerinnen, die sich die Arbeit teilten und euch abwechselnd unterrichtet haben. Die eine davon kannte sich im Fach Deutsch ganz gut aus, aber sie konnte sich weder für euch noch für die Sprache begeistern und hatte ziemlich dünne Nerven (du weißt schon, Frau »Rote Birne«, die mit den Spaghettihaaren). Bei einem Eignungstest für zukünftige Lehrer, wie ihn der neuseeländische Pädagoge fordert, wäre sie wohl durchgefallen. Die andere hatte dunkle, dichte Locken und war sehr lustig und lebendig. Ich weiß, dass du sie mochtest, du hast oft von ihren Gags und kleinen Schauspieleinlagen erzählt. Der Klassenraum war ihre Bühne. Leider fiel sie oft aus, sodass ihr im Stoff hinter den anderen Klassen zurückgeblieben seid. Rechtschreibung habt ihr kaum gelernt, und schon gar nicht das selbstständige Lernen. Du am allerwenigsten. Diese lustige Lehrerin hat nicht für dich gekämpft, aber sie war sehr gut darin, so zu tun, als würde sie kämpfen. Immer wieder beteuerte sie, wie originell und aufgeweckt sie dich findet und dass du ja eigentlich aufs Gymnasium gehören würdest. Eigentlich. Ich will dir deine Zuneigung zu dieser Lehrerin nicht ausreden, aber ich wünschte, sie wäre nach dem Studium zum Fernsehen gegangen. Da wollte sie nämlich hin.

Als ich ihr einmal sagte, dieses selbst organisierte Lernen – »Nehmt euch ein Übungsblatt, das ihr noch nicht bearbeitet habt, und sucht euch einen Lernpartner« – würde dich überfordern, erklärte sie, übertrieben verständnisvoll (also wie einem »Pfosten«), dass diese Form des Lernens nicht für jedes Kind geeignet sei, dass aber die meisten Schüler eurer Grundschule eine Empfehlung für das Gymnasium bekommen würden. Damit wollte sie sagen: Für Kinder, die mehr Anleitung und Zeit brauchen, gibt es ja noch Gesamtschulen. Da habe ich verstanden: Es geht nicht darum, dafür zu sorgen, dass ihr alle mithalten könnt, sondern darum, die Schwächeren auszusortieren.

Zurzeit ist es so, dass viele Eltern ihre Kinder unbedingt aufs Gymnasium schicken wollen. Sie sind der Meinung, die anderen Schulen seien nur noch Resteschulen, wo man kein Abitur schafft. Oder sie haben Angst, das Abizeugnis könnte später nichts wert sein, weil es das

Zeugnis einer Gesamtschule ist. Die meisten Eltern gehen nämlich davon aus, dass ihr es einmal schwerer haben werdet, weil alle jungen Leute – und damit sind die jungen Leute auf der ganzen Welt gemeint – um dieselben Jobs kämpfen. Aus diesem Grund sollt ihr möglichst gut vorbereitet sein. Das funktioniert aber nicht, vielen von euch wird durch die Vorbereitung auf die große Welt richtig schwindelig, und immer mehr werden sogar richtig krank im Kopf. Es gibt Kinder, die haben Migräne. Du weißt schon, diese anfallartigen Kopfschmerzen, unter denen eigentlich nur Erwachsene leiden. Es sind sogar Kinder in deinem Alter wegen Depressionen in Behandlung; ihre Zahl nimmt von Jahr zu Jahr zu. Und 40 Prozent aller Grundschüler, also fast die Hälfte, gehen mit Angst zur Schule. Ich kann mir vorstellen, warum. Es ist schwer genug, sich in einer Schule oder in einer großen Stadt zurechtzufinden. Aber gleich eine ganze Welt, das hätte mir als Kind eine solche Angst gemacht – wahrscheinlich wäre ich gar nicht mehr aus dem Haus gegangen.

Ich wünsche mir nichts mehr, als dass du möglichst wenig Angst hast in deinem Leben. Deshalb wirst du nicht auf ein Gymnasium gehen, auch wenn wir uns über die Empfehlung der Grundschule hinwegsetzen könnten. Dort, auf dem Gymnasium, interessiert es niemanden, wie schlau du bist, solange du nicht richtig schreiben kannst und dich aus dem Unterricht wegträumst. Ich und dein Vater geben dir lieber mehr Zeit, damit dein Lebensbaum langsam über die Grenzen des Zeichenblatts hinauswachsen kann. Wer weiß, vielleicht bringt der Teil mit der schwarzen Trauerborke sogar etwas sehr Besonderes hervor.

Wochen-, monatelang habe ich mich jeden Morgen gefragt, ob ich einen großen Fehler mache, wenn ich dich mit Bauchschmerzen zur Schule schicke. Ich habe das getan, weil du schon zwei Tage gefehlt hattest, ohne dass die Kinderärztin etwas hatte feststellen können. Im Grunde hätte ich sie gar nicht fragen müssen, ich wusste ja, was mit dir los war.

Und war es die richtige Entscheidung gewesen, dich in den vier Grundschuljahren in deiner Klasse zu lassen? Vielleicht wirst du es mir irgendwann einmal sagen. Hoffentlich kannst du dann aber auch verstehen, dass die Sorge, dir könnte es noch schlechter ergehen, wenn wir dich von der Grundschule nehmen und auf einer anderen unterbringen, zu groß war. Die Angst, du könntest das Gefühl mitnehmen, nur eingesteckt und dann am Ende aufgegeben zu haben. Warum solltest du deine Schule verlassen, wenn du nichts getan hast? Ich wollte nicht, dass die anderen gewinnen. Die Lehrer, die dich im Stich gelassen, die Mitschüler, die auf dir herumgetrampelt haben. Heute kannst du dich an Tage wie den folgenden kaum noch erinnern. Gott sei Dank … Und ich kann ihn nur deshalb so genau beschreiben, weil ich damals an manchen Abenden Tagebuch geschrieben habe. Um einschlafen zu können. So sah ein typischer Tag mit dir aus, wenn es in der Schule Ärger gab:

Scheißtage mit Happy End

Seit dem Nachmittag, an dem Lenja nach Hause kam und nicht mehr leben wollte, lausche ich auf ihre Schritte im Treppenhaus. An schlechten Tagen lässt sie die Füße über die Stufen schleifen, bei jedem Schritt bleibt sie hängen, hebt das Bein und lässt den Fuß auf die nächste Stufe fallen, statt aufzutreten. Schplommschplomm … Das Geräusch macht mich verrückt. Ich möchte am liebsten die Treppe herunterstürzen und sie nach oben zerren. Aber ich bleibe stehen und horche. Ich weiß jetzt schon, wie die nächsten Stunden verlaufen werden.

Eigentlich bin ich es, die den Verlauf des Nachmittags bestimmt, in einer Art sich selbst erfüllender Prophezeiung. Ich versuche sie aufzuheitern, kaum dass sie zur Tür hereinkommt. Weil es viel anstrengender wäre, ihre Mutlosigkeit zu ertragen. Ich ignoriere ihre Stimmung in der Hoffnung, dass sie den Vormittag vergisst, und mache alles nur noch schlimmer. Ich frage scheinbar arglos, wie die Schule war, statt die Klappe zu halten und sie in Ruhe zu lassen. Eine halbe Stunde würde vielleicht schon reichen. Aber dann müsste ich die Spannung aushalten, bis meine Tochter sich von selbst öffnet. Doch das kann ich nicht.

Ich beobachte, wie sie ihre Schultasche und ihre Jacke auf dem Weg zum Klo fallen lässt. Sobald sie den Flur betritt, meldet sich oft ganz plötzlich die Blase, als hätte sie während der Schulstunden alles an sich gehalten. Auch der Darm arbeitet häufig erst wieder zu Hause. Manchmal muss sie zweimal vom Mittagstisch aufstehen. Mir ist klar, dass sie mich damit nicht ärgern will, dass es sogar ein gutes Zeichen ist, wenn der Stress von ihr abfällt. Trotzdem verbuche ich diese Rennerei als gewollte Unruhe, als Ausweichmanöver – und fühle Ärger aufsteigen.

Lenja kommt jedes Mal von der Toilette, ohne sich die Hände zu waschen. Sie lässt sich auf den Stuhl plumpsen, bevor ich sie darauf hinweisen kann. Also noch mal aufstehen und zurück ins Bad. Sie hievt sich unendlich langsam aus dem Sitz. Beim Essen starrt sie dann aus dem Fenster und seufzt, dabei stochert sie auf dem Teller herum. Sie hat Ränder unter den Augen, ihre Haut ist blasser als sonst, und die Bewegungen sind fahriger.

An diesen Tagen ist ihre Energie am Vormittag verbraucht, sie reagiert kaum auf Fragen oder Bitten. Sie lässt sich im wahrsten Sinn des Wortes hängen. Die Hausaufgaben werden zur Qual. Ihre Körperspannung ist so gering, dass es ihr schwerfällt, eine Seite aufzublättern oder den Stift zu halten. Wenn er ihr aus den Fingern gleitet, lässt sie ihn auf dem Boden liegen, verschränkt die Arme auf dem Schreibtisch und legt ihren Kopf darauf ab.

Der Scheißtag geht als Scheißtag weiter, weil wir uns darüber streiten, wer den Stift aufhebt. Ihre Apathie lässt mich so wütend werden, dass ich mich heulend mit einer Zigarette auf den Balkon verziehe, während sie sich zum x-ten Mal in ihrem Lieblingsbuch über vier Schwestern und ihre Urlaubsabenteuer verliert, dorthin, wo es keine Hausaufgaben gibt, kein Mobbing und keine überforderten Mütter. Während ich mich, bei der zweiten Zigarette, in meine Verzweiflung verbeiße, taucht sie ab in ihre Innenwelten und lässt alles hinter sich. Sie macht es nicht nur besser als ich, sie macht es genau richtig. Tankt neue Energie, konzentriert sich auf die Romanfiguren und deren Glück, nickt kurz ein.

Irgendwann steht sie auf, kriegt die Kurve, schaut mich ernst und friedlich an und will wissen, ob ich geweint habe. Ich nicke, nehme sie in den Arm und sage, dass es nichts Schlimmes ist, dass es mir gut geht. Jetzt will sie ihre Hausaufgaben erledigen, und ich soll bei ihr bleiben. Wir setzen uns an den Schreibtisch, geschwächt, aber entspannt, und ich frage mich, wer hier eigentlich wem hilft.

Selbst organisiert im Chaos versinken

An zwei Fronten kämpfen zu müssen kann einen Erwachsenen in die Knie zwingen. Ein Kind kann daran zerbrechen. Es ist eigentlich ein Wunder, dass Lenja das alles seelisch überstanden hat, denn die beiden Fronten, die sie aushalten musste, sind wesentlich für die Gefühlslage eines Grundschulkinds: Lernerfolg und Mitschüler. Also nichts Geringeres als alles, was das Leben überhaupt ausmacht: *ich* und *ich und die anderen*.

Lenja galt in der Grundschule als unterdurchschnittliche bis schlechte Schülerin, an den meisten Tagen war der Unterricht für sie ein langer Stresstest. Und von ihren Mitschülern wurde sie gemobbt. Das eine hatte viel mit dem anderen zu tun, denn in der Hackordnung einer Grundschulklasse sind die Versager potenzielle Angriffsziele. Aber um zu schildern, wie sie zum Angriffsziel wurde, muss ich beides zunächst auseinanderhalten. Und beginne mit einem Blick hinter die Kulissen eines sogenannten modernen Unterrichts.

Ich war bereit, die Scheißtage auszuhalten und die »Schattenlehrerin« zu spielen, die mit ihr alles aufholte, was in der Schule liegen blieb. Wenn es unserer Tochter half, nicht ganz unterzugehen. Aber ich musste genauer wissen, was ihr so zusetzte, dass sie nach sechs Stunden Schule kaum noch in der Lage war, einen Stift zu halten. Warum fiel es ihr so schwer, zu berichten, was sie gelernt und womit sie sich in den vergangenen fünf Stunden beschäftigt hatte? Sosehr sich Lenja bemühte, meine Fragen zu beantworten, es kam kein Bild zustande, aus dem ich schlau wurde. Ihre Berichte ergaben nur dann einen Sinn, wenn man annahm, dass die wirren Schilderungen genau das wiedergaben, was sie erlebte: Chaos.

Etliche Unterrichtsstunden begannen damit, dass sich die Kinder für ein Thema entscheiden sollten. Entscheidungen können Spaß machen. Wenn es um die Eissorte oder die Hosenfarbe geht. Ein Kind, das an jedem Schultag, manchmal in jeder einzelnen Unterrichtsstunde selbst bestimmen soll, was es lernt, ob es Rechenprobleme löst, einen Text schreibt oder Lesen übt, ist erstens orientierungslos, und zweitens wird es in geschätzten 99 Prozent der Fälle eine

Aufgabe auswählen, die ihm leichtfällt. Und immer besser in dem werden, was es sowieso schon kann. Meine Tochter las gern. Oder sie schrieb eine Geschichte, die bestimmt selten langweilig war, sofern man es schaffte, sie zu entziffern. Denn eigentlich müsste sie ihre Rechtschreibung und ihre Handschrift verbessern. Aber das fiel in meine Zuständigkeit (bis heute, denn Lenja hat ihre Lücken aus der Grundschulzeit in die weiterführende Schule mitgeschleppt). Die Lehrerin musste schließlich sechsundzwanzig Kinder dazu bekommen, ihre sechsundzwanzig frei gewählten Aufgaben auch tatsächlich zu bearbeiten. Korrigiert wurde dann zu Hause. An ungezählten Tagen habe ich aus der Tiefe des Schulranzens ein angefangenes Arbeitsblatt gezogen. All diese Seiten zu berichtigen und zu beenden hätte die Hausaufgaben auf unbestimmte Zeit ausgedehnt. Also wanderten sie ins Altpapier. Lerneffekt gleich null, im Gegenteil: Lenja wurde immer schlechter in dem, was sie sowieso nicht konnte und kann.

Was aber schwerer wog: Das Halbfertige, Unvollendete und Abgebrochene wurde nicht nur Teil ihres Lernstils, sondern zunehmend auch Teil ihres Wesens. Alles wurde angefangen und abgebrochen, blieb unkorrigiert, denn da wartete schon das nächste Lernkapitel, das nächste kleine Projekt. Mit ihrer gestreuten Aufmerksamkeit hüpfte Lenja sowieso ständig von einer kleinen Aufregung zur nächsten. Ich stellte mir die Frage, ob diese Form des Unterrichts nicht überhaupt erst eine Lernstörung bei ihr provoziert hatte.

Nach unserem Spießrutenlauf durch die neurologische Kinderabteilung, nach vielen Expertenterminen und etlichen Ergo- und Lerntherapiestunden wollte ich wissen, warum ihre Fortschritte so klein ausfielen. Oder was sie wieder zunichtemachte. Und so bat ich Lenjas Klassenlehrerinnen um eine Hospitanz. Ich wollte einen Tag lang in der Klasse meiner Tochter beim Unterricht dabei sein. Ohne zu ahnen, wie beklemmend es sein würde, ihr zuzuschauen, wie sie im Chaos des »freien Lernens« versank.

Beide Lehrerinnen zeigten sich alles andere als begeistert, als sie von meiner Idee hörten. Das wäre vielleicht auch zu viel verlangt gewesen. Am Ende meines Schultags in Lenjas Klasse konnte ich die beiden Frauen besser verstehen, als ich es vorher für möglich gehalten hatte.

Kleine Reportage aus dem PISA-Versuchslabor

Bevor die erste Schulstunde der Klasse 3c beginnt, setzen sich die Schüler um. Sie sollen rotieren, damit sich keine Paare bilden, die sich zu gut verstehen oder umgekehrt dauernd zanken. Stühle werden gerückt, Schultaschen über den Boden gezerrt, ein Gemaule und Gemecker ist zu hören, in das sich Freudenrufe mischen. Nach einiger Zeit ist Ruhe, und die Lehrerin (Lenjas Lieblingslehrerin, die selbst daraus eine kleine Show macht) erklärt, welche Blätter zu welcher Mappe bearbeitet werden sollen und wo sie zu finden sind. Dann wird die Klasse aufgeteilt. Eine Gruppe geht in den Computerbereich nach nebenan, der nur durch eine Glaswand vom Klassenraum getrennt ist, sodass beide Räume zu überblicken sind. In dem Glaskasten stehen Computer, auch einige Brettspiele kann ich entdecken. Die Kinder sollen sich das aktuelle Thema spielerisch in der Gruppe erarbeiten, zu zweit an einem PC oder zu sechst am Spielbrett. Die anderen aus der ersten Gruppe verteilen sich im Klassenraum, wo jeder passend zum individuellen Lerntempo ein anderes Blatt erarbeitet. Einige wenige dürfen sich um die selbst gezogenen Pflanzen auf dem Fensterbrett kümmern, weil sie in der Arbeitsmappe offensichtlich schon weiter sind als die meisten ihrer Mitschüler.

Wieder ist die ganze Klasse in Bewegung, wieder werden Stühle gerückt, es wird geplappert, Sitzplätze werden verhandelt, der erste Streit muss geschlichtet werden. Zwei Schüler nutzen die Gelegenheit, um aufs Klo zu gehen. Dann läuft jeder zu den aufgereihten und mit Arbeitsblättern gefüllten Schubladenboxen an der hinteren Wand des Klassenzimmers, um sich das entsprechende Material zu holen. Das bedeutet: Jeder Schüler muss im Kopf haben, welches der fünfzehn bis zwanzig Arbeitsblätter, die eine Themenmappe umfasst, er noch in Angriff nehmen muss. Lenja, die zur Klassenraumgruppe gehört, hat wohl die passende Mappe vergessen. Sie stellt sich jedenfalls in die Schlange, die sich vor der Lehrerin gebildet hat. Die steht an der Wand, scherzt und beantwortet Fragen. Meistens drei gleichzeitig.

Als sie an der Reihe ist, bekennt Lenja, dass ihre Mappe zu Hause ist. Sie fragt, ob sie in die Pflanzengruppe darf. Darf sie, »aber das Arbeitsblatt holst du dann bitte nach«, mahnt sie die Lehrerin. Da Lenja kaum wissen kann, wie viele und welche Arbeitsblätter ihr noch fehlen, müsste sie, um das herauszufinden, eine Auswahl mitnehmen und das Ganze zu Hause ordnen. Aber weder notiert sie die zusätzliche Aufgabe, noch packt sie irgendwelche Seiten ein, und die Lehrerin ist längst mit dem nächsten Kind beschäftigt. Mag sein, dass andere Schüler ohne Aufforderung so weit mitdenken, Lenja schafft das nicht. Sie widmet sich stattdessen einer Pflanze, erneuert deren Watteboden, holt Wasser zum Gießen. Währenddessen versucht die Lehrerin, sich einen Überblick zu verschaffen, ob alle, die sitzen, über den richtigen Blättern gebeugt sind. Dann ist es aber auch schon bald Zeit, die Gruppen zu wechseln.

Die Lehrerin klatscht in die Hände, um sich Gehör zu verschaffen. Die Spielgruppe wird aus dem Nebenraum geholt und kommt, nach mehreren Ermahnungen, tatsächlich in die Klasse zurück. Die Gruppe im Klassenraum, darunter auch meine Tochter, verstaut eilig ihre Blätter und Mappen (jetzt wird mir klar, warum ich immer wieder halb beschriftete und zerknüllte Arbeitsblätter am Grund der Schultasche finde) oder Gießkannen und prescht hüpfend in den Bereich mit den Computern. Zum dritten Mal in einer Schulstunde: Geplapper, Gerempel, Gefluche und kippende Stühle.

Während sich die ehemalige Spielgruppe über den Klassenraum verteilt, muss die Lehrerin erneut einen Streit schlichten. Anscheinend geht es darum, wer als Erstes an die Computer darf. Ob Lenja an der Auseinandersetzung beteiligt ist, kann ich von meinem Platz aus nicht erkennen. Zumal in diesem Moment mehrere Kinder gleichzeitig an mir vorbeidrängen, um sich ihre Arbeitsblätter aus den Kästen zu fischen. Oder sie sich gegenseitig aus den Händen zu reißen. Bei einem kleinen Tumult kippt ein Zettelkasten vom Tisch. Schon springen ein paar Schüler auf, um beim Einsammeln zu helfen, dankbar für die Abwechslung beim Allein-über-dem-Zettel-Brüten.

Bereits nach den ersten fünfundvierzig Minuten sind meine Nerven ein wenig abgenutzt, es pocht in meinem Kopf, und ich überlege, wie viele Schulstunden in den letzten zweieinhalb Jahren darüber vergangen sind, dass sich Lenja tagtäglich durch diesen Wirrwarr manövriert. Und gleichzeitig versucht, den Attacken ihrer Verfolger aus der hyperaktiven Jungstruppe auszuweichen.

Zweite Stunde. Deutsch. Bei der Klassenlehrerin mit dem dünnen Nervenkostüm, von der meine Älteste immer erzählt, dass sie ganz schnell einen roten Kopf bekommt und herumschreit. Das wird ihr heute kaum passieren, denke ich. Denn obwohl ich mich bemühe, auf meinem Stuhl in der hintersten Ecke möglichst unsichtbar zu sein (und die meisten Schüler übersehen mich inzwischen tatsächlich), ist klar: Heute sitzt eine Mutter im Klassenraum. Welche Lehrerin würde sich da die Blöße geben?

Nach fünfzehn Minuten ist es aber doch so weit. Genau gesagt nach fünfzehn Minuten, in denen sie vergeblich versucht hat, einen Jungen unter Kontrolle zu bringen, der jeden ihrer Sätze unterbricht und unter dem Gejohle einiger Fans versucht, mit einer leeren Plastikflasche den Mülleimer hinter dem Lehrerpult zu treffen. Nun gibt es in jeder Schule Rabauken, genauso wie es in jeder Schule dünnhäutige Lehrerinnen gibt. Aber das »selbstständige Lernen« scheint solche Probleme eher zu verschlimmern. »Rote Birne«, wie die Schüler die Lehrerin auch nennen, flippt nun aus, schreit herum, erfolglos (»So nicht, das ist hier kein Spielplatz, Benno, ich warne dich …«), und schickt den Störenfried schließlich vor die Tür.

Nach der erneuten Aufteilung der Gruppe geht es im Klassenraum mit Übungen zu Mit- und Selbstlauten weiter. Und mit der Suche nach dem richtigen Arbeitsheft, dem richtigen Arbeitsblatt. Danach werden die Zettel ausgewertet. Nicht indem die Lehrerin das Geschriebene kontrolliert, dafür fehlt die Zeit, sondern indem jeder, der sich meldet (in diesem Fall fünf Schüler, mehr nicht), sein Ergebnis vorliest. Meistens mit dem Rücken zum Lehrerschreibtisch. Da die Sitzordnung vor allem der Gruppenarbeit dienen soll, gibt es praktisch keinen Stuhl, von dem aus ein Schüler einen geraden, ungestörten Blick auf die Tafel oder das Lehrerpult hat. Wer vorne etwas beobachten oder sich direkt an die Lehrerin wenden will, muss den Hals verrenken oder den Oberkörper vom Tisch wegdrehen, während die Beine darunter bleiben. Allein vom Zusehen bekomme ich Rückenschmerzen …

Die Lehrerin erklärt noch einmal den Unterschied zwischen den Wörtern mit Doppellaut und denen ohne, laut und deutlich. Vielleicht ist es das anstrengende Halsverrenken oder die Tatsache, dass ausnahmsweise nur eine Person spricht und die anderen zuhören, aber erstmalig an diesem Schultag herrscht für zehn Minuten aufmerksame Stille. Und zum ersten Mal werde ich Zeugin, wie meine Tochter konzentriert zuhört. Und sich sogar mit einer richtigen Antwort meldet.

Eine weitere Deutschstunde beginnt abermals mit einem zeitraubenden Stühlerücken, denn jetzt sollen alle einzeln arbeiten und den jeweiligen Nachbarplatz frei lassen. Die Geschichte über »Freddy, ein wildes Hamsterleben« steht auf dem Plan. Das kleine Buch wird in Kapiteln gelesen, zu jedem gibt es einen Fragenkatalog, den die Schüler im Anschluss beantworten sollen. Die Seite im Buch wird angesagt, Lenja starrt auf die Frageliste zum angekündigten Kapitel. Kurze Zeit später sieht sie sich nach der Lehrerin um, die am anderen Ende der Klasse neben Benno sitzt (der inzwischen wieder in den Klassenraum durfte), um ihn zum Arbeiten zu bewegen. Sie meldet sich. Vergeblich. Mit ihrem Heft geht sie zu der Lehrerin, erhält aber keine Gelegenheit, ihr Problem anzusprechen. Stattdessen wird sie postwendend zurückgeschickt, um es erst mal »so« zu versuchen. Meine Tochter setzt sich, wartet, rückt näher an eine Mitschülerin heran und beginnt, von ihr abzuschreiben. Unbeobachtet. Erst einmal. Nach ungefähr fünfzehn Minuten kommt die Lehrerin dazu und rüffelt sie.

Obwohl ich mich nicht einmischen wollte, wage ich zu fragen, ob Lenja das betreffende Kapitel denn schon kenne. Es stellt sich heraus, dass sie es nur zur Hälfte gelesen hat. Erst jetzt erklärt ihr die sichtlich verärgerte Lehrerin, dass sie immer nur die Fragen zu bereits gelesenen Kapiteln beantworten soll, und fügt hinzu, dass man sich das doch wohl denken könne. Danach bleiben noch fünf Minuten, bevor Klassen- und Spielgruppe wieder die Räume wechseln. Am Ende hat Lenja drei der zwölf Fragen zu den vorherigen Kapiteln beantwortet.

Nach der ersten großen Pause ist Geschichte dran. Jeder Schüler soll sich ein Arbeitsblatt seiner Wahl schnappen. Meine Tochter wandert vor den Kästen auf und ab und entscheidet sich schließlich für ein Blatt über Römer und Ägypter. Letztere zumindest kennt sie aus einem Besuch im Völkerkundemuseum und von einem Hörspiel. Sie ist fasziniert von Mumien und Begräbnisriten. Deshalb mache ich mir Hoffnungen, dass sie sich diesen Text, wie gefordert, tatsächlich »allein erarbeiten« kann.

Lenja liest den ersten Absatz, stockt, blickt hoch, überlegt und wendet sich dann wieder dem Text zu. Mehrere Male bleibt sie gleich zu Beginn hängen, seufzt und sucht die Aufmerksamkeit der Lehrerin, die aber hinter der Glaswand zum Gruppenraum verschwunden ist, um dort für Ordnung zu sorgen. Lenja stützt ihren Kopf in die eine Hand und malt mit der anderen geometrische Muster an den Textrand, offensichtlich hat sie sich ausgeklinkt. Um das zu bemerken, müsste eine weitere Lehrerin im Raum sein, aber »individualisiertes Lernen« heißt: Nur ein Schüler kann jeweils intensiv betreut werden, die anderen müssen erst einmal alleine klarkommen.

Rein rechnerisch betrachtet, entfallen pro Schulstunde rund hundert Sekunden auf jeden Schüler. Zieht man die Musterschüler ab, die tatsächlich meistens allein klarkommen, sind es vielleicht hundertfünfzig Sekunden. Während ich diese Überlegungen anstelle, ist Lenja dazu übergegangen, etwas auf kleine Zettel zu schreiben und sie anschließend zu zerreißen. Zum zweiten Mal an diesem Vormittag gelingt es mir nicht, auf meinem Beobachterposten zu bleiben. Ich schnappe mir den Text. Der erste Absatz dreht sich um die zeitliche Einordnung und Ausdehnung beider Kulturen, um Jahreszahlen, Quadratkilometer und die heutigen Ländergebiete, um Wasserwirtschaft und Pyramiden. Ich will von ihr wissen, was sie nicht versteht, und meine Tochter zeigt auf die Zeitangabe und fragt, was »v. Chr.« bedeutet. Die Lösung »vor Christus« ist ebenfalls erklärungsbedürftig, denn die antike Zeitrechnung war in der dritten Klasse bis jetzt genauso wenig Thema wie die Ägypter oder Römer, ganz zu schweigen von den Ländergrenzen der damaligen Reiche.

Ich spreche eine von Lenjas Mitschülerinnen an, die vor demselben Text hockt. Vielleicht ist meine Tochter ja die Einzige, die mit den eher abstrakten Angaben nichts anfangen kann. Auf meine Frage, ob sie wüsste, was »v. Chr.« meint, zuckt das Mädchen mit den Schultern und macht mir fröhlich klar, dass sie über alles hinwegliest, was sie nicht sofort begreift. »Irgendwann kommt eine Stelle, die ich auch so verstehe. Und den Rest erklärt mir meine Mutter.« Schlaues Kind. Man muss nur wissen, wie man an Informationen gelangt.

Zu den Kompetenzen, die das eigenverantwortliche Lernen befördern soll, gehört das Entziffern von Fachtexten. Ähnlich wie beim Recherchieren im Netz: Man soll das Brauchbare herausziehen und den Rest gleich wieder vergessen. Das habe ich auch einmal gelernt, im Studium. Um die enormen Textmengen in den Begriff zu bekommen, die jeder Professor als unentbehrliche Literatur empfahl. Da war ich zweiundzwanzig, Lenja ist acht.

Jeden Satz in einem Text verstehen zu wollen kann sich ganz schnell in ein Handicap verwandeln, wenn man nicht frühzeitig lernt, genau zu unterscheiden. Wer die Zusammenhänge begreifen will, hat schon verloren. Das wäre die Lehre, die ich an Lenjas Stelle aus dieser *Lernerfahrung* gezogen hätte. Ich beginne zu verstehen, warum sich immer mehr Professoren darüber beklagen, dass Erstsemester Probleme haben, längere Texte zu erfassen.

Die Lehrerin reagiert mit einem Schulterzucken, als ich sie auf die vielen Stolpersteine im Sachkundetext hinweise, und sagt: »Die Schüler können mich jederzeit fragen.« Als ich das *jederzeit* infrage stelle, wird sie ungeduldiger: »Wissen Sie, vieles verstehen die Schüler auch intuitiv – oder sie holen sich das Wissen aus dem Internet. Trauen Sie Ihrer Tochter ruhig mehr zu.« Zwischen Tür und Angel will sie noch erfahren, wie mir der Vormittag gefallen hat. Die Antwort muss ich ihr schuldig bleiben, aus Gründen der Höflichkeit.

Aufgabenbuffets und weitere Materialschlachten

Der Gedanke, dass sich Lenja an jedem einzelnen Schultag in diesem Lernen-ohne-Lehrer-Chaos zurechtfinden musste, war schwer zu ertragen. Noch schwerer wog aber die Tatsache, dass hinter dem Chaos eine Lernmethode steckte, an der »fortschrittliche« Pädagogen genauso verbissen festhalten wie die Lehrer meiner Eltern am Rohrstock. Obwohl die Wissenschaft sowohl ihren Sinn als auch ihre angeblich positiven Effekte längst widerlegt hatte. Regalmeterweise rühmten Fachpädagogen die Kunst des »eigenverantwortlichen Arbeitens«, und der Direktor an Lenjas Grundschule war ganz besoffen vor Begeisterung und schwärmte von »Aufgabenbuffets« und »Stationenlernen«. Zur Grundschulliteratur meiner Tochter gehörten vier verschiedene Arbeitshefte allein für Mathematik, ganz zu schweigen von den diversen »Freiarbeitsmedien« wie Karten, Spiele oder Bausätze. In den Klassenzimmern explodierte die Zahl der Fotokopien, ständig wurde etwas verteilt. Mir kam es vor, als hätten sich Lenja und ihre Mitschüler durch ganze Tonerwüsten gewühlt. Wie konnten Pädagogen ernsthaft glauben, dass diese Art der »Papiersteuerung« besser sei als die mit Gesten untermalten Erklärungen eines leibhaftigen Lehrers?

Wenn jemand vor der Klasse stand, so waren das immer öfter die Schüler selbst. Lenjas erstes Referat in der zweiten Klasse drehte sich um Katzen. Dazu sollte sie mit ihren damals sieben Jahren im Internet nach Informationen suchen, entscheiden, was wichtig ist, und daraus ein Plakat mit eigenhändig geschriebenen Texten und ausgedruckten Fotos fertigen. Eine Zeit lang schaute ich mir an, wie sie ziellos herumklickte und seitenweise Bilder und Dialoge aus Chatforen von Katzenbesitzern ausdruckte. Es wäre schön, wenn man Selbstständigkeit durch Selbstständigkeit erzwingen könnte, aber wenn sogar gestandene Journalisten das Recherchieren im Netz erst lernen müssen, was soll dann ein auf sich gestelltes siebenjähriges Kind mit der Maus ausrichten?

Nach end- und sinnlosen Papierhaufen schaltete ich mich irgendwann ein, unter anderem, um den Tonerverbrauch zu drosseln. Von da an arbeiteten wir zusammen an dem Referat, was offiziell nicht erlaubt war, denn die Kinder sollten sich das Thema – na, was schon? – *selbst erarbeiten*. Meine Vermutung: Die Lehrerin wusste sehr genau, was sich zu Hause am Schreibtisch abspielen würde – und nahm das billigend in Kauf. Wahrscheinlich steckte dahinter einfach nur der Wunsch nach Entlastung. Der nicht offen geäußert werden konnte, weil es politisch nicht korrekt gewesen wäre, die eine oder andere Mutter (vielleicht auch mal den Vater) als Hilfslehrer einzuspannen. Lenja war sehr erleichtert über die Unterstützung und versprach, ihrer Lehrerin nichts zu verraten.

Es dauerte ein wenig, bis sie wieder selbstständig weitermachte und es ihr sogar Spaß bereitete. Am Ende hatte sie ihr Plakat ohne elterliche Hilfe entworfen und gebastelt.

Ihr Vortrag war laut Randkommentar der Lehrerin »super«, einzig ihre Rechtschreibung hatte dazu geführt, dass sie keine Eins, sondern nur eine Zwei bekam. Ihre erste Zwei, seit sie auf der Grundschule war. Nicht ganz, aber fast selbst erarbeitet …

Die Arbeitsmappe, die auf das Referat folgte, behandelte das Thema Waldtiere. Da kassierte sie wieder eine Fünf. Zu Recht, denn nur wenige Bögen waren komplett ausgefüllt. Zu Unrecht, als sich herausstellte, unter welchen Umständen die Mappe entstanden war. Vor dem Schultor sprach ich die Klassenlehrerin mit der roten Birne an und fragte, warum wir als Eltern nicht einmal etwas über die Existenz des Projekts wussten. Ich wurde zurechtgewiesen: »Das müssen Sie auch gar nicht, das Thema soll nur in der Schule erarbeitet werden. Das ist eine Sache zwischen Ihrer Tochter und mir.«

»Haben Sie sie denn darauf hingewiesen, dass da noch einige Blätter fehlen?«, hakte ich nach.

»Seien Sie mir nicht böse, aber ich kann nicht bei jedem Schüler dauernd nachforschen, wie weit er mit der Mappe ist. Da müssen die selbst darauf achten. Schließlich hatte Lenja vier Wochen Zeit für das Projekt gehabt.«

Welches siebenjährige Kind kann einen Zeitraum von vier Wochen überblicken und planen? Die Frage verkniff ich mir. Und machte aus der Sache eine Sache zwischen ihr und mir.

Da ich es trotz reduzierter Arbeitszeit nicht immer schaffte, auf dem Laufenden zu sein, schickte ich meine Tochter regelmäßig mit Briefen in die Schule, für deren Inhalt ich stets denselben Textbaustein verwendete, auch wenn die jeweiligen Referats- oder Arbeitsmappenthemen wechselten, ebenso die Namen, an die sich die Schreiben richteten:

Liebe Frau Müller,

Lenja erzählte uns gestern, dass sie am Freitag ihre Baum-Mappe abgeben soll. Aus der Inhaltsübersicht war zu erkennen, dass sie diese seit circa zwei Wochen nicht weiter bearbeitet hat. Es fehlen immer noch neun von fünfzehn Stationen. Wir wären Ihnen sehr dankbar, wenn Sie kontrollieren würden, ob Lenja in den Sachkundestunden tatsächlich an der Mappe arbeitet. Wäre es außerdem möglich, dass unsere Tochter bis Montag Aufschub bekommt, um die restlichen Blätter übers Wochenende fertigzustellen?

In jedem Fall vielen Dank …

Fördergruppe versus Fördermuttis

Ich erwarte von keiner öffentlichen Grundschule, dass sie eine maßgeschneiderte Förderung für mein Kind anbietet. Abweichungen vom Durchschnittsschüler, also hyperaktive, aufmerksamkeitsgestörte oder hochbegabte Kinder, gehören nicht zu den Inhalten, die in einem Lehramtsstudium behandelt werden. Viele Lehrer haben inzwischen für ADHS-Kandidaten (meistens sind es Jungen) die Adresse eines Kinderneurologen im Ärmel. Immerhin. Und da Mediziner und Psychologen in solchen Fällen selten eine andere Lösung parat haben als Ritalin, kann man nicht erwarten, dass die Schule mehr weiß als die Wissenschaft. Aber Schulleitung und Lehrer sollten zumindest den Unterschied zwischen ADHS, der hyperaktiven Form der Störung, und ADS kennen. Lenja warf im Unterricht keine Bänke um wie ihre hyperaktiven Schulkameraden, und musste auch nicht ständig dazwischenrufen, wenn die Lehrerin mehr als zwei Sätze hintereinander formulierte. Trotzdem war sie genauso schnell geistesabwesend, gereizt und erschöpft. Aber im Gegensatz zu den Jungen blieben ihre Ausfälle unbemerkt, sie klinkte sich leise aus. In den wenigen Gesprächen mit den Klassenlehrerinnen über Lenjas Probleme musste ich immer wieder erklären, dass sie weder zu faul noch zu dumm war (auch wenn es niemand wagte, diese Wörter auszusprechen), dem Unterricht zu folgen oder ihre Aufgaben zu machen, solange man sie ab und zu daran erinnerte, was zu tun sei.

Von der verträumten Version einer Aufmerksamkeitsstörung hatten die beiden Frauen aber noch nie etwas gehört. Und ihre höflich-gelangweilten Nachfragen ließen darauf schließen, dass sie bei dem Thema genauso abschalteten wie Lenja im Unterricht. Vielleicht, weil sie mit den Jungs, die regelmäßig ausrasteten, schon genug um die Ohren hatten. Deshalb war wohl auch keine Zeit, Lenjas Lerntherapeutin zurückzurufen, die gern mit ihnen zusammengearbeitet hätte. Um beispielsweise zu verstehen, wie sich die eigentümliche Schrift meiner Tochter herausgebildet hatte. Die Therapeutin hatte nämlich schnell festgestellt, dass sie im Laufe der ersten zwei Schuljahre drei verschiedene Schriftarten für jeden Buchstaben und mindestens zwei Schreibweisen für jedes Wort abgespeichert hatte, eine davon in Lautsprache.

Nachdem ich gemeinsam mit den Lehrerinnen über Lenjas Schreibübungsheften gebrütet und ein paar gezielte Fragen gestellt hatte, fiel ein wenig Licht ins Dunkel: Zum Schulstart, also in der ersten Klasse, waren sie und ihre Mitschüler schon nach ein paar Wochen aufgefordert worden, alles, was sie hörten, so aufzuschreiben, wie man es *schbricht*. Monate später hieß es dann sinngemäß: Das vergesst ihr jetzt mal wieder. Die korrekte Schreibweise sieht so aus: *spricht*. Nebenbei war die Klasse wenig später bei der dritten Schriftform angekommen. Zunächst gab es nur große Druckbuchstaben, danach folgte die Unterscheidung in kleine und große Buchstaben, ebenfalls in Druckschrift, und erst dann die neue Schulausgangsschrift mit Bögen und Schleifen. Der passende Vergleich zu dieser Vorgehensweise wäre für mich ein Schwimmkurs, bei dem ein Nichtschwimmer erst das Tauchen, anschließend das Reinspringen und zum Schluss das Brustschwimmen lernt (aber nie wieder tauchen darf). Lenja war nicht die Einzige aus ihrer Klasse, die mit den ständigen Umstellungen ihre Schwierigkeiten hatte. Aber sie war die Einzige, die irgendwann alle Schreibweisen parallel benutzte, statt einer Schrift den Vorrang zu geben.

»Lenja ist eine Bilddenkerin«, erklärte mir die Lerntherapeutin, »deshalb kann sie sich fast alles aus dem Stand merken. Ein Wort hat für sie eine eigene Gestalt und nicht nur verschiedene Buchstaben.« Und wenn ein Wort verschiedene Gestalten annehmen konnte, dann merkte sich Lenja eben alle. Die Aufgabe der Lerntherapeutin (und damit auch meine) war es nun, sie dazu zu bringen, sämtliche Schreibweisen außer der einen wieder zu vergessen. Sie ließ sie die richtige Version eines Wortes kneten, damit sich die neue Gestalt mit allen Sinnen einprägte. Und sie bat mich, dasselbe zu Hause zu machen. Der zusätzliche Arbeitsaufwand scheiterte aber bald am Alltag.

Meine Älteste hatte trotzdem weiterhin großen Spaß am Schreiben und Lesen, sie verschlang Bücher, dreihundert Seiten Text machten ihr keine Mühe – wenn der Stoff sie interessierte. Das hieß aber nicht unbedingt, dass sie sich merkte, wie die vielen Wörter darin geschrieben wurden. In ihren selbst verfassten Texten oder bei einem Diktat konnte es passieren, dass sie alle Wörter, auch am Satzanfang, kleinschrieb. Erwachsene hießen bei ihr »awaksene«, statt »klopfen« brachte sie »gloppfen« zu Papier, »schtinken« anstelle von »stinken«. Wenn ihre Konzentration nachließ, häuften sich die Fehler bei den einfachsten Wörtern. Aus »dabei« wurde »darbei«, aus »ihn« am Ende »in«. Sie brauchte Förderung, ohne Zweifel, war aber schnell gelangweilt und unkonzentriert, wenn sie nicht gleichzeitig gefordert wurde – eine komplizierte Geschichte. Zu kompliziert für die Möglichkeiten einer staatlichen Grundschule.

Alle Kinder aus Lenjas Lernstufe, die aus unterschiedlichsten Gründen unter einen bestimmten Notenschnitt sackten – Hyperaktive, Migrantenkinder, Jungen und Mädchen mit Sprachstörungen, Legastheniker sowie meine Tochter mit ihrer Aufmerksamkeitsstörung –, wurden in einen Topf geschmissen und landeten in derselben Fördergruppe. Mehr war nicht drin, sonst hätte eine zusätzliche Lehrkraft eingestellt werden müssen, für die aber kein Geld vorhanden war. Doch sobald ein Lehrer krank wurde, entfiel der Förderunterricht, weil der Förderlehrer die regulären Stunden des Kollegen übernehmen musste. In den Grundschuljahren konnte ich nicht ausmachen, ob diese Fördergruppe irgendetwas gebracht hatte. Genauso wenig konnte ich das Gegenteil beweisen.

Lenja selbst hatte die Fördermaßnahme stets als Bestrafung begriffen, weil diejenigen aus der Klasse in der Zeit, in der sie mit den anderen »nachsitzen« musste, »spannendere Sachen« machen durften. Sie empfand es als Demütigung, während des Unterrichts vor den anderen aus dem Raum geholt zu werden, um zur Fördergruppe zu wechseln. Und wie sich bald herausstellte, musste der Stoff, den sie in dieser Zeit verpasste, ebenfalls nachgeholt werden. Das sollte dann zu Hause stattfinden. Unter Aufsicht der teuersten Förderlehrerin überhaupt – ihrer Mutter. Die meisten anderen Mütter hatten sich sowieso schon mit einem Teilzeitjob arrangiert, um die Kinder durch die Schulzeit zu lotsen. Oder sie hatten gleich ganz darauf verzichtet, berufstätig zu sein.

Diese Zusammenhänge durfte ich aber nicht thematisieren, wenn ich nicht als egoistisches Karrieremonster eingestuft werden wollte. Nicht zuletzt von meiner Tochter, die mir zu verstehen gab: »Die anderen Mütter holen ihre Kinder von der Schule ab.« Stimmt. Die anderen Mütter hatten im Schnitt fünfzig Stunden mehr pro Woche, die sie in ihre Kinder investieren konnten. Deshalb bewahrten sie sich auch die Hoheit über den Wochenplan und die Hausaufgaben. Sie hatten die Übersicht, welche Arbeitsblätter wo hineingehörten und welche Mappe wann abgegeben werden musste. Entsprechende Infos musste ich mir von diesen Vollzeitmuttis holen, die sich unüberhörbar über meine Anrufe freuten, weil die Probleme in unserer Familie sie in ihrem unverzichtbaren Engagement bestätigten: »Die Waldmappe? Die hat Charlotte schon vor einer Woche abgegeben. Die haben längst mit der Wassermappe angefangen, das ist das neue Thema. Wusstest du das nicht?« Nein, wusste ich nicht, blöde Kuh, sonst hätte ich kaum angerufen. Aber auch das durfte ich nur denken und nicht laut aussprechen. Ich war auf den Wissensvorsprung der Supermuttis angewiesen. Mehr als auf die Fördergruppe der Schule.

Am meisten aber hätte es geholfen, wenn die Klassenlehrerinnen jeden Tag einen Blick in Lenjas Hausaufgabenheft geworfen hätten. Um zu checken, ob die Hausaufgaben notiert waren. Diese zehn Sekunden Aufmerksamkeit hätten uns jede Menge an Rundrufaktionen, an Frust und Streit erspart. Nach jedem Elterngespräch gelobten beide Lehrerinnen Unterstützung. Das sei ja »das Mindeste, was sie tun könnten«. Danach fand ich tatsächlich ein paar Tage lang hintereinander Einträge im Hausaufgabenheft, die von der Lehrerin abgehakt wurden. Dann schlief das Ganze wieder ein. Auf meinen Vorschlag, die Wochenpläne per E-Mail herumzuschicken, um beiden Seiten Stress zu ersparen, hieß es, das würde ja dem Konzept des selbst organisierten Lernens widersprechen …

Mit jedem verpatzten Wochenplan vergrößerte sich die Lücke zu den Schulkameraden. Das Arbeitspensum war zu Hause kaum noch zu bewältigen. Mir blieb nichts anderes übrig, als regelmäßig mittags das Büro zu verlassen und zur Schule zu eilen, um den Wochenplan von der Tafel abzupinnen. Was Lenja oberpeinlich fand und von den Lehrerinnen mit einem Kopfschütteln quittiert wurde – als würde ich meinem Kind damit schaden. Statt hinzunehmen, dass es sich selbst immer weiter abhängte? Natürlich gänzlich »selbstverantwortet«.

So wie Lenja angeblich auch auf die eine oder andere Weise Verantwortung dafür trug, dass sie andauernd von Mitschülern »gedisst« wurde, wie die Kinder es ausdrückten. Zumindest erklärten mir die Klassenlehrerinnen bei einem der Gespräche, dass meine Tochter ja auch provozieren würde. Als ich nachfragte, stellte sich heraus, dass Lenja ihre Angreifer »hirnlos« nannte oder »aggro« – allerdings erst, wenn sie beispielsweise gegen die Garderobe geschubst wurde. Aus meiner Perspektive war das keine Provokation, sondern der Versuch, sich irgendwie zu wehren.

Der Stempel auf der Stirn

Zu den schlimmen Momenten der Grundschuljahre, zu denen, die sich in der Erinnerung nicht wieder löschen lassen, gehört ein stiller Augenblick, vielleicht drei Minuten lang, in dem ich in der Tür zu Lenjas Klassenzimmer stand, kurz nach Schulschluss, und sie beobachten konnte, bevor sie mich entdeckte. Ein Außenstehender hätte einfach nur ein trauriges Mädchen registriert, das mit langsamen Bewegungen einen Schultisch abwischt und dabei aus Versehen von anderen Kindern angerempelt wird. Ich aber sah etwas anderes – meine Tochter, ein Mädchen, das sich wie eine Fremde benahm. Lenja hasst es, zu putzen. Schon immer. Ohne dass ich die ganze Situation erfassen konnte, wischte sie trotzdem die Schultische. Freiwillig. Sie tat es, weil sie an einer anderen Aufgabe gescheitert war, an einem Projekt oder einer Bastelarbeit. Sie wollte etwas Sinnvolles machen, etwas, das zumindest den Anschein hatte, als würde sie zu einer Gemeinschaft gehören und eine Aufgabe haben.

Ich konnte sehen, dass ihre Mitschüler sie nicht aus Versehen berührten. Sie verständigten sich stillschweigend, dennoch feixend über Lenjas gesenkten Kopf hinweg, sie drückten sich ganz nah an ihr vorbei, einer nach dem anderen, sodass sie aus dem Gleichgewicht geriet. Jedes Mal torkelte sie kurz, schaute aber nicht auf. Ihr Blick war fest auf den Lappen in ihrer Hand geheftet. Ich konnte beobachten, wie Tränen in ihr hochstiegen. Die Lehrerin aber bemerkte die kleine Attacke nicht, sie war damit beschäftigt, die Aufräumarbeiten zu koordinieren.

In diesem Moment war erkennbar, dass ein Teil von Lenja sich bereits in einer Außenseiterrolle eingerichtet hatte, dass sie von niemandem mehr Hilfe erwartete. Nicht von der Lehrerin und vielleicht auch nicht von mir. Ihre Resignation und ihr Kummer waren in dieser Szene geronnen. Schließlich rief ich sie, und sie musste mein Gesicht richtig gedeutet haben, bevor ich mich zusammenreißen konnte. Denn es gab keine Begrüßung, nur einen langen Blick. Sie wusste, was ich gesehen hatte. Erst in sicherer Entfernung zu ihren Mitschülern, vor der Tür zum Schulflur, ließ sie sich in den Arm nehmen. Sie drückte ihr Gesicht an meinen Bauch. Wie so häufig in den letzten Monaten, wenn sie wortlos zur Tür hineinstolperte. Oder wenn sie mitten in der Nacht hochschreckte und die Tür zu unserem Schlafzimmer aufstieß, als wäre ein Raubtier hinter ihr her.

Das Wort wird dem, was Lenja passierte, nicht gerecht, aber es gibt kein anderes: »Mobbing« ist als Begriff so verbraucht, dass das Leid dahinter verblasst. Gerald Hüther sagt: »Es tut weh, wenn man nicht dazugehören darf.« Dafür hat der Gehirnforscher sogar einen neurologischen Beweis. Er schob Probanden in einen Kernspin, die zuvor von einer Gruppe ausgeschlossen wurden. Auf den Bildern konnte man erkennen, dass jene Hirnareale und Netzwerke aktiv waren, die ansonsten bei körperlichen Schmerzen anspringen.

Schulbehörden haben Checklisten, die helfen sollen, festzustellen, ob es sich um Spaß oder um »echtes« Mobbing handelt. Ich brauchte keine Checkliste, ich konnte den Schmerz sehen. Ich sah, wie Lenja sich veränderte, wie sich ihre Wirbelsäule nach vorne krümmte, wie sie ihren Blick beim Gehen auf den Boden heftete, wie sie, wenn jemand den Raum betrat oder sie ansprach, immer öfter ohne Anlass erschrak. Ich konnte es kaum ertragen, mitzubekommen, wie sie sich einer Mitschülerin anbiederte, ihr heimlich eine Tüte Chips kaufte, weil die bei ihr zu Hause verboten waren (genau wie bei uns). Das Mädchen gehörte zu den rosafarben gewandeten Hannah-Montana-Fans mit (von der Mama) gebügelten Haaren bis über den Po und glitzernden Klebesternchen auf den Fingernägeln. Sie war so wohlerzogen, dass es Angst machte. Kurzum und aus der naturgemäß parteiischen Sicht einer Mutter: Die Mitschülerin hatte nicht halb so viel Witz oder Fantasie wie Lenja, aber in der klasseninternen Hierarchie stand sie über ihr. Also versuchte meine Tochter sie gnädig zu stimmen, um ihre eigenen »Aufstiegschancen« zu verbessern. Leider schien sie zu glauben, dass dieses Mädchen ihr etwas voraushatte. In manchen Momenten konnte ich förmlich spüren, wie Lenjas Selbstbild schwankte und ihre Stimmung kippte – von völlig überdreht in tieftraurig. Ich konnte zusehen, wie sie im Minutentakt in neue Rollen schlüpfte, um etwas Bestätigung zu erhaschen, bevor der andere sich verwirrt oder genervt abwandte.

Um als Erwachsener zu verstehen, was in einem Kind, das in der Schule scheitert, vor sich geht, hilft ein einfaches Spiel aus einem Führungstraining. Vorgesetzte sollen mit diesem Rollenspiel lernen, eine Atmosphäre zu schaffen, die ihre Mitarbeiter aufblühen lässt und ihre Potenziale entdecken hilft. Und sie sollen am eigenen Leib die Erfahrung machen, wie das Selbstwertgefühl schrumpft, wenn negative Rollenbilder projiziert werden.

Ähnlich wie beim Gesellschaftsspiel »Charade« bekommen die Teilnehmer »Hüte« aufgesetzt, auf denen die Rolle steht, die ihnen zugewiesen wurde, darunter eine Art »Gebrauchsanweisung«. Der Vermerk für den Hut »Beliebter« lautet: »Zeig mir, dass du mich magst«, beim »Unsichtbaren« heißt es: »Ignoriere mich komplett«, der »Experte« fordert: »Frag mich nach meiner Meinung«, der »Boss«: »Frag mich nach einer Entscheidung.« Seit fünfzehn Jahren ist eine Freundin von mir Beraterin für Führungskräfte und Teamentwicklung. Sie sagt, dass sie bei »Charade« jedes Mal erschrocken sei, wie schnell die selbstbewusstesten und erfolgreichsten Menschen unsichtbar und ängstlich werden. Und wie rasant schüchterne Selbstzweifler über sich hinauswachsen können. Indem sich beide in das verwandeln, was andere in ihnen sehen.

Wenn dieses Experiment für die Dauer eines Nachmittags bei Erwachsenen eine solche Wirkung entfaltet, dann muss man nicht mehr mutmaßen, welchen Einfluss jede Art von Stempel auf die Entwicklung und das Selbstbild von Kindern haben könnte. Lenja war ein selbstbewusstes Mädchen, das mehr Wissbegierde und mehr Ausdrucksvermögen mitbrachte, als es benötigte, um schreiben, lesen und rechnen zu lernen. In der ersten Klasse traf sie dann zum ersten Mal auf eine Umgebung, in der sie abgewertet und übersehen wurde, weil sie nicht mithalten konnte. Ihr Selbstbild erodierte langsam, aber stetig – bis zu dem Tag, an dem sie nach Hause kam, sich aufs Bett warf und sagte: »Mein Leben ist scheiße.«

Vermutlich war sie schon monatelang den Attacken von Mitschülern ausgesetzt gewesen, ohne dass wir die Situation damals erkannt hatten. Zunächst hatten wir einzig ihre Lernprobleme bemerkt und jede Veränderung als Frust und Enttäuschung interpretiert. Im Nachhinein lässt sich – wie bei der Henne und dem Ei – nicht mehr sagen, ob die Hänseleien gleich zu Beginn stattfanden oder ob ihre Lernprobleme das Mobbing erst provoziert hatten. Man konnte aber an Lenjas Klasse beobachten, dass die Hackordnung unter den Schülern auch über die Leistung ausgehandelt wurde.

Lenjas Underdog-Stolz

Verlief es glimpflich, kam Lenja mit einer aufgerissenen Federtasche nach Hause. Die Stifte waren in der Mitte zerbrochen, und beim Blättern in den derangierten Schulmappen entdeckte ich einen Fußabdruck. Der stammte von Vincent, einem Mitschüler, der »immer mal wieder ausflippt«, wie die lustige Klassenlehrerin es beschrieben hatte. Nicht jeden Tag. Manchmal passierte ein paar Wochen lang nichts außer den üblichen Pöbeleien und Beschimpfungen, an die sich die Klasse und die Lehrerinnen mittlerweile gewöhnt hatten. Weil jedes Empfinden, auch das für unsoziales Verhalten, irgendwann abstumpft, wenn es ständig brüskiert wird.

Bei seinen Quartalsanfällen leerte Vincent beispielsweise den Inhalt von Lenjas Schultasche auf dem Boden aus. Leider passte die Tasche nicht in den Mülleimer, aber die Federmappe ließ sich mit ein paar gezielten Tritten am Boden des Abfallkorbs einstampfen. Wenn Lenja sich dann über den Eimer beugte, um die unversehrten Stifte rauszufischen, verpasste Vincent ihr oft noch einen Schubs, damit sie das Gleichgewicht verlor – unter dem Beifall der anderen Jungen, aber auch mancher Mädchen. An den schlimmeren Tagen machten Vincents Gefolgsleute von Anfang an mit. Sie warteten ab, bis Lenja nach Schulschluss das Klassenzimmer verließ und sich wie alle anderen die Hausschuhe vor der Tür abstreifte, um in ihre Straßenschuhe zu schlüpfen. Während sie sich bückte, marschierten sie an ihr vorbei, sechs Jungen, einer nach dem anderen, und jeder verpasste ihr einen Tritt.

Vincent suchte sich seine Opfer ausschließlich unter den Mädchen, Lenja war allerdings sein Lieblingsziel. Möglicherweise, weil sie eben die Jüngste in der Klasse war, dabei aber fast so groß wie er. Vielleicht auch, weil sie zwar zu den schlechten Schülern gehörte, aber gleichzeitig sehr schlagfertig ist und sich mit ihrem ausgeprägten Gerechtigkeitssinn immer wieder in fremde Streitereien einmischt. Aber das sind Spekulationen. Wir haben nie ergründen können, warum er gerade unsere Tochter mit dieser ausgeprägten Bosheit und Beharrlichkeit verfolgte. Es hatte wohl damit zu tun, dass sie sich trotz allem nie ganz zum Opfer machen ließ.

Irgendwann in den ersten beiden Schuljahren musste sie sich eine zweite Haut zugelegt haben. Sie hatte Angst, sich körperlich zu wehren, weil Vincent »so brutal« war (nicht etwa, weil er stärker gewesen wäre als sie, wie sie immer wieder betonte). Aber wenn Vincent zwischen den Angriffen eine Pause einlegte, nutzte sie manche Gelegenheit, um verbal zurückzuschlagen. Auch wenn sie im selben Moment wusste, dass er nie vergaß, sich zu rächen. Sie hatte sich den Stolz eines Underdogs angeeignet, der damit rechnete, jederzeit eins reingewürgt zu bekommen.

Vielleicht, so hoffte ich, könnte Lenja diese Schutzhaltung später im Leben zu ihrem Nutzen einsetzen, dann wäre das Durchhalten in der Klasse für irgendetwas gut gewesen. Mein Verdacht war aber, dass die Attacken sie für immer verändert und ihre Probleme verschärft hatten. Sie wirkte nicht mehr nur verträumt, sie wirkte verloren. Oder verlassen? Weil ich sie im Stich ließ? Ich war nicht da gewesen, um sie zu beschützen, wenn sie herumgeschubst wurde. Dann sollte ich zumindest in der Lage sein, ihren ganzen Schmerz zu ertragen. Das war die größte Herausforderung: zu fühlen, was sie fühlt, und nicht davor zu flüchten oder das Problem kleinzureden.

Ganz selten schaffte ich es, sie weinen zu lassen, ohne einen Versuch zu unternehmen, sie schnell zu trösten. Was sollte ich auch sagen? Dass alles nicht so schlimm sei? Für sie war es schlimm. Das alles wieder gut werden würde? Wie sollte ich das versprechen? Ich konnte die Lehrerinnen nicht zwingen, sich einzumischen. Und Vincents Mutter ging irgendwann dazu über, aufzulegen, wenn ich sie anrief. Lenjas Kummer konnte ich nur schwer und nicht an allen Tagen ertragen, das ist die traurige Wahrheit. Auch aus Angst vor einem Dammbruch meiner eigenen Gefühle. Ich hasse mich dafür.

Und ich hasse den Vater, mit dessen Tochter Lenja befreundet ist. Den ich bislang mochte, wir sind sogar schon zusammen in den Urlaub gefahren, zwei Paare, vier Kinder. Bei einem Wein im Stadtviertel erzählte er mir von einem Tag, einem Freitag, an dem er seine Tochter von der Schule abholen wollte. Lenja sei ihm auf dem Schulhof entgegengekommen, allein, mit hängendem Kopf, und hinter ihr die übliche Truppe mit Vincent an der Spitze. Der versetzte ihr als Erster einen Stoß, sodass sie ins Stolpern geriet. Danach folgte ein Junge nach dem anderen, jeder rempelte sie an, bis alle an meiner Tochter vorbei waren und johlend davonliefen. Ich hörte ihm zu, während sich meine Kehle zuzog, und wartete auf die Stelle, an der er davon berichten würde, wie er eingegriffen habe. Die Geschichte endete, aber die Stelle fehlte. Pause. Ich holte tief Luft und fragte: »Und was hast du gemacht?«

»Ich?«, antwortete er. »Ich habe das beobachtet, und ich habe mich auch noch mal umgedreht, um sicher zu sein, dass nicht noch was Schlimmes passiert.«

Nach diesem Satz musste ich zu Boden schauen. Weil ich für einen Moment nicht wusste, wie dieses Gespräch weitergehen sollte.

»Es ist aber doch etwas Schlimmes passiert«, sagte ich. »Und du hast zugesehen. Warum?«

Schweigen.

Schließlich: »Hör mal, ich wollte dir nur Bescheid sagen. Ich finde nicht, dass man sich immer gleich einmischen sollte. Ich weiß doch gar nicht, was da vorher gelaufen ist.«

»Was könnte denn deiner Meinung nach vorher gelaufen sein, das es rechtfertigt, wenn mehrere Jungs ein Mädchen nacheinander über den Schulhof schubsen?«

Ich weiß nicht mehr, wie das Gespräch genau endete, nur dass es sehr unangenehm wurde und der Kontakt danach abbrach. Ich nehme an, dass dieser Vater sich schlecht fühlte, weil er nichts unternommen hatte. Insgeheim hoffte er wohl, ich würde ihn entlasten. Oder er hatte, wie auch viele Mitschüler oder Lehrer, einen Teil der Schuld bei Lenja vermutet. Vielleicht ist Unschuld für Erwachsene schwer zu ertragen. Weil es sie an die eigene Verletzlichkeit erinnert.

Engagierte Täter-Mütter und ein Mädchen, das sich selbst hilft

Nicht immer gelang es Lenja, nach einem Mobbingtag in der Schule auf Autopilot zu schalten. Wenn ich Glück hatte, konnte ich sie beruhigen, wieder aufbauen und Schlachtpläne für den nächsten Schultag entwerfen. An guten Mobbingtagen konnte sie über das, was passiert war, sogar lachen. Aber oft sagte sie nichts, außer dass sie müde sei. Am Abend entdeckte ich dann einen blauen Fleck an ihrem Oberarm. Sie hatte ihn nicht einmal bemerkt und erinnerte sich erst auf Nachfrage. »Ach so, ja, das war Vincent.« Ein Gespräch darüber, was genau vorgefallen sei, schüttelte sie häufig ab, fast verärgert: »Ist doch egal.« Oder: »Ich will da jetzt nicht dran denken.«

Auf der Website von »Schüler gegen Mobbing« heißt es: »Grundsätzlich ist Mobbing kein individuelles Problem der Opfer oder Täter, sondern ein strukturelles Gruppenphänomen, das eskaliert ist, weil keine rechtzeitigen und hinreichenden Interventionen erfolgten.« Doch ab wann darf man von Mobbing sprechen? Aus der Sicht von Vincents Mutter nie. Denn das würde ihrem Sohn »ein Fremdbild aufdrücken, das er nie wieder loswird«, wie sie gegenüber der Klassenlehrerin argumentierte. Sie ist selbst Lehrerin und wusste, wie man »in so einem Fall vorgeht«.

Auf Elternabenden mied man den Ausdruck »Mobbing«. Da war von einer geringen Frustrationsgrenze bei manchen Schülern die Rede, von alltäglichen Streitereien oder präpubertärem Mädchen-Jungs-Geplänkel. Wenn ich es schaffte, eine von Lenjas Klassenlehrerinnen zu erreichen, wurde meinen Schilderungen gewissenhaft gelauscht, man zeigte sich angemessen betroffen: »Das tut mir natürlich sehr leid, ich wusste nicht, dass es Lenja damit so schlecht geht.« Die Auskünfte zum Verhalten von Vincent variierten stets um denselben Inhalt: »Ja, der dreht gerade mal wieder durch.«

Gründe gab es dafür viele. Am Anfang war seine familiäre Situation schuld, dann auch eine angebliche Hochbegabung (»die ihn in die Unterforderung treibt«) oder ein Misserfolg beim Fußballturnier. Die Lehrerinnen wussten viel über den Jungen, mehr als über jedes andere Kind in der Klasse. Fast jede Woche gab es Gespräche mit Vincents Eltern zur aktuellen Lage, die jedes andere Problem in der Klasse überlagerten. Die gesamte Sprechstundenzeit der Klassenlehrerinnen wurde von den engagierten Eltern des schwierigen Jungen absorbiert. Es ging schließlich darum, ihn vor einer frühen Stigmatisierung zu schützen. (Bei Lenja hatte das frühe Stigma sogar schon einen Namen, den ihr Vincent verpasst hat: Statt sie bei ihrem Vornamen zu rufen, nannte er sie grundsätzlich »Arschgesicht«.) Für mich, die Mutter des Opfers, blieben nach mehreren Anfragen zwanzig Minuten Gesprächszeit. Mehr war nicht drin. Als Beruhigung wurde mir mitgeteilt, dass meine Tochter »nicht die Einzige ist«. Sie war also nicht allein, sondern Teil einer Gemeinschaft von Arschgesichtern. Wie tröstlich.

Mitten in der Nacht überfiel mich oft die Frage, was ich alles übersehen haben könnte. Manchmal stand ich auf und suchte im Netz nach Notfallrufnummern bei Kindermobbing. Überall las ich, dass Eltern häufig die Warnsignale ignorieren: Kopf- und Bauchschmerzen, Schlafstörungen. Die Kinder verlören jede Lebensfreude, würden sich isolieren. Und je länger dieser Zustand dauere, desto heftiger seien die Attacken. Aber ich erfuhr auch: Alle gewöhnen sich daran, die Opfer- und Täterrollen verfestigen sich. Und in dieser Gewöhnung liegt die Gefahr, dass der Stempel sich für ein ganzes Leben einbrennt. Deshalb sollte so früh wie möglich eingegriffen werden. Von der Schule, den Lehrern, denn – auch das stand dort zu lesen – Eltern können nicht viel tun.

Das können die nicht ernst meinen.

Im dritten Schuljahr, kurz vor Weihnachten, eskalierte die Situation. Vielleicht weil es seit Kurzem benotete Klassenarbeiten gab, manchmal drei in einer Woche, der Druck war plötzlich größer geworden. Lenja fing beim abendlichen Bad in der Wanne an zu weinen, hörte nicht mehr auf und war partout nicht dazu zu bewegen, aus dem (mittlerweile) kalten Wasser zu steigen. Bis sie alles erzählt hatte: von den Jungs, die im Flur auf sie warten, von den Mädchen, die ihr auf dem Weg zur Tafel den Kopf runterdrücken, wenn sie an ihrem Tisch vorbeigingen. Dass sie ihren Turnbeutel nicht verloren hatte, sondern dass die Jungs ihn über den hohen Schulzaun geschmissen hätten und sie ihn danach nicht wiederfinden konnte.

Michael war nach dem Gehörten aufgebracht und wollte die Eltern von Vincent anrufen: »Entweder die reden mit dem Jungen, oder ich fange ihn nach der Schule ab …« Am nächsten Tag ging er aber doch nicht zur Schule, obwohl er am Abend zuvor nur den Anrufbeantworter von Vincents Eltern erwischt hatte. Gott sei Dank – denn sonst wären wir am Ende die Täter gewesen. Daraufhin telefonierte ich mit der Lehrerin und wurde gebeten, nicht gleich den Schulleiter einzuschalten. Man würde das Problem im Klassenrat ansprechen.

Lenja hatte ich vorgeschlagen, direkt vor der Klassentür auf sie zu warten. Oder Sanne zu schicken, unsere damalige Kinderfrau. Aber Lenja wollte keinen weiteren Ärger auf sich ziehen und versprach, mich anzurufen, wenn etwas passieren sollte. An diesem Tag erschien sie eine Viertelstunde später als sonst, aber entspannt: Sie hatte sich freiwillig für den Fegedienst gemeldet, um die Zeit im Klassenraum nach dem Schulschlussgong in die Länge zu ziehen.

Denn mit jeder Minute stieg die Chance, dass die Jungen vor der Tür die Lust verloren, auf sie zu warten. Und tatsächlich war der Weg an diesem Tag frei. Darüber, wie es nach der Woche Fegedienst weitergehen würde, wollte sie allerdings nicht sprechen.

Ich war stolz auf Lenjas Mut, die Bedrohung selbst zu managen. Sich selbst zu schützen. Auch wenn ihr Trick nichts an der Rollenverteilung zwischen Meute und Beute veränderte. Und gleichzeitig zerriss es mir das Herz. Denn mir wurde klar, dass dies sicher nicht die erste Situation gewesen war, in der sie für sich Deckung gesucht hatte. Ohne es mir zu erzählen. Mit dem Mut einer Verzweiflung, die kein Grundschulkind allein durchmachen sollte.

Nach den Weihnachtsferien stand ich dann doch im Büro des Schulleiters, denn inzwischen hatte er höchstpersönlich der Klasse einen Besuch abgestattet, aus aktuellem Anlass. Aber nicht, um über Mobbing zu sprechen oder über Gewalt in der Klasse, sondern weil er dabei sein wollte, als sich die lustige Lehrerin vor der Klasse bei einem Schüler entschuldigen musste.

Mühsam hatte ich Lenja jedes Wort aus der Nase ziehen müssen, sie war selbst verwirrt über den seltsamen Auftritt und erzählte nur sprungweise. Nach einigen Anrufen bei den Eltern anderer Schüler fügte sich das Bild zusammen: Die Klassenlehrerin hatte Vincent zusammengestaucht, weil er einen dunkelhäutigen Mitschüler – zum wiederholten Mal – beschimpft und beleidigt hatte. Angeblich wurde ihm dabei angekündigt, künftig eine Liste mit seinen Ausfällen zu führen. Vincent hatte seiner Mutter dann nach der Schule tränenreich von dem Vorfall berichtet – seine übliche Taktik, um einem Anruf aus der Schule mit einer eigenen Version der Geschichte zuvorzukommen. Ich fragte Lenja, woher sie denn wisse, dass Vincent das so mache, und erfuhr, dass er selbst vor den Mitschülern damit angab, dass seine Mutter »ihm alles glaubt«. Die Lehrerin drückte es mir gegenüber mit diesen Worten aus: »Der Junge manipuliert seine Mutter, und die merkt es nicht mal.«

Vincents Mutter rannte mit ihrer Beschwerde dieses Mal direkt zur Schulbehörde, die im Anschluss daran an den Schulleiter herantrat. Am Ende der Beschwerdekette wurde die kleine Welt der 4c auf den Kopf gestellt, denn es war nicht etwa Vincent, der sich entschuldigen musste, sondern seine Klassenlehrerin. Vor allen Schülern und im Beisein des Schulleiters. Und der setzte noch eins drauf, indem er bekannt gab, dass sich jedes Kind, das sich von einem Lehrer angegriffen oder bedroht fühle, immer an ihn oder die Vertrauenslehrerin wenden könne.

Lenja hatte Dutzende von Fragen, die ich alle nicht wirklich beantworten konnte. Mehrfach unterbrach sie ihre Hausaufgaben und später auch das Abendessen, weil es in ihrem Inneren weiter rumorte: »Können die anderen Schüler auch zum Schulleiter gehen, wenn sie sich von Vincent beleidigt fühlen? Warum musste die Klassenlehrerin sich bei Vincent entschuldigen? So etwas, was sie zu Vincent gesagt hat, sagt sie doch auch zu anderen Schülern, wenn die sich schlecht benehmen. Ist Vincents Mutter die Chefin des Schulleiters? Muss ich mich jetzt immer bei Vincent entschuldigen, wenn ich ein Schimpfwort zu ihm sage? Wird unsere Klassenlehrerin jetzt bestraft? Kann das woanders auch passieren? In der nächsten Schule? Oder auch da, wo Erwachsene arbeiten?«

All diese Fragen gab ich an den Schulleiter weiter. Ich sagte ihm, dass die Schüler diese Erfahrung nicht nur in die nächste Woche, sondern in ihr zukünftiges Leben mitnehmen würden. Dass die gemobbten Kinder nun den Eindruck hätten, Vincents Macht würde bis ins Büro des Schulleiters reichen. Dass er selbst die Autorität der Klassenlehrerin so weit untergraben habe, dass sie sich in Zukunft wahrscheinlich noch weniger gegen den Jungen durchsetzen könne als vorher. Und dass ich von ihm erwarte, erneut vor die Klasse zu treten, um auch den gemobbten Schülern das Angebot zu machen, ihn jederzeit ins Vertrauen ziehen zu können. Was nach diesem Vorfall kein Schüler mehr wagen würde, denn offensichtlich sei der Schulleiter ja auf Vincents Seite.

In diesem Gespräch blieb ich ruhig. Obwohl ich dem verlogenen Weichei am liebsten ins Gesicht gesprungen wäre und ihn gern gefragt hätte, ob er morgens noch in den Spiegel schauen könne, nachdem er vor einer hysterischen Mutter, ohne Not, den Schwanz eingezogen hätte. Nichts davon habe ich ausgesprochen, aber mir war übel vor Wut. Als Mutter eines Problemkinds konnte ich mir keine Ausfälle leisten. Ich war und bin auf Kooperation angewiesen. Hysterisch werden andere, mit Erfolg.

Es folgten vage Versprechungen seitens des Schulleiters. Man werde den Vorfall im Klassenrat ansprechen, bei Gelegenheit. Kinder vergessen ja auch so schnell … blablabla.

Tage später bekam ich einen Anruf aus dem Schulbüro. Der Direktor hatte Besuch gehabt. Von Lenja und einer Mitschülerin. Die beiden hatten all ihren Mut zusammengenommen und den Schulleiter zur Rede gestellt, ihn gefragt, warum er Vincent in Schutz genommen habe. Der Direktor wollte nun von mir wissen, ob ich die beiden geschickt hätte. Aber ich war ahnungslos gewesen, Lenja hatte mich nicht in ihre Pläne eingeweiht. »Sie scheinen meine Tochter zu unterschätzen«, antwortete ich.

Tatsächlich war ich diejenige, die sie unterschätzt hatte.

Jungs sind so: hyperaktive Genies gegen nervige Traumsusen

Es ist bestimmt ein Zufall, dass Vincents Vater zu den extrem selbstbewussten und extrovertierten Machern gehört, die gern mit einem Fußballschal über dem teuren Anzug ins Stadion gehen und mit lauter Vortragsstimme nicht nur ihre Mitarbeiter im Griff haben, sondern auch jeden Elternabend oder Elternstammtisch beherrschen. Bei diesen Treffen ließ er keine Gelegenheit aus, seine Theorien zu den angeborenen Unterschieden zwischen Jungen und Mädchen zu verbreiten. Die sich zufällig hervorragend eigneten, um die Probleme seines eigenen Kindes zu erklären: Jungs, so verkündete er, fehle es an Freiraum, um sich körperlich zu beweisen. Es fehle auch an männlichen Vorbildern in der Schule, die Übermacht der Frauen an den Grundschulen führe dazu, dass die Jungs falsch eingeschätzt würden. Durch die weibliche Brille eben. Ihr angeborenes Gebaren werde ständig als Gewalt fehlinterpretiert. Dabei verhalten sich gesunde Buben so, wie es das genetische Programm vorgibt: Sie konkurrieren und kämpfen. Den Höhepunkt seiner spontanen kleinen Vorträge erreichte er immer mit dieser Aussage: »Erst wenn man ihnen diese ureigenen Interessen verweigert, werden sie aggressiv. Deshalb darf man ihnen ein solches Verhalten nicht übel nehmen.«

Ich kannte diese Argumentationskette, schon in der Kita wurde ein klarer Unterschied gemacht: Die Jungen durften den Toberaum mehr als die Mädchen beanspruchen, und die Erzieherinnen zeigten Verständnis dafür, weil »Jungs das brauchen« und »die Mädchen ihn ja viel weniger nutzen, um richtig zu toben, sondern bloß zum Turnen«. Selbst gemeinste Angriffe gegen jüngere Kinder wurden mit angeblich typischem Rollenverhalten gerechtfertigt. Das dürfe man nicht so ernst nehmen, hieß es, Jungs würden auf diese Weise »Kontakt suchen«. Ein Mädchen aus Lenjas Gruppe, das andere Kinder biss, wurde dagegen postwendend zur Psychologin geschickt.

Im Bundesfamilienministerium gibt es inzwischen ein Jungenreferat, das sich um männliche Schulversager kümmern soll und die offensichtliche Benachteiligung, die dahintersteckt. Und Pädagogen sorgen sich um die Männer von morgen: Immer mehr Jungen verlassen die Schule mit miserablen Noten. Die Statistiken machen Mütter und Väter unruhig: Seit Anfang der neunziger Jahre dominieren die Mädchen beim Abitur – mit durchweg besseren Noten als die Jungen. Seit zwei Jahren überwiegen die Frauen auch an den Hochschulen. Alle reden von einer »Jungenkatastrophe«, als würde eine Horde hormongesteuerter Minderleister wie ein menschlicher Tsunami auf uns zurollen. Gut möglich, dass Buben gar keine andere Wahl mehr haben, als in genau diese Rolle hineinzuwachsen, aber mit Genen oder Hormonen hat das wenig zu tun. Eher damit, dass ein solches Verhalten inzwischen von ihnen erwartet wird. Edit Schlaffer und Cheryl Benard, zwei Soziologinnen, haben vier Jahre lang Schulklassen beobachtet. Sie sind zu dem Schluss gekommen, »dass auch die stillen, verträglichen und sensiblen Jungen in den Sog eines Männlichkeitsentwurfs geraten, der ein machohaftes und gewaltbereites Auftreten verlangt. Auch wenn dieses Ideal nur von zwei oder drei Schülern einer Klasse repräsentiert wird, passt sich der Rest an.«

In Lenjas Klasse waren es bis zu sieben Jungen, die Vincent und seinem besten Kumpel folgten. Keine der Lehrerinnen hatte diese Gruppenbildung jemals als problematisch angesehen. Ihre Tendenz zum Über-Tische-und-Stühle-Gehen wurde auch bei ihnen als Ausdruck ihres Y-Chromosoms verbucht. Deshalb kam auch niemand auf die Idee, ihr Sozialverhalten mit dem der Mädchen parallel zu setzen.

Bei Lenja wurde qua Geschlecht nicht derselbe Maßstab angelegt wie bei Vincent und anderen Rabauken, denn dann hätte sie im Vergleich recht gut abschneiden müssen: Sie hatte Lernprobleme, mobbte aber keine Mitschüler.

Lenjas Konkurrenz waren die Musterschülerinnen, die morgens vor der Schule ihre Buntstifte anspitzten und alle Extraaufgaben machten. Diese Mädchen ließen keine gefüllten Joghurtbecher (samt Löffel) auf der Fensterbank stehen, und sie mussten auch nicht fünfmal in einer Stunde aufs Klo, weil sie nicht wussten, wohin mit dem Chaos in ihrem Kopf. All das aber wurde Lenja persönlich angelastet und leider nicht ihrem doppelten X-Chromosom. Schade, sonst wäre sie so fein raus gewesen wie Vincent und hätte vielleicht ein wenig pädagogische Aufmerksamkeit auf ihre »Fehlanpassung« lenken können, statt immer nur mit einem irritierten Stirnrunzeln bedacht und ansonsten übersehen zu werden.

Ich hätte natürlich versuchen können, mit einigen dieser Gedanken eine kleine Debatte an einem der Elternabende loszutreten oder die Lehrerinnen damit zu konfrontieren. Aber die Reaktionen auf meine Argumente fielen schon im Freundeskreis so deprimierend aus (»Das ist doch der Stand der Wissenschaft, genetische Unterschiede kann man nicht wegdiskutieren«), dass mir schlicht der Mut fehlte, gegen die Windmühlenflügel anzukämpfen.

Ab und zu kam mir ein Vertreter der »Jungenkatastrophe« außerhalb der Schule unter die Nase. Zum Beispiel in einem Interview mit einem frischgebackenen Grundschulleiter in der Zeitung, in der ich gerade Kartoffelschalen entsorgen wollte: Ihm fiel zum Thema Jungen aber auch nichts Besseres ein, als das nachzuplappern, was gerade en vogue war. Natürlich machte es keinen Sinn, diesem Mann ans Bein zu pinkeln. Aber um mich vom Rauchen abzuhalten, schrieb ich dem Schulleiter einen Brief. Und schickte ihn nie ab.

Brief an einen Jungsförderer

Lieber Herr Meyer,

Sie wollen vor allem die Jungen fördern, weil sie schlechter ins »System Schule« passen. Mit Ihrem Statement zu den benachteiligten Jungs stehen Sie ja nicht alleine da. Ich verfolge die Diskussion seit ein paar Jahren. Ich würde gern mit Ihnen über die angeblich genetischen Ursachen für das Versagen der Jungen diskutieren und warum dieses Problem erst im 21. Jahrhundert zu einem solchen geworden ist. Offensichtlich hat die Evolution einen Sprung zum Nachteil eines Geschlechts gemacht, denn das System Schule ist ja relativ stabil in seinen Anforderungen, was Fleiß und Disziplin betrifft. Genau genommen waren die Ansprüche bei diesen Sekundärtugenden in den sechziger Jahren beispielsweise sogar sehr viel höher, und das bei einer Klassenstärke von bis zu fünfzig Schülern. In den Zeitungsarchiven findet sich aus dieser Zeit trotzdem kein einziger Artikel über benachteiligte »Knaben«. Woran liegt das? Diese Frage beschäftigt mich, seit die »Jungenkatastrophe« zu einem Dauerbrenner in den Medien avanciert ist. Obwohl sich die Zahl der männlichen Absolventen an den Unis nur marginal zugunsten der Mädchen verschoben hat und Jungs weiterhin nach wie vor die Mehrheit der gut dotierten Führungspositionen ergattern. Oder, anders ausgedrückt: im Laufe ihrer Karriere sehr viel besser ins »System« passen als die weiblichen Altersgenossen. Beispielsweise stellen Männer 97 Prozent aller CEOs. Aber das führt wohl zu weit.

Außerdem beschäftigt mich dieses Problem zurzeit sehr viel weniger als die Tatsache, dass meine eigene Tochter auch nicht ins »System Schule« passt. Was aber weder die Schulleitung noch die Lehrer ihrer Klasse zu sehr beküm-

mert. Meine Tochter hat einen sehr hohen IQ, versagt aber trotzdem, weil sie mit einem Bündel von Problemen zu kämpfen hat, die sich nur teilweise unter einer Diagnose subsumieren lassen. Sie leidet an einer Aufmerksamkeitsstörung, einer Lese-Rechtschreib-Schwäche und inzwischen auch an einem negativen Selbstbild, das ihre Leistungen darüber hinaus mindert. Sie ist ein wunderbares Mädchen, interessiert sich für den Weltraum, dafür, wie Evolution oder eine Regierung funktioniert, ist überaus emphatisch, großzügig und hilfsbereit, und sie ist eine begeisterte Hockeyspielerin.

Eines ihrer größten Probleme ist aber offenbar, dass sie mit ihren Handicaps kaum Aufmerksamkeit erzeugt. Sie versinkt einfach still und leise im Chaos. Sie schlägt keine Mitschüler oder kickt Schultaschen über den Flur wie einer der Jungen, der sie mobbt – und der, nebenbei bemerkt, die Grundschule mit einer Empfehlung für das Gymnasium verlassen wird: dank intensiver Förderung und wöchentlicher Krisengespräche mit den Eltern. Mit »vereinten Kräften« wurde dieser Junge ins System zurückgehievt. In derselben Zeitspanne, in der meine Tochter langsam, aber stetig »abschmierte«, konnten sich die Lehrerinnen meiner Tochter nur alle paar Monate maximal zwanzig Minuten für ein Gespräch mit mir und meinem Mann »freischaufeln«. Eines dieser Treffen kam nur zustande, weil die Schulbehörde sich einmischte. Wegen der offensichtlichen Diskrepanz zwischen Begabung und Leistung bei meiner Tochter.

Kurzum: Sie werden im Moment wenig Zeit haben, aber vielleicht haben Sie eine Idee, die mir bei meiner individuellen »Mädchenkatastrophe« weiterhelfen könnte?

In jedem Fall wünsche ich Ihnen viel Erfolg für Ihre neue Tätigkeit, vor allem im Bereich der Jungenförderung.

7
Katastrophenalltag und Kicheralarm

In den Kindern erlebt man sein eigenes Leben noch einmal, und erst jetzt versteht man es ganz.

Søren Kierkegaard,
Philosophische Schriften

Anfang vom Ende her

Am liebsten hätte ich diese Geschichte so erzählt, wie John Irving seine Romane schreibt. Der amerikanische Autor beginnt immer mit dem Ende und entwirft die Handlung im Rückwärtsgang. Dann wäre Lenja jetzt vielleicht volljährig, und ich würde bereits wissen, ob sie trotz ihrer chaotischen Grundschuljahre ihren Weg gefunden hat. Ob sie irgendeine Ausbildung, ein Studium, vielleicht auch auf Umwegen, beendet hat, ob sie mit ihrem Leben zufrieden ist. Wenn ich nur jetzt schon wüsste, wie Lenjas Geschichte endet, hätte ich nur den Schluss schon im Kopf. Als stimmiges Ganzes, in dem alle Fäden zusammenlaufen. Und das dem Heulen und Zähneklappern, den durchwachten Nächten und den vielen Streiten im Nachhinein einen Sinn verleiht.

Vier Grundschuljahre brauchte ich, um mir einzugestehen, dass aus meiner ältesten Tochter nie ein pflegeleichtes Kind werden würde. Und dass dieses Kind trotzdem erwachsen wird, so oder so. Es war meine frühere Therapeutin (sie behandelte mich wegen meines Burnouts), die mich daran erinnerte, dass ich mit den ständigen Grübeleien nicht nur mir selbst, sondern vor allem Lenja schade. Es sei nicht nur unmöglich, sondern auch unfair, von einem neunjährigen Kind auf die künftige Erwachsene zu schließen. Nicht jede kleine Alltagskatastrophe, nicht jede Fünf in Mathe oder jede Mobbingattacke müsse für den Rest ihres Lebens eine Bedeutung haben.

Mit der dummen Angewohnheit, immer gleich Lenjas gesamte Zukunft mitzudenken und entsprechende Horrorszenarien zu entwerfen, wolle ich mich insgeheim nur selbst bestrafen. Genau genommen mein Rabenmutter-Ich, das zu schnell nach ihrer Geburt wieder in den Job zurückgekehrt war, das Lenja mit nicht einmal einem Jahr in die Krippe gegeben und dann auch noch früher als nötig eingeschult hatte. Mit diesen Selbstvorwürfen halte ich mich nur in der Vergangenheit auf, statt mich meinem toughen Kind zuzuwenden, das all das irgendwie überstanden habe.

Und sich weniger Sorgen machte als ich. Als ich Lenja am Ende der vierten Klasse wiederholt fragte, was sie später gern werden würde, sagte sie: »Mama. Ich sag es jetzt noch mal: Ich weiß es nicht. Auch nicht morgen. Nächste Woche auch nicht. Aber ich weiß, was ich heute Abend gern essen würde. Können wir damit anfangen? Jetzt?«

Ich versuchte mich daran zu gewöhnen, nicht weiter als bis zum Ende der Woche zu planen.

Im vierten Grundschuljahr begann ich dann auch zu akzeptieren, dass es neben den Schlüsselszenen und Schicksalsmomenten einfach solche und solche Tage gab. Dass ein verlorener Turnbeutel ein kleines Drama oder einen Kicheranfall auslösen konnte. Man muss sich nur entscheiden.

Endlich fing ich an, von meiner Tochter zu lernen.

Gestreute Turnbeutel, Teil I

Pippilotta Viktualia Rollgardina Pfefferminz Efraimstochter Langstrumpf hat keine Zeit und keinen Kopf für Termine, für Ordnung, Sauberkeit, Tischmanieren oder für irgendwelche Regeln wie einen festen Tagesablauf. Sie ist faktisch nicht beschulbar, verbreitet Chaos, weiß trotzdem alles besser und hat einen ausgeprägten Gerechtigkeitssinn. Sie kommt sehr gut ohne »Plutimikation« aus und ist auch ohne Schule schwer beschäftigt – mit Sachensuchen zum Beispiel. Sie erfindet ständig Geräte, Geschichten oder Abenteuer. Wenn sie über eines ihrer Projekte nachdenkt, ist sie nicht ansprechbar, aber umso redseliger, wenn es darum geht, andere von ihren verrückten Ideen zu überzeugen. Das Vorbild für Pippi war angeblich eine Schulkameradin der Tochter von Autorin Astrid Lindgren. Ein Mädchen mit roten Haaren, das lieber raufen wollte, als mit Puppen zu spielen.

Bei Erscheinen des ersten Pippi-Bandes bescheinigte ein schwedischer Pädagogik- und Psychologieprofessor dem geistigen Kind Lindgrens »geisteskranke Fantasie«. Damals wäre eine real existierende Pippi Langstrumpf wohl erst in einem Heim und dann in einer Irrenanstalt gelandet. Heute, im 21. Jahrhundert, würden ihre besorgten Eltern einen Kinderpsychologen konsultieren. Und der würde wahrscheinlich ADS oder ADHS diagnostizieren. In beiden Fällen hätte Pippi bestenfalls die Vorlage für eine tragische Romanfigur liefern können – gezähmt und eingesperrt, mit Ritalin ruhiggestellt.

Das anarchische Wesen dieser Figur kann nur in einer Welt ohne Eltern und andere Autoritäten aufleben. Der Vergleich hinkt also etwas, trotzdem: Wer eine der – wie ich behaupte – vielen legitimen Nachfolgerinnen Pippis zur Tochter hat, sollte sich ab und zu im Geiste nach Taka-

Tuka-Land begeben, in dem eine gute Lügengeschichte das Leben retten und das Tragen sauberer Kleidung das Leben kosten kann. Einfach mal alles ignorieren, was den Blick auf das eigene wundervolle Kind verstellt: unausgesprochene Meinungen, halb gare Diagnosen, dumme Ratschläge, Zensuren oder Einträge ins Hausaufgabenheft. Übertragen auf meine Situation bedeutet das: Solange man alle Versuche unterlässt, aus Lenja auch nur ansatzweise ein adrettes Schulmädchen zu machen, gibt es vor allem eines – eine Menge zu lachen.

Im Winter geht sie manchmal ohne Strümpfe aus dem Haus, sie findet das Gefühl von nackten Zehen im Fellfutter der Stiefel so »kuschelig«. Im Sommer greift sie aber durchaus mal zu Skisocken, bevor sie in Sandalen schlüpft, weil sie die Riemen auf nackter Haut nicht mag. Ansonsten findet sie das Nachdenken über Outfits, was wie zusammen- oder zu welchem Wetter passen könnte, anstrengend und »unnötig«. Zufällig passt diese uneitle Haltung zu ihrer Begabung – oder ihrem Handicap, je nach Betrachtungsweise –, alles um sich herum zu vergessen. Im wahrsten Sinne des Wortes.

Lenja verstreut ihre Habseligkeiten wie eine Pusteblume ihre Sporen: Nach dem Hockeytraining kommt sie nicht in Straßenklamotten (wie ihre Mannschaftskameradinnen), sondern in kurzer Sporthose nach Hause, auch bei winterlichen minus 14 Grad. Jeans und Pullover bleiben stattdessen in der Umkleide liegen, oft eine ganze Woche. Als Ersatz für die verlorenen Klamotten kreiert Lenja abenteuerliche Outfits, die sie in Minutenschnelle zusammenkramt: eine Wollstrumpfhose unter einer Jeansshorts, dazu ein Sommerrock. Oben herum ein farbiges Unterhemd, das über ein langärmeliges Shirt gezogen wird, zum Schluss eine Trainingsjacke. Das Ergebnis wäre der Kracher in jedem Style-Blog. Und da es nie lange dauert, bis von so einem neuen Outfit wieder ein Teil verschwindet, ist sie auch auf ihre Verkleidungskiste angewiesen. Einmal hat sie sich ein Oberteil aus bunten Strumpfhosen und Tüchern gebastelt, die ich ihr überlassen hatte. Sie sah aus wie ein Regenbogenlolli.

Die Schule ist ein einziges Bermudadreieck: Inzwischen sind wir beim fünften Turnbeutel samt Inhalt angelangt, die Vorgänger sind in Raum-Zeit-Löchern zwischen den Fluren verschwunden. Deshalb tauchen manchmal auch zwei davon gleichzeitig wieder auf – in einem Fall ein aktueller Beutel sowie einer aus einer früheren Phase. Den Inhalt des alten Turnbeutels bringt Lenja dann sofort »unters Volk«, indem sie die Größen auf den Waschzetteln ihren Mitschülern vorliest, und jeder, der hineinpasst, kann sich melden. Hat sich eine Abnehmerin gefunden, kommt sie glückstrahlend nach Hause und erzählt mir, wie sehr sich Soundso über ihre blauen adidas-Turnschuhe aus dem letzten Jahr gefreut hat: »Die Arme hat ja immer noch Größe 33. Wie peinlich ist das denn?«

Von allem, was als Paar existiert, verliert sie vorwiegend nur ein einzelnes Teil, sodass wir inzwischen einen ansehnlichen Haufen von verwaisten Handschuhen in den unterschiedlichsten Farben vorweisen können. Lenjas Sinn für gewagte Kombinationen macht es jedoch möglich, dass die meisten von ihnen trotzdem zum Einsatz kommen. Denn solange ausreichend rechte und linke Handschuhe vorhanden sind, läuft sie auch »bunt« herum. Und argumentiert vor Freunden, »dass gleichfarbige Paare total einfallslos sind«.

Zu meinen festen Quartalsterminen gehört ein Besuch in der Schule, bei dem ich eine Viertelstunde vor Schulschluss die Flure durchstreife. Anfangs ärgerte ich mich über jeden Fund, aber um Magengeschwüren vorzubeugen, musste ich mir eine andere Haltung zulegen: Es gibt doch eigentlich nichts Schöneres, als Dinge wiederzufinden, von denen man sich längst verabschiedet hat …

Als Erstes wühle ich mit beiden Armen in der Fundkiste vor dem Treppenaufgang. Dann schaue ich in den Kasten beim Hausmeister, wo ich auch schon Schals und Schmuck aus meinem Kleiderschrank entdeckt habe. Anschließend geht es weiter zur Turnhalle, um Umkleiden und Sitzbänke abzuklappern, zuletzt in den Flur vor dem Klassenzimmer: Unter den Schränken, hinter den Heizungen oder auf den Fensterbänken wartet fast immer eine Überraschung auf mich.

Es klingt nach Selbstbeschiss, aber ich habe diese Viertelstunden schätzen gelernt. Ich freue mich über jedes T-Shirt oder jede Mütze, die mich an einen Urlaub oder einen gemeinsamen Nachmittag erinnert. Ich stecke meine Nase tief in den Stoff oder die Wolle und erschnuppere meine Tochter. Zu Hause präsentiere ich dann alle Fundsachen einzeln, wie nach einer Schnäppchentour, und amüsiere mich über Lenjas Begeisterung. Denn meistens hat sie die Sachen nicht einfach verloren, sondern tatsächlich vergessen, dass sie sie jemals besessen hat. Umso größer ist die Freude über jedes neue, alte Beutestück. Der Tag ist gerettet.

Vorausgesetzt, sie hat ihre Brille auf der Nase und die passenden Hefte für die Hausaufgaben im Ranzen. Denn natürlich gibt es Tage, an denen sich jede Gelassenheit und auch der letzte Rest an Wohlwollen verflüchtigen. Alles andere wäre sinnlose Schönfärberei. Aber zum Schutz der eigenen Muttergefühle ist es enorm wichtig, die fröhlich-chaotischen Tage mit Lenja zu feiern. Um Kraft zu schöpfen für die anderen, die sich zu einer einzigen langen Zerreißprobe dehnen. Und an denen uns beiden das Lachen vergeht.

Gestreute Turnbeutel, Teil II

Pippi Langstrumpf war keine Brillenträgerin. Aber selbst wenn sie eine gewesen wäre – mit ihrem Koffer voller Goldmünzen hätte sie eine verlorene Brille wohl jederzeit ersetzen können.

Lenja trägt inzwischen die dritte Brille in anderthalb Jahren. Bei einer Sehstörung mit Hornhautverkrümmung sind das rund 600 Euro zusätzliche Ausgaben. Ganz zu schweigen von den Nachmittagen beim Augenarzt und im Brillenladen, um eine neue zu beschaffen. Dazu kommen Trainingsjacken für ungefähr 150 Euro, Trainingshosen für 120 Euro, Daunenwesten für 90 Euro, Woll- und Sportmützen im Wert von rund 150 Euro, verschiedene Armbanduhren für insgesamt 120 Euro, Armbänder und Ketten für rund 100 Euro, ein Handy (70 Euro), ein Roller (120 Euro) sowie diverse Turnbeutel und Hallenschuhe (220 Euro) – um nur die kostspieligsten Dinge aufzuzählen.

In einem Haushalt mit zwei Einkommen lässt sich mit Geld einiges ausgleichen. Aber irgendwann summiert sich die Verlustliste auf einen Betrag, den man in einen Urlaub investieren könnte. Und zudem kann man auch das verträumteste Kind nicht dauernd vor Konsequenzen schützen, ohne es lebensunfähig machen. »*It's nothing else but dog-training* – es ist nichts anderes als Hundetraining«, meint eine dänische Freundin, die eine ähnlich zerstreute Tochter hat. Das klingt brutal, aber es hilft, Haltung zu wahren. Vor allem, wenn man sich in den Verdacht hineinsteigert, das Kind könnte mit Absicht Chaos verbreiten. Die ganzen Ausfälle und kleinen Katastrophen, der zehnte verschwundene Füller, die immer gleichen Rechtschreibfehler, die Haferflocken an der Stuhllehne, die zermatschten Weintrauben am Grund der Schultasche – all das könnte reine Bösartigkeit sein. Mit dem Ziel, einen mürbezumachen.

Für Außenstehende mögen das seltsame Fantasien sein, aber in Kombination mit Übermüdung und unterdrückter Wut erscheint vieles möglich. Dann sitze ich vor Lenja, während sie zehn Minuten über einer »babyeierleichten« Divisionsaufgabe brütet, und starre sie an, voller Feindseligkeit. Wenn meine Tochter unerwartet aufschaut, sieht sie in ein Gesicht, das ihr einen Schrecken versetzt – und ich versuche schnell ein freundliches aufzusetzen. Ohne den Verdacht ganz loszulassen … In solchen Momenten schützt einen der Gedanke an ein Hundetraining vor gefährlichen Projektionen.

Ob es nun an der Aufmerksamkeitsstörung liegt oder an der Überforderung im Schulalltag, an ihrem Wesen oder ob alles zusammentrifft: Lenja braucht drei- bis zehnmal länger als andere Kinder in ihrem Alter, um sich Prioritäten und Abläufe einzuprägen. Und täglich grüßt das Murmeltier: Die Brille gehört stets an dieselbe Stelle, wenn sie vor dem Schlafen abgelegt wird, sonst wird es am nächsten Morgen eng. Also heißt es jeden Abend: Wo ist die Brille? Such die Brille. Ja, auch unterm Sofa, auf dem Balkon und hinter der Heizung. Dann ist eben keine Zeit mehr, ein Buch zu lesen. Und wenn die Brille am nächsten Morgen wieder verschwindet, fällt das Frühstück aus. Wer diese Methode durchgehend anwendet, auch vor anderen Menschen, die mitunter entsetzt sind über so viel Härte, erlebt irgendwann kleine Erfolge. Aber der Preis ist hoch, denn die Rolle des Hundetrainers hinterlässt Spuren. Irgendwann beschränkt sich die Kommunikation auf knappe Befehle: »Lenja, Jacke? Schuhe anziehen! Leg die Bürste weg, keine Zeit mehr. Lenja! Schultasche, neben der Tür!«

Am dritten Tag in Folge, an dem sie ohne Brille nach Hause kommt, liegen die Nerven blank, weil mal wieder alles ins Rutschen gerät. Das Mittagessen muss warten, schnell zurück zur Schule, um den Hausmeister noch zu erwischen. Der kennt uns und schüttelt schon von Weitem den Kopf. Also platzen wir zum x-ten Mal in den nachmittäglichen Musikunterricht, der in Lenjas Klassenzimmer stattfindet, um den Raum zu durchsuchen. Genervte Blicke und Kommentare. Mutter und Tochter ziehen den Kopf ein. Ich entschuldige mich zum ich weiß nicht wievielten Mal und finde mit etwas Glück schnell die Brille. Aber bald sind wir wieder da, und irgendwann bleibt auch das übliche Kopfnicken als Reaktion aus. Ist das Arbeitsheft mit den Hausaufgaben in der Schule geblieben, sieht die Prozedur identisch aus, nur ohne Zwischenstopp beim Hausmeister.

An solchen Tagen ist die Mutterliebe aufgebraucht. Ich entwickele eine heilige Wut, hacke auf meiner Tochter herum, scheuche sie vor mir her, schleife sie an der Hand durch die Straßen zurück zur Schule, werde sarkastisch, verliere jede Zurückhaltung. Das ganze Repertoire, bis auf Schlagen, aber wahrscheinlich ist es schlimmer als das. Und wenn wir wieder zu Hause sind, hasse ich mich für jedes Wort. Am Ende sitzen sich oft zwei Häufchen Elend gegenüber, beide heulend. Mit dem Unterschied, dass eine von uns beiden nichts Böses getan hat. Und mir trotzdem verzeiht. Was bleibt ihr anderes übrig? Manchmal habe ich mir gewünscht, sie wäre weniger großzügig …

Wie die Mutter, so das Kind

… und wir wären uns nicht so ähnlich! Was aber auch nur begrenzt stimmt. Ich will nicht zu weit ausholen, aber jede Mutter, jeder Vater hat diesen elementaren Wunsch nach einem Wesen, das ihm gleicht. Selbst wenn niemand sonst irgendwelche Ähnlichkeiten erkennt, suchen wir Eltern verzweifelt nach etwas, das wir wiedererkennen. Gerade wenn die eigenen Eltern eher spärlich mit Liebesbeweisen waren, holt man sich auf diese Weise die späte Bestätigung, ein liebenswertes Kind gewesen zu sein.

Daneben lauert das Versagen, lauern die Schwächen und die vielen Peinlichkeiten, die zwangsläufig jede Kindheit durchlöchern, weil sie zum Menschwerden gehören. Wer aber wird schon gern an die entsprechenden Situationen erinnert? Bis heute gehe ich Menschen aus dem Weg, die damals Zeugen waren. Als ich vom Pferd fiel und mir vor Schreck in die Hosen machte. Genau genommen hatte das Tier gebockt, weil ich vergessen hatte, den Sattelgurt festzuschnallen, und das Ding gegen seinen Bauch schlug. Nie wieder besuchte ich den Bauernhof, auf dem es passiert war. Zeit meines Lebens mied ich auch den Dorfpolizisten, der meinen Eltern vorschlug, mich einem Psychologen vorzustellen: Ich war mit dem Fahrrad auf dem Standstreifen gefahren (aus Eitelkeit ohne Brille) und prallte von hinten auf seinen Dienstwagen. Exakt: auf den parkenden Wagen. Das Fahrrad war Schrott. Alle anderen Räder, insgesamt sechs (!) bis zu meinem sechzehnten Lebensjahr, waren verschwunden oder geklaut, weil ich vergaß, sie abzuschließen, oder nicht wusste, wo ich sie abgestellt hatte. Ich war ebenso dafür bekannt, dass damals kein Essen verging, bei dem ich nicht etwas umschmiss, verschüttete oder vom Tisch fegte. Aus Versehen. Aber irgendwann galt das nicht mehr als Entschuldigung, sondern als Zweitname. Ich war der Familientrottel.

Dass ich als Schusseltrine galt, die immer für eine Überraschung gut war, gehörte zu meiner Geschichte und deshalb ein wenig zu meinem Selbstverständnis. Aber ich schwöre – all diese kleinen und großen, durchaus auch folgenreichen Unglückssituationen im Alltag hatte ich vollkommen verdrängt. Mir war nie klar, welches Ausmaß mein Hang zum Chaos damals erreichte. Bis ich bei einem Besuch in der Heimat auf meine frühere Lieblingslehrerin traf und ihr von meiner »Überraschungstüte« Lenja erzählte. Sie sagte: »Du warst doch genauso!« Darauf folgte eine lange Aufzählung meiner Schusseligkeiten und Unfälle, immer wieder von Kichern unterbrochen. »Ich habe mir trotzdem nie Sorgen gemacht, weil du so kreativ und wortgewandt warst. Aber als ich hörte, dass du Mutter geworden bist, kam mir schon der Gedanke: Hoffentlich vergisst sie nicht mal das Baby im Bus …«

Meine Lieblingslehrerin hatte Humor und ein großes Herz, vielleicht wären meine ersten Schuljahre sonst anders verlaufen. Sie konnte liebevoll auf meine Ausfälle reagieren. So wie mein ehemaliges Kindermädchen, mein damaliger Handballtrainer oder die Mutter meiner besten Freundin. Meine eigene Mutter war zwar oft genervt und enttäuscht und hat es mich spüren lassen, aber sie hat mich niemals angeschrien. Alle, die ich nach dem Gespräch mit meiner Lehrerin befragt habe, kamen allerdings zu demselben Schluss: Es sei ein kleines Wunder, dass ich es geschafft hätte, ein geregeltes Leben zu führen, ohne größere selbst verschuldete Katastrophen, in einem erfolgreichen Job, mit einer Familie und allem, was dazugehört.

Andere hätten diese Erkenntnisse vielleicht mit einem versöhnlichen Grinsen in die Erinnerungskiste gepackt. Für mich entwickelten die Neuigkeiten aus der Vergangenheit eine gewisse Gefühlswucht, vor allem beim Abgleich mit Lenjas Geschichte: Ein großer Teil der Wut und der Verzweiflung, mit denen ich versuchte, ihr Versagen zu verhindern, entsprang meiner eigenen Geschichte als Trottel. Ich hatte in meiner Tochter mein früheres Ich bekämpft. Zu dem nicht nur ein sehr verträumtes, sondern ein ebenso extrem unsicheres, überangepasstes und sehr ängstliches Kind gehörte. Ich bekam damals nicht nur wohlwollende oder verständnisvolle Kommentare zu hören, auch das fiel mir wieder ein. Ich erinnerte mich an das Kopfschütteln und Geflüster hinter meinem Rücken, wenn ich wieder einmal etwas vermasselt hatte. Es gab einige Menschen, die mich für eine Idiotin hielten und entsprechend behandelten, sodass ich irgendwann selbst davon ausging, ich sei zu blöd für diese Welt. Von meiner Tochter hatte ich denselben Satz im Ohr, wenn sie weinend aus der Schule kam: »Ich bin eben zu blöd für die Schule.«

Verwirrt, aber mithin erleichtert über all die neuen Einsichten, verfestigte sich bei mir mittlerweile ein Verdacht, ein doppelter Verdacht: Anscheinend trafen die Ergebnisse des ADS-Schnelltests, den ich ja spaßeshalber ausgefüllt hatte, tatsächlich auf mich zu. Allerdings hatte ich, wie gesagt, aus der Grundschule immer nur Bestnoten und Lob mit nach Hause gebracht. Zugegeben: aus der Grundschule Ende der siebziger Jahre. Als ADS in Deutschland noch unbekannt war. Wo es keine rotierenden Sitzplätze gab oder nebulöse Konzepte von einem eigenverantwortlichen Lernen, sondern lustige Lieder am Morgen und klare Aufgaben, an denen wir alle gleichzeitig arbeiteten unter der Aufsicht von jemandem, der sofort sah, wenn man abgelenkt war oder Hilfe brauchte. Alle Schultische waren nach vorne ausgerichtet, sodass wir immer die Lehrerin im Blick hatten. Genauso wie sie uns. Eine Lehrerin, die Autorität besaß. Und unser Vertrauen. Ich fühlte mich sicher und respektiert, vielleicht sogar mehr als von meinen Eltern. Die auch wenig Zeit hatten, aber im Unterschied zu heute gab es einen Feierabend, der eingehalten wurde. Kurzum: Die Schule war für mich kein Hort der Kreativität oder Spontanität, aber sie hatte es geschafft, mich aus meiner Verträumtheit herauszulocken und mir Konzentration beizubringen.

Vielleicht macht das schon den ganzen Unterschied aus, zwischen einer verträumten Schulversagerin und einer verträumten Musterschülerin. Zwischen Tochter und Mutter. Da wäre ich dann auch bei meinem zweiten Verdacht: Die

Aufmerksamkeitsstörungen, die so viele Kinder zu Patienten machen, sind vielleicht nur ein Gespenst, das so lange spukt, wie alle daran glauben. Vielleicht sollten wir stattdessen wieder anfangen, an unsere Kinder zu glauben. Genau das habe ich bei Lenja nicht immer geschafft. Weil lange Zeit diese verdammte Diagnose zwischen uns stand. Ich habe meine Tochter nicht gesehen. Anders ausgedrückt: Ich konnte sie oft nicht sehen, wie sie wirklich war, nämlich ohne Diagnose, nur mit ein paar wundervollen und herausfordernden Eigenarten.

Hirnstörung oder Kulturstörung?

Wer Lenja kennt, kommt nicht auf ADS. Im Gegenteil. Sie ist eher das typische Opfer der hyperaktiven Jungen, also der ADHSler, die ihr Hirnstoffwechselproblem ganz anders ausdrücken als sie – nämlich indem sie sie in den Papierkorb schubsen. Dass es auch eine verträumte Variante derselben Aufmerksamkeitsstörung (ADS) gibt, wurde uns ja erst beim Neurologen erklärt: »Mit einer Medikamententherapie könnte Lenja zeigen, was sie wirklich kann.« Wir haben das Ritalin-Rezept trotzdem in den Papierkorb geschmissen. Andere greifen dankbar zu. In Lenjas Klasse gab es beispielsweise zwei kleine Patienten, die Dunkelziffer lag aber höher.

Verrückte neue Schulwelt: Da sitzen also in einer beliebigen Grundschulklasse ADHSlern neben ADSlern, und in der Pause fallen die Hyperaktiven über die Verträumten her, und am Ende bekommen beide Ritalin verschrieben. Dasselbe Medikament für zwei völlig unterschiedliche Störungen, das allein sollte einen schon misstrauisch machen. Wenn es sich überhaupt um eine Störung handelt. Der einzige physische Beweis besteht bis heute aus der Tatsache, dass Ritalin bei den betreffenden Kindern wirkt. Punkt. Das nennt man wohl einen Zirkelschluss. Ritalin fährt die Kinder runter, manche bis zur Unkenntlichkeit. Es macht unerträgliche Kinder erträglich. *Normale* Kinder müssten unter Ritalin-Einfluss eigentlich aufdrehen. Das wäre dann der Beweis, dass die Hirne der ADSler tatsächlich anders funktionieren, aber ein solches Experiment wäre nicht zu vertreten.

Fest steht, dass die Diagnose vorwiegend allen anderen Beteiligten hilft. Mir auch. Es ist eine enorme Entlastung, zu wissen: Das Kind ist einfach nur krank. Erziehungsprobleme, Lebensstil oder Schulzwänge als mögliche Ursache fallen erst einmal weg. Ein neurologisches Etikett entlässt ebenso die Lehrer aus der Verantwortung, denn ab hier ist der Fachmann zuständig. Schließlich findet man ADHS schon seit über dreißig Jahren im Diagnosekatalog der Amerikanischen Psychiatrischen Gesellschaft, der auch bei uns in Deutschland als Bibel gilt. Damit hat die Diagnose einen ähnlich pathologischen Status wie eine Depression oder Schizophrenie. Die Inhalte des Katalogs werden alle paar Jahre aktualisiert. (Bis 1973 stand zum Beispiel auch Homosexualität auf der Liste.)

In der Ausgabe vom Mai 2013 sind die Diagnosekriterien für ADHS noch einmal neu justiert worden. Eine Aufmerksamkeitsstörung haben alle Kinder, bei denen die Symptome bis zum zwölften Lebensjahr auftauchen, bisher lag die Grenze bei sieben Jahren. Das wird nochmals eine große Welle von Zappelkindern in die neurologischen Praxen spülen, bei denen angeblich die Botenstoffe verrücktspielen.

Damals war ich zunächst dankbar für eine vorzeigbare Diagnose, dennoch war immer ein Misstrauen geblieben. Je mehr ich mich mit Aufmerksamkeitsstörungen auseinandersetzte, je mehr ich las und beobachtete (nicht nur mein Kind und unsere Familie), desto konkreter wurden die Zweifel. Die Zweifel darüber, dass alles auch völlig anders sein könnte. Gerade wenn man nicht ganz so schlicht denkt wie mancher Botenstoffexperte. Das Gehirn ist ein erstaunlich wandelbares Organ, in jedem Moment werden Verbindungen neu geschweißt oder verkümmern. Als wäre ein Krake mit Tausenden von Armen am Werk, die mit ihren Tentakeln an Hunderttausenden von Neuronen gleichzeitig herumschrauben. Immer wieder kann sich unser Hirn auf neue Reize einstellen, je nach Gebrauch und Herausforderung baut es Denkbrücken und erschließt sich neue Areale. Ein Taxifahrer wird nicht Taxifahrer in einer Großstadt, weil er einen besonders guten Orientierungssinn hat. Aber nach Jahren im Job verfügt er tatsächlich über ein hervorragendes räumliches Vorstellungsvermögen, weil sein Gehirn im Laufe der Jahre unzählige Orientierungspunkte abspeichern musste.

Aber Formbarkeit bedeutet auch Verformbarkeit. Ein Hirn, das permanent auf etwas Neues reagieren muss, etwa auf einen Wechsel der Bilder am Laptop, am Fernseher oder am Smartphone, kann mit der Zeit immer weniger komplexe Verschaltungsmuster aufbauen. Es kann sich auf alles gleichzeitig, aber auf nichts länger konzentrieren. Ständig werden Brücken nur halb aufgebaut und danach wieder eingerissen, es bilden sich keine stabilen Denkbahnen mehr, sondern nur noch Einbahnstraßen.

In einem Büroalltag mit durchschnittlich hundert E-Mails täglich, mit überlappenden Programmen und ständigen Anrufen, alles unter Zeitdruck, arbeiten wir selbst an einer *déformation professionnelle* in unserem Kopf. Und sind letztlich noch stolz darauf, so belastbar zu sein. Wir wundern uns nur, warum uns das schlichte Zuhören so anstrengt und woher die vielen Missverständnisse kommen. Dabei haben wir es nicht geschafft, eine Nachricht bis zum Ende aufmerksam zu lesen. (Immer öfter erhalte ich absurde Antworten auf E-Mails, die offensichtlich nur bis zum dritten Satz gelesen oder überflogen wurden.) Was Erwachsene in aufmerksamkeitsgestörte Zustände treibt, ist vor allem für Kinder gefährlich. Weil sie besonders empfindsam sind und damit viel empfänglicher für die neuen Medienwelten. Und weil sie ihren Eltern alles nachmachen …

Der Philosoph Christoph Türcke hat einen ganz anderen Blick auf die Diagnose ADHS. Er glaubt, dass das kleine Rumpelstilzchen, das, von ständiger Unruhe getrieben, überall stört, nur der extreme Ausdruck einer Erregung ist, die uns alle erfasst hat. Das Unterbrechen durch Nachrichten und E-Mails, die im Sekundentakt in unser Leben drängen, die ständige Erreichbarkeit – all das zwingt uns zu einer neuen Form der Wahrnehmung, zu einem Bewusstsein, das nur noch über ein hohes Erregungsniveau erreichbar ist. Jeder Spannungsabfall, ob vor dem Bildschirm oder bei einem Gespräch, wird mit einem Um- oder Abschalten quittiert. (Und während ich diesen Absatz schreibe, fällt mir auf, dass mein Blick dreimal zum Display meines Smartphone hinübergleitet.) In diese Struktur wachsen auch unsere Kinder hinein.

Vielleicht sind wir zu Recht genervt von Jungen und Mädchen, die ständig in unser Sichtfeld springen, weil sie unsere Aufmerksamkeit suchen. Die in der Schule durch alle Raster fallen und unser Leben auf den Kopf stellen. Aber wer weiß, wie viele andere Signale wir schon übersehen haben, bis sich Kinder über eine *Störung* bemerkbar machen? Ein Defizit an Aufmerksamkeit, meint Türcke, muss erst einmal erlebt werden, bevor es sich im Kind selbst wiederholt.

Die angebliche Hirnstörung ist vielleicht eine Kulturstörung. Und in dem Fall unserer Familie ja wohl auch eine Beziehungsstörung. Ein Verdacht, der sich bald von anderer Seite bestätigen sollte.

Lenjas Kindheit war keine von Computerspielen oder stundenlangen Fernsehmarathons. Es waren die Schauplätze ihres Kinderlebens, die zu oft wechselten, die viel zu schnellen Schnitte im Alltag, die sich häufig ablösenden Bezugspersonen, die ständige Unruhe, die sich irgendwann in ihrem fahrigen Wesen spiegelte. In den ersten zwei Jahren gab es drei Kinderfrauen und ein befreundetes Pärchen, das manchmal über Nacht eingesprungen ist. Nur eines gab es nicht: Kontinuität und Rituale. Ich habe Lenja als Kleinkind nie länger als eine Nacht bei der Kinderfrau oder unseren Freunden gelassen, aber für ein Kind im Alter von zwei Jahren ist das eine Ewigkeit, weil es überhaupt nicht abschätzen kann, wie sich zwei oder vierundzwanzig Stunden Trennung anfühlen. Heute frage ich mich: Was habe ich mir dabei gedacht? Mir wird schlecht bei dem Gedanken, wie sehr es meine Tochter durcheinandergebracht haben muss, dass morgens manchmal eine andere Person für sie da war als beim Zubettgehen am Abend zuvor. Wie sollte sie sich vertrauensvoll auf den Rest der Welt konzentrieren, wenn ihre Grundbedürfnisse auf dem Spiel standen? Wenn sie sich fragen musste, wann ihr Papa oder ihre Mama wieder auftauchen würden. Ob wir überhaupt wieder auftauchen würden?

Die ersten Jahre mit Lenja kommen mir heute vor wie die ständige Flucht vor einem Spannungsabfall. Statt eine erzwungene Atempause mit Kind zu genießen und bewusst das Tempo zu drosseln, haben wir beide, Michael und ich, noch mehr angezogen. Aus Angst, wir könnten den Anschluss verlieren an die allgemeine Unruhe. (Oder den Empfang?)

Lenjas Lebensstationen könnte man auch als eine Abfolge von Unruheherden betrachten:

Jobslalom mit Kinderwagen
Krippenchaos
Frühe Einschulung
Lernen ohne Lehrer
Alltagschaos mit Stresseltern

Vielleicht wäre sie heil durch alles hindurchgerutscht, wenn Michael und ich es geschafft hätten, eine Bindung aufzubauen, in der sich unsere Tochter sogar in unserer Abwesenheit sicher fühlen konnte. Die ihr eine innere Orientierung gegeben hätte, wenn in der Krippengruppe und später in der Schulklasse das Chaos über ihr zusammenschlug.

Aber Bindung braucht Beständigkeit und Ruhe. Und Eltern, die ebenfalls in einer sicheren Beziehung aufgewachsen sind und irgendwann gelernt haben, die Bedürfnisse ihres Gegenübers zu erkennen. Auf mich trifft das nicht zu. Aber bis ich selbst eine Familie gründete, hatte es mich auch nie gestört. Die allgemeine Unverbindlichkeit der neunziger Jahre, die Beziehungen, die jederzeit aufkündbar waren, wenn ein cooler Job oder jemand anderes dazwischenkam, hielt ich damals für einen zeitgemäßen Lebensstil. Den einzig möglichen, denn alles andere hätte ja nur die Individualität eingeschränkt. Heute fällt mir auf, dass viele in meinem Alter dieselben Geschichten aus ihrer Kindheit erzählen: dass sie als Säugling zu Freunden gebracht wurden, weil die Eltern zu zweit ein paar Wochen wegfahren wollten. Dass sie als Kleinkind über Nacht allein zu Hause blieben, während die Eltern mit anderen unterwegs waren.

Ich kenne sogar ein paar, die in den Wohngemeinschaften der siebziger Jahre herumgereicht wurden – der jeweilige Betreuer stand im Wochenplan.

Die Babyboomer der Sechziger und Siebziger waren die Ersten, die als Kinder immer mal wieder wegorganisiert wurden – auch weil man Kinder für kleine Erwachsene hielt. Es ist nur ein Verdacht, doch etwas mehr als ein diffuses Gefühl, aber gerade in meiner Generation scheint mir die Zahl der bindungsgestörten Menschen besonders hoch zu sein. Zu dieser Annahme würde die Tatsache passen, dass so viele kinderlos geblieben sind. Die Frauen wollten damals zuerst Karriere machen, aber das erklärt nicht, warum sie auf alles andere verzichteten.

Meine Mutter gehörte nicht zur Hippiegeneration, aber zur Generation der Nachkriegskinder, bei denen Arbeit und Einkommen oberste Priorität hatten. Sie stand in einer Tradition von Geschäftsfrauen, die ihren festen Platz im Familienunternehmen hatten. Die Schwelle zu ihrem Büro war in meinen Kinderaugen unüberwindbar. Eigentlich war die Frage, was ich mir dabei gedacht hatte, Lenja unserem Lebensstil unterzuordnen, nicht schwer zu beantworten: Auf eine andere Art wiederholte ich meine eigene Geschichte.

Die gute, genau genommen die beste Nachricht aus der Zwischenbilanz, die dieses Buch nur sein kann: Bindung kann man üben und vertiefen, bis zu einem gewissen Grad lässt sie sich nachholen. Und man kann sogar jeden Augenblick damit anfangen.

Lenja holt sich Verstärkung

»Magst du deiner Mutter sagen, was du mir gerade erzählt hast?«

»Was denn genau?«

»Ich hatte dich gefragt, wie du dich fühlst. Und ob dir zu diesem Gefühl ein Bild einfällt.«

Kurzes Schweigen. Lenja blickt zu Boden und versucht, mit dem einen Fuß den Strumpf vom anderen zu ziehen. Ich sitze neben der Psychologin, meine Tochter mir gegenüber. Mir ist ein wenig übel. Aus Nervosität.

»Kannst du das nicht erzählen?« Meine Tochter wendet sich an die junge Frau neben ihr.

»Nee, ich glaube, das musst du deiner Mutter selbst sagen. Sonst kapiert sie es nicht.«

»Also ... ich fühle mich wie ein Paket«, beginnt Lenja, ohne den Blick von ihren Füßen zu nehmen, »das dauernd verschickt wird. Ich weiß aber nie, was obendrauf steht, als Adresse. Ihr klebt einfach was drauf, und dann weiß ich nie, wo es hingeht.« Sie nimmt den Kopf hoch und schaut mich an. »Und das fühlt sich scheiße an.« Ich versuche, ihren Blick zu halten. Meine Älteste schaut zur Seite, an die Decke, wieder auf ihre Füße, ihr Kinn zittert.

»Aber wir schicken dich doch gar nicht weg ...«, fange ich an mich zu verteidigen, bevor ich wirklich verstanden habe, was meine Tochter sagen will. Ich kann die Stille nicht aushalten.

Lenja fällt mir ins Wort: »Doch, ihr schickt mich zu irgendwelchen Tests und Experten, zur Ergotherapie und zur Lerntherapeutin, und hierhin und dahin. Wenn ihr arbeiten müsst, werde ich dauernd verplant.« Sie steht auf, steckt die Hände in die Taschen, holt Luft, sucht nach Worten und tritt immer wieder gegen einen Sitzwürfel. »Warum muss ich ständig was vorhaben, wenn ihr arbeitet? Wenn ihr nicht da seid, habt ihr auch nichts zu sagen. Ich brauche keinen Babysitter. Ich bin alt genug, um allein zu Hause zu bleiben. Und warum muss ich immer noch zu dieser Annette, bei der ich diese dämlichen Überkreuzübungen machen soll ... Ich hasse die Frau. Die sagt jedes

Mal, ich habe zu entscheiden, woran wir arbeiten sollen. Und dann lässt sie mich aber gar nicht entscheiden, was ich machen will.« Jetzt schreit Lenja, die ersten Tränen kullern. »Du bist genauso. Du lügst. Du glaubst doch auch, ich bin nicht richtig im Kopf. Dauernd sagst du mir, wie schlau ich bin, und dann muss ich doch wieder zu einer dieser Tanten. Und es ist dir scheißegal …« Sie verstummt, lässt sich in den Sessel plumpsen, die Fäuste in der Tasche. Sie weint stille Wuttränen, während sie mir gerade in die Augen sieht.

Diesmal halte ich ihren Blick. Und schaffe es, nicht zu reden. Lasse die Woge über mir zusammenkrachen, Lenjas ganze Ohnmacht und Verwirrung und ihre bitter enttäuschte Gutgläubigkeit, mit der sie all die Verabredungen, Kurse und Therapiestunden so hingenommen hat wie das Wetter. Dann weine ich mit, lasse wie sie die Tränen kullern. Wir sitzen zwei Meter auseinander, aber wir sind uns bedingungslos nah, als wäre sie gerade aus meinem Bauch gekrochen.

Ich würde sie so furchtbar gern in den Arm nehmen. Und mit ihr das Baby Lenja, die Krippenmaus und die traurige Erstklässlerin – stellvertretend für alle Momente, in denen ich es versäumt habe, sie zu umarmen, nicht kapiert habe, was sie gerade am meisten braucht. Und was sie gerade überhaupt nicht braucht.

Meine Älteste ist in den letzten Minuten aber auch ein Stück gewachsen. Nicht nur in meinen Augen. Die Psychologin lächelt, während sie wortlos nickt. Ich halte respektvoll Abstand. Für einen Augenblick ist es, als hätte jemand einen Schleier vor meinen Augen gelüftet, und ich erhasche einen Blick auf den erwachsenen Menschen, der meine Tochter einmal sein wird.

Die Psychologin lässt uns kurz allein und kommt mit einer Falttuchbox in der Hand zurück in den Raum. Ich schnäuze mich, Lenja lehnt ein Tuch ab und geht stattdessen mit dem Ärmel über die Nase.

»Möchten Sie Ihrer Tochter etwas sagen? Jetzt dürfen Sie.«

Nun bin ich es, die auf den Boden schauen muss: »Es tut mir furchtbar leid. Ich wusste es nicht besser. Ich wollte dich nicht rumschicken. Ich dachte, es könnte dir helfen … Und ich wünschte, ich wäre mehr zu Hause …«

Die Psychologin sieht meine Tochter an. »Nimmst du an?«

Lenja zuckt mit den Schultern.

»Soll deine Mutter erst etwas versprechen?«

Langsames Kopfnicken.

»Was denn?«

Meine Tochter blickt zwischen ihren Haaren zu mir herüber. »Keine Tanten mehr.«

Die Psychologin betrachtet mich fragend: »Versprochen?«

Ich räuspere mich: »Versprochen. Keine Tanten mehr.«

Sie zeigt auf sich und sagt zu Lenja: »Außer mir, ich bin die vorerst letzte Tante, ja?«

Lenja muss grinsen. »Du bist okay«, erklärt sie und nimmt die Hände aus der Tasche.

Die Psychologin beugt sich zu ihr vor: »Das war mutig. Willst du dich ausruhen?«

Sie nickt, holt sich ihr Buch aus meiner Tasche und legt sich auf die Spielpolster in der Ecke.

»Soll ich deiner Mutter noch ein paar Sachen erklären, die wir besprochen haben? Ich muss ein bisschen übersetzen, damit sie das als Erwachsene auch versteht.«

Meine Tochter ist in ihr Buch vertieft, hält aber einen Daumen hoch, ohne aufzublicken.

Es ist der dritte Termin bei einer Kinder- und Jugendpsychologin, eigentlich sollte es nur einen geben. Um für eine weiterführende Schule Notenschutz beantragen zu können, mussten wir die Tests aus dem ersten Schuljahr wiederholen. Ich hatte keine Ahnung, dass Lenja mit der Psychologin auch über andere Dinge ins Gespräch gekommen war. Als ich sie nach dem Testtermin abholte, sagte sie mir, sie würde Corinna gern noch mal treffen, »um ein paar Dinge zu besprechen, die dich erst mal nichts angehen«. Ich war überrascht, ein wenig gekränkt, stimmte aber zu und rief die Psychologin an, um mehr zu erfahren. Und einen Korb zu kassieren.

»Es ist so, wie Lenja es gesagt hat. Das geht Sie erst einmal nichts an. Können Sie das akzeptieren? Ich möchte ungern Lenjas Vertrauen aufs Spiel setzen, dann lassen wir es lieber sein.«

Ob ich grob wissen dürfe, worum es geht, bettelte ich.

Am anderen Ende war ein langes Einatmen zu hören. »Ganz grob geht es darum, dass Ihre Tochter jemanden braucht, der auf ihrer Seite steht.«

Ich war offensichtlich nicht gemeint.

Da es das erste Mal war, dass Lenja selbst den Impuls hatte, eine der »Tanten«, mit denen sie im Laufe der Jahre zu tun hatte, wiederzusehen, brachte ich sie zu ihr zu einem zweiten Termin, der nichts mit einem Test zu tun hatte. Mehr durfte ich nicht wissen. Bei der dritten Verabredung sollte ich später dazustoßen. Jetzt wusste ich, warum.

Fehldiagnose: das ungeschickte Kind

Nach Lenjas Ausbruch war ich erschöpft, aber vor allem war ich sehr erleichtert. Schon seit ein paar Monaten war sie ständig auf Krawall gebürstet, hinterfragte jede Entscheidung, auch wenn es nur ums Essen ging, zettelte Diskussionen an. Ich vermutete, dass sie langsam in die Vorpubertät rutschte. Tatsächlich hatte sie im letzten Schuljahr einen Schub gemacht, aber wie ich nach unserem Termin einsah, hatten unsere kleinen Statthalterkriege nichts mit Frühreife zu tun. Lenja war zum ersten Mal bewusst auf Abstand gegangen zu unserem Leben, Corinna war nur zufällig oder glücklicherweise da, um den Steigbügel zu halten. Ihr war plötzlich klar geworden, dass auch Eltern falsche Entscheidungen treffen können. Dass sie sich, ohne den Begriff zu kennen, fremdbestimmt fühlte. Und dass damit nun Schluss sein müsse.

Ich weiß nicht, wo ich anfangen soll mit all dem, was diese zufällige Begegnung (ich hatte das Branchenbuch nach einer Kinderpsychologin durchgeblättert) nach sich zog. Die erste, aber im Nachhinein nicht einmal wichtigste Nachricht war: Lenja hatte kein ADS, nie gehabt. So lautete das Testergebnis. »Ich habe keinen einzigen Marker gefunden«, konstatierte Corinna beim dritten Treffen. Stattdessen litt Lenja an einer Handlungsdyspraxie, auch »Syndrom des ungeschickten Kindes« genannt, bei einem IQ von 138. »Leider hilft ihr der auch nicht weiter, wenn es darum geht, mehrere Reihen von Rechenaufgaben zu lösen oder einen längeren Text in Schönschrift zu schreiben«, erklärte Corinna weiter. »Kinder wie Lenja haben Probleme, das umzusetzen, was sie im Kopf längst durchgespielt haben. Die Übersetzung vom Hirn in die Hand ist deutlich verzögert.« Und die Tatsache, dass sie vieles besonders schnell erfasste und dann in der Umsetzung durch ihre eigenen Synapsen ausgebremst wurde, erzeugte zusätzlichen Frust – aber vor allem Unkonzentriertheit. »Sie fängt an sich zu langweilen, während sie in der Ausführung einer Aufgabe hängen bleibt. Ihr Geist wandert längst weiter zur nächsten Frage, während die Aufgabe vor ihrer Nase liegen bleibt.«

Den »ungeschickten Kindern« fällt es schwer, selbst einfache Abläufe zu planen, sodass sehr viel intellektuelle Energie in kleinen Dingen des Alltags verloren geht: Buch oder Heft aufschlagen, Stift aussuchen und bereitlegen, Lineal anlegen. Auch das kam mir sehr bekannt vor. »Diese Störung ist schwer zu erkennen«, fuhr die Psychologin fort, »meistens werden die Symptome als Faulheit oder Träumerei missverstanden.« Sie schlug vor, für Lenja einen Nachteilsausgleich statt Notenschutz zu beantragen. Das hieß, sie hätte weniger Hausaufgaben zu erledigen und bekäme beim Arbeiten in der Schule und bei Tests mehr Zeit zugestanden.

In diesem Augenblick erinnerte ich mich an das erste längere Gespräch mit Lenjas Klassenlehrerin vor vier Jahren. Laut sagte ich: »Ihre Lehrerin in der Grundschule hatte immer von fehlender Anstrengungsbereitschaft gesprochen.«

Corinna musste kichern. »Das ist ein beliebtes Synonym für Faulheit ...«

Das war exakt der Ausdruck, der mir damals durch den Kopf gegangen war. Die Psychologin erläuterte nun, woran man eine Handlungsdyspraxie schon im Krippenalter hätte entdecken können: Sie beginnt mit motorischen Problemen, denn selbst die allerersten Manöver, mit denen sich die Kleinsten ihre Welt erobern, nehmen im Kopf ihren Anfang und müssen dann in eine Bewegung übersetzt werden. Damals war ich irritiert, aber nicht besorgt gewesen, als sich zeigte, dass Lenja keine Anstalten machte zu krabbeln, höchstens rückwärtsrobbte, bis sie an einer Sofakante oder einem Stuhl hängen blieb. Wir hatten seinerzeit darüber gelacht, aber nun stellte sich ihre Kindheit aus einem neuen Blickwinkel dar: die verkürzten Krabbelversuche, das späte Laufen, das ständige Hinfallen (regelmäßig prangte ein blauer Fleck auf ihrer Stirn). Ihr Widerwillen gegen alle Dinge, die viel Fingereinsatz und Koordination verlangten: »Mama, mir tun die Hände so weh.« An Puzzles oder kleinteiligen Bastelarbeiten scheiterte sie häufig, fegte die begonnene Arbeit manchmal voller Wut vom Tisch. Und ich habe sie wieder von vorn anfangen lassen, weil ich dachte, sie müsse nur Disziplin lernen.

Der Anschiss und die Sache mit der Lebensfreude

»Ist mit der Diagnose Handlungsdyspraxie alles erklärt?«, wollte ich von Corinna wissen. Lenjas Neigung sich auszuklinken, die fehlende Konzentration, das Chaos um sie herum.

»Grundsätzlich passt alles und nichts in diese Diagnose. Wissen Sie, Ihre Tochter ist nicht nur ein hochintelligentes, sondern auch ein sehr sensibles Kind, und in der Kombination ist vieles möglich. Es wäre sogar denkbar, dass sie eine Aufmerksamkeitsstörung entwickelt hat, weil sie das Label als Aufkleber auf der Stirn trug. Dann hätte die Schule alles nur noch schlimmer gemacht. Und der Befund selbst könnte Lenja nur davor schützen, missverstanden zu werden, wenn sie langsamer wäre, als ihre Intelligenz es erwarten ließe. Mehr nicht.«

»Ich würde trotzdem gern wissen, wie es zu einer solchen Störung …«

»Darüber kann man nur spekulieren«, unterbrach mich Corinna. »Das reicht von Geburtsschäden bis zu Durchblutungsstörungen, je nachdem, welche Forschung Sie zurate ziehen. Mein Vorschlag wäre: Fragen Sie nicht nach dem Wie, fragen Sie nach dem Warum.«

Einen Moment lang wartete ich auf eine Fortsetzung ihrer Erklärung, aber Corinna schickte nur noch ein »Das war's« hinterher.

Vor ein paar Minuten hatte ich erfahren, dass wir jahrelang mit einer Falschdiagnose gelebt hatten. Nun gab es eine neue Diagnose, und ich sollte mich damit zufriedengeben, in Zukunft ein paar Missverständnisse zu vermeiden? Oder mir den Rest selbst denken? Ich hatte das Gefühl, in der Luft zu hängen, wollte tausend Fragen stellen und fand keine Worte. Stumm hielt ich die Testbefunde in der Hand und starrte auf den ersten Bogen.

Corinna legte den Kopf schief und schaute mich lange an: »Das können Sie jetzt beiseitelegen.« Ich verstaute die Blätter in meiner Tasche, eine Frage vermochte ich doch noch zu stellen: »Wie geht es denn jetzt weiter?«

»Wollen Sie hören, was mir dazu einfällt? Aber das hat nichts mit einer Diagnose zu tun.«

Ich nickte, und was danach folgte, könnte man umgangssprachlich einen Anschiss nennen: »Sie scheinen sich vorwiegend um Lenjas kognitive und schulische Entwicklung zu sorgen, aber Ihre Tochter kämpft um ihre emotionale Versorgung, um ihr emotionales Verstanden-Werden! Sie hat bereits bei unzähligen Therapeuten über irgendwelche Testergebnisse gesprochen und sich dabei nie gesehen gefühlt. Es wird Zeit, dass jemand für sie Partei ergreift, auch auf die Gefahr hin, dass Sie sich dann nicht gesehen fühlen.

Haben Sie sich schon mal gefragt, warum Lenja eine Störung entwickelt, die nicht nur bei ihr selbst alles verlangsamt, also das Schreiben und Rechnen, sondern auch alles in Ihrem Familienleben und vor allem in Ihrem Berufsleben? Und Sie selbst arbeiten unentwegt gegen diese Bremse an, statt innezuhalten und genau hinzuschauen.

Ist Ihnen schon mal in den Kopf gekommen, dass ihr Handicap vielleicht sogar ein Glücksfall für Sie sein könnte? Ihre Tochter ist nicht auf der Welt, um zu funktionieren, sondern um geliebt zu werden und zu wachsen. Alles andere hat vorwiegend mit Ihren Bedürfnissen zu tun, nicht aber mit Lenjas. Noch haben Sie die Chance, dabei zu sein. Irgendwann wird sich diese Tür für immer verschließen. Wissen Sie, dass Ihre Tochter einen umwerfenden Humor hat? Sie sollten sich mal anschauen, wenn sie Sie nachmacht – wie Sie morgens als aufgeschrecktes Huhn durchs Haus hetzen. Dieses Kind hat Ihren Lebensstil überlebt, Sie können viel von ihm lernen. Vor allem: Lassen Sie Ihr schlechtes Gewissen los, sonst verpassen Sie den Rest von Lenjas Kindheit. Schreiben Sie alles in einen Brief, den Sie ihr später geben können, falls Ihre Tochter irgendwann Fragen stellt. Und so wie ich Lenja einschätze, wird sie Sie eines Tages zur Rede stellen. Und wenn Sie mich fragen, was Sie für Lenjas Konzentration tun können – schenken Sie ihr Lebensfreude! Wenn Sie mit dem Begriff etwas anfangen können ...«

Fast ein Jahr später

Ich habe einen Brief geschrieben, und dann nicht mehr aufgehört zu schreiben, bis ein Buch daraus wurde. Vielleicht hätte ich die Zeit, die das Schreiben erforderte, nutzen können, um meiner Ältesten mehr Aufmerksamkeit und Zeit zu schenken. Wie Michael es gern gehabt hätte. Für den Fall, dass er richtigliegt, soll unsere Tochter irgendwann nachlesen können, aus welchen Gründen ich mich falsch entschieden habe.

Lenja ist jetzt zehn Jahre alt und besucht eine weiterführende Schule. Leider kann ich nicht warten, bis die Fäden zusammenlaufen wie in den Romanen von John Irving. Ich muss vorab Bilanz ziehen, um in der Erinnerung nichts zu beschönigen. Und damit die nächsten zehn Jahre nicht so vergehen wie die letzten. Aber ich werde Sorge tragen, dass sie dieses Buch nicht zu lesen bekommt – bis sie alt genug ist, um auf Distanz zu gehen. Im schlimmsten Fall zu mir.

Die Sache mit der Lebensfreude ist nicht so einfach. Ich hatte tatsächlich vergessen, was das ist. Nur so viel: Um mir das Gefühl zurückzuholen, habe ich mir zunächst Zeit zurückerobert:

Ich habe angefangen, Leute vor den Kopf zu stoßen, indem ich neuerdings fast alle zusätzlichen Arbeitsanfragen und Aufträge ablehne, die in den Feierabend hineinragen könnten.

Ich habe es geschafft, dass viele Freunde, die erfolgreiche Schulkinder und erfolgreiche Jobs haben und sehr gern über beides reden, zu Bekannten wurden. Manche sind ganz aus meinem Leben verschwunden.

Ich erlaube mir immer öfter, nur gut genug zu sein statt so gut wie möglich. (Und freue mich, wenn keiner den Unterschied bemerkt.)

Ich arbeite mehr an meiner eigenen Vervollkommnung und weniger an meinem Erfolg. Ich riskiere dadurch vielleicht meinen Job. Und finde den Gedanken aufregend, vielleicht noch einmal von vorn anzufangen.

Ich habe aufgehört, meinen Mann überzeugen zu wollen, es mir gleichzutun. (Manchmal verstecke ich sein Crackberry und flüstere den Kindern zu, wo es liegt, damit sie es ihm, während er in allen Ecken danach sucht, kopfschüttelnd bringen können: »Papa, du solltest wirklich weniger arbeiten.«)

Ich hänge auch immer häufiger mit meiner Tochter ab und lasse mir zum Beispiel von ihr erklären, warum und wie man Sachen aufschiebt: »Weil du dann die blöden Aufgaben am Ende des Aufschiebens in ganz kurzer Zeit erledigst und dich nicht so lange drüber ärgern musst. Und du musst einfach nur jeder anderen Idee nachgehen, die dir gerade in den Kopf kommt.«

Ich kann an dieser Stelle nicht alle von Lenjas guten Ideen aufzählen, aber ein paar habe ich tatsächlich ausprobiert, und sie haben mir sehr viel Spaß (oder Lebensfreude?) gebracht:

- Leute von hinten so lange anstarren, bis sie sich umdrehen, dann schnell weggucken und von vorn beginnen. (»Das trainiert ungeheuer die Konzentration, Mama!«)
- Sich hinlegen und eine Plastikschale mit Wasser auf der Stirn balancieren, danach versuchen einzuschlafen, ohne dass die Schale herunterfällt. (Klappt nicht, aber man ist dadurch ausgeruht *und* hellwach.)
- Alle süßen Sachen, die man gern mag, mit etwas Teig in einer Schale verrühren, in den Ofen schieben und sich überraschen lassen. Auf diese Weise haben wir mit Honig verfeinerte Smarties-Haferflocken und Marshmallow-Ahornsirup-Nudeln erfunden.

Natürlich gibt es immer noch Tage, an denen ich zum Abregen nach draußen auf den Balkon muss. Aber ich brauche keine Zigarette mehr dazu, und den abendlichen Rotwein zum Grübeln lasse ich auch weg. Stattdessen unterhalten Lenja und ich uns über alte und neue Zeiten, über Vincent und dass er die weiterführende Schule schon vor Ende der fünften Klasse wechseln musste. (Ha!) Und über die Jungen in ihrer neuen Klasse, mit denen ihre Mädchenclique in fast jeder großen Pause »Spaßprügeln« spielt. Gewinner oder Verlierer gibt es nicht, nur jede Menge Spaß. Zum Beispiel, wenn sich ein Mädchen ein Jungenbein schnappt und damit über den Hof marschiert, sodass der Junge auf dem anderen Bein hüpfen muss und ein zweites Mädchen sich über seinen Rücken schmeißt und ein weiterer Junge sich das Bein dieses Mädchens schnappt – und so weiter, bis alle am Boden liegen. So etwas ist auf ihrer neuen Schule nicht nur erlaubt, sondern sogar erwünscht.

Es kommt heute vor, dass ich meine Tochter an ihrem Schreibtisch finde, über einen Text oder eine Aufgabe gebeugt, ohne dass ich sie ermahnen oder nur erinnern musste. Die morgendlichen Bauchschmerzen aus Grundschulzeiten sind komplett verschwunden, und sie ist auch nie wieder heulend aus der Schule nach Hause zurückgekehrt. Um auf den Punkt zu bringen, was sich für Lenja verändert hat, reicht vielleicht eine Anekdote: In ihrer Klasse sollte eine neue Sitzordnung eingeführt werden. Jeder Schüler durfte anonym einen Zettel abgeben, auf dem er zwei Sitznachbarn seiner Wahl aufschreiben konnte. Als ich am Nachmittag vor der Klasse wartete, flüsterte mir die Lehrerin im Vorbeigehen zu, dass jedes der Mädchen Lenja an erster Stelle auf ihrem Zettel stehen hatte.

Neurologische Vielfalt

Die weiterführende Schule wählten wir mit Bedacht, und das hieß vor allem, dass unsere Tochter selbst entscheiden sollte. In jeder der vier Schulen, die wir am Ende eingekreist hatten, konnte sie einen Tag lang hospitieren. Ihre Wahl fiel auf eine Privatschule, die sich dem Kampf gegen Mobbing verschrieben hat. Kein teures Eliteinstitut, sondern eine bezahlbare Alternative zu den staatlichen Schulen mit Kursen für »soziales Lernen« oder »Achtsamkeit«.

Wenn man so will, ist Lenja in der neuen Klasse unter ihresgleichen. Jedes der Kinder fällt auf seine eigene Weise aus dem Rahmen. Obwohl es in diesem Fall keinen Rahmen gibt, es gibt nur einen gemeinsamen Nenner: Jedes dieser Kinder war in den ersten Schuljahren aus irgendeinem Grund »gedisst« worden, wie Lenja es ausdrückte, »so wie ich«, dabei hatte sie ein breites Grinsen im Gesicht. Die ganze Klasse ist also ein Sammelsurium aus Originalen, die von verschiedenen Grundschulen mehr oder weniger versehrt ausgespuckt worden waren. Jedes Kind hat eine kleine Schwäche oder einen Tick, ist dadurch unverwechselbar, sodass eine Geste oder ein Wort ausreicht, um anzudeuten, von wem man spricht.

Lenjas neue Freundin Lina zum Beispiel legt nach einer Wortmeldung und nach jeder erledigten Aufgabe den Stift aus der Hand, hebt ihre Hände vors Gesicht, sodass die Handrücken den Mund berühren. Dann lässt sie ihre Finger strampeln wie eine Seeanemone, die nach Kleinstlebewesen fischt. (Unsere Tochter hat sich diese Geste für unsere Familienkommunikation abgeguckt, sie heißt »Mundfischeln« und bedeutet: »Ich bin fertig.«) Ihr Klassenkamerad Anton beherrscht Dezimalbrüche im Kopf, bringt aber kaum einen Satz zu Ende und sagt stattdessen am Schluss immer »... und, und, und«. Womit er zum Ausdruck bringen will, dass der andere den Satz zu Ende denken oder sprechen soll, was inzwischen auch ganz gut klappt und von allen, einschließlich der Lehrer, akzeptiert wird. Claudius signiert seine Mitschüler mit dem Kuli. Jeder auf dem Stuhl neben ihm wird dort, wo ein Stück Haut frei ist, mit seinem Nasensmiley verziert. Er hat nicht unbedingt Spaß dabei, er kann nur nicht anders, aber er entschuldigt sich jedes Mal mit einem reizenden Lächeln. Seine Mitschüler haben sich daran gewöhnt und strecken ihm einen Arm hin, wenn sie sich neben ihn setzen. Emma hat Legasthenie und ist ein Schachass. Leon kann rückwärtslesen, aber er schreibt wie ein Schulanfänger. Und so weiter und so fort...

Vielleicht lasse ich mich von meiner Begeisterung davontragen, aber ich bezweifle, dass es eine zweite Klasse gibt, in der alle so tolerant, behutsam und großzügig mit den Schwächen, Ticks und Ausfällen ihrer Mitschüler umgehen. Keines dieser Kinder hatte jemals in der beliebten Mitte gestanden. Es ist keine dieser schlau-schlanken Prinzessinnen dabei, die man sich jetzt schon im Businesskostüm vorstellen kann. Und keiner dieser hübschen und wohlerzogenen Hipster-Kerle, die immer »bitte« und »danke« oder sogar »sehr gern« sagen. Stattdessen gibt es in Lenjas Klasse riesige Mädchen, die man von Weitem für Abiturientinnen halten könnte, und winzige Jungen, die diesen Mädchen gerade mal bis zum Ellenbogen reichen. Und beide lassen sich zusammen fotografieren und posten das Bild, weil sie es witzig finden.

Wenn die Schule neben der Familie die zweite Schicksalsgemeinschaft ist, in der sich ein kleiner Mensch bewähren muss, dann hat Lenja vom Schicksal eine zweite Chance bekommen.

Chill dein Leben

Zum Schluss habe ich nun von den kleinen Dingen in unserem Leben erzählt, die neu sind, weil es nicht die großen sind, die sich verändert haben. Wir sind nicht aufs Land gezogen oder haben die Jobs gewechselt oder sonst irgendeinen spektakulären Schnitt gemacht, wie man es vielleicht erwarten würde, wenn man einen Neuanfang versuchen will. Trotzdem ist so vieles anders, aber am unwichtigsten sind dabei die besseren Noten: Lenja ist zuversichtlich, wenn sie an ihre Zukunft denkt – was ja maximal den Zeitraum bis zum Ende der Woche betrifft, wie ich heute weiß. Ich würde diese Einstellung gern übernehmen, arbeite aber noch daran. Zumindest schlafe ich wieder durch. Wenn ich doch wieder in alte Muster zurückfalle und Befehle bellend neben ihrem Schreibtisch stehe, dann schaut sie mich über ihre Brille hinweg an und sagt: »Chill dein Leben, Mama.«

Lenja freut sich das ganze Wochenende auf die Schule (was ich mir wiederum gern für meinen Job abgucken würde, aber ebenfalls nicht schaffe), hundert Meter vor dem Schulzaun fängt sie an zu hüpfen. Das war vier Jahre lang undenkbar. Ich bin darüber so glücklich, dass ich ihr jedes Mal, wenn ich sie zur Schule bringe, vom Auto aus beim Hüpfen zusehe, bis sie hinter der großen Drehtür verschwindet.

Dann steige ich aus und gehe auch durch die Drehtür ins Gebäude. Um den Hausmeister zu besuchen. Vielleicht ist ja Lenjas Sportbeutel wieder aufgetaucht oder mein neuer Schal mit Neonsternchen, den sie sich geliehen hat …

Literatur

ADHS – Symptome und Therapie. Siehe: www.familie.de/adhs/

Aust-Claus, Dr. med. Elisabeth, und Dr. Dipl.-Psych. Petra Marina Hammer: Das A.D.S.-Buch. Neue Konzentrationshilfen für Zappelphilippe und Träumer. Düsseldorf 2010

–: ADS – TopFit beim Lernen! Bedienungsanleitung für dein Gehirn. Wiesbaden 2012

Benard, Cheryl, und Edit Schlaffer: Einsame Cowboys. Jungen in der Pubertät. München 2000

Bueb, Bernhard: »In der Gemeinschaft lernen«. Interview in: *GEOkompakt*, Nr. 17, Dezember 2008

Hoffmann, Christiane, und Antje Schmelcher: »Wo die wilden Kerle wohnten. Ritalin und ADHS«. In: *Frankfurter Allgemeine Sonntagszeitung*, 12. Februar 2012

Hüther, Gerald: »Alm statt Ritalin«. Ein Interview. In: *GEO-Magazin*, Nr. 11/2009

–: Redebeiträge zum Thema kindliche Entwicklung und Mobbing auf dem 10. Internationalen Symposium »Kindheit und Gesellschaft/Kindheit und Trauma« in Bregenz vom 21. – 23. Oktober 2010

–: »Und nichts wird fortan so sein wie bisher …« Vortrag auf der Interdisziplinären Trauma-Fachtagung »Das hat mir die Sprache verschlagen« am 5. März 2012 in Mainz

Maier, Joachim: »Manche Hirnforscher übertreiben es …« Interview mit dem Neuropsychologen Lutz

Jäncke, Oktober 2011. Siehe: www.innovativ-in.de/lutz-jaencke-tieruntersuchungen-beispiel-aktivitaet-raser-_id1834.html

Müller-Lissner, Adelheid: »Großer Stress für kleine Kinder?« Studien zur Krippenerziehung. In: *Der Tagesspiegel*, 7. Mai 2012

Rühle, Alex: »Jenseits der Stille«. In: *Süddeutsche Zeitung*, 20./21. Juni 2009

Schreier, Helmut: Krise der Kindheit. Warum wir in die Natur zurückfinden müssen. Berlin 2012

Spiewak, Martin: »Ich bin superwichtig!« Hattie-Studie. In: *Die Zeit*, 3. Januar 2013

Staun, Harald: »Mein Kopf gehört mir«. Manfred Spitzers »Digitale Demenz«. In: *Frankfurter Allgemeine Sonntagszeitung*, 2. September 2012

Steinfeld, Thomas: »ADHS ist überall«. Was hat die tägliche Unruhe mit dem »Aufmerksamkeitsdefizit« zu tun. Der Philosoph Christoph Türcke gibt eine Antwort. In: *Süddeutsche Zeitung*, 10. Juni 2011

d 19.99